U0546225

地理資訊系統基本原理

Fundamentals of Geographic Information System

蘇明道、蔡博文、朱健銘、
鍾明光、林美君　著

「地理資訊科技」叢書序

　　地理資訊系統（geographic information system, GIS）始於1960年代加拿大政府將土地以圖形化的資訊系統進行管理，名為Canada Geographic Information System（CGIS）。它是一套結合資料庫管理與電腦運算能力的資訊系統，但與人事、薪資等傳統的管理資訊系統（management information system, MIS）又大不相同，首先，MIS的資料主要以文數字為主，GIS除文數字資料外，還包括對應的空間位置資訊；其次，MIS的操作以文字檢索或數字計算為主，GIS還需要幾何運算、數值模擬等；最後，MIS以報表方式呈現成果，GIS還會以圖形方式來表達。因為GIS與MIS存在上述的差異，因此GIS從資料的輸入、資料的儲存、資料的處理分析，以及成果的展現都需具備特定的功能。

　　GIS在臺灣的發展有兩個脈絡，首先是學界的引入，從教學與研究開始，另一個脈絡是1990年從政府業務應用需求所推動的國土資訊系統，30餘年來學理與應用二者相輔相成，在學術、政府、企業與民眾生活中均帶來顯著的成果。然GIS仍屬於發展中的學科，無論理論、技術或應用面向的發展都是日新月異，不斷地蛻變與改良，書籍撰寫的速度遠趕不上發展的速度，導致中文GIS相關書籍的出版相對稀少，甚至付之闕如。有感於臺灣環境與土地問題日益受到關注與重視，GIS運用的需求也相對增高，政府相關單位從業務資訊化發展到智慧政府與智慧國土的需求，企業與產業界也積極引入GIS進行規劃與服務業務，導致GIS專業人才需求孔急，因而觸發編寫本叢書的動機，承蒙各冊主編與華藝學術出版部的允諾與協助，使得本叢書得以順利付梓。

　　叢書第一冊試圖從日常生活的經驗出發，闡述GIS各個組成的功能，

I

並深入各功能背後的原理或技術說明，提供讀者入門GIS的基本知識，期使讀者能夠「知其然也知其所以然」。

加拿大政府面對廣大的領土，CGIS從開始的土地管理外，也進一步進行自然資源與土地利用的管理，GIS的應用面向從此展開，發展至今，除了土地、森林、生物、地質、土壤、水資源等自然資源外，也進一步拓展至人文社會學科的應用，包括：疾病、犯罪、歷史、考古、文學、宗教等領域；近年更延伸至生活面向的應用，例如：防災、觀光、交通，以及適地性服務（location-based service, LBS）等。臺灣在1990年也開始推動全國性的GIS，稱為「國土資訊系統」，歷經30年的發展，各類應用蓬勃發展，且納入資訊化政府與智慧化政府的一環。叢書第二冊將介紹GIS的各面向應用，尤其與生活相關的應用，並以相關單位的系統為實例，期使讀者可以瞭解GIS的應用潛力，也期使讀者可以掌握並充分利用這些應用系統，豐富與便利我們的生活。

GIS的普及應用雖然對於國家社會，甚至個人生活都有顯著的貢獻，但是因為GIS資料庫的建置，以及軟硬體的費用都非一般民眾所能擔負，且複雜的操作程序也非一般人所能掌握。因此在1990年代出現「菁英地理資訊系統」（elite GIS）的批判，認為GIS只有政府或學者才有能力使用，造成資訊壟斷、決策壟斷的結果。「參與」的概念因而被提出並融入GIS的發展，公眾參與地理資訊系統（public participation GIS, PPGIS）因此而誕生。近年民主化的發展，民眾參與的風潮更加蓬勃，自發性地理資訊（volunteered geographic information, VGI）因應而生，包括公民有意識性參與科學活動的地理公民科學（geographic citizen science）與基於社群媒體資料的地理媒體（social media geographic information, SMGI）。叢書第三冊即以「公民地理資訊」為主題，介紹由下而上的地理資訊科技發展、其應用與對社會的衝擊。

近年，與地理資訊系統相關的科技發展迅速，地理資訊系統的範疇逐漸擴大，成為空間資訊科技（spatial information science and technology，

或稱 geoinformatics），它整合了新進的測繪技術（survey and mapping）、影像技術、感測技術（sensing）、資通技術（information and communication technology, ICT）等不同領域，透過標準的建立，進行跨域合作，開創出許多前瞻的應用，包括：自駕車、智慧城市、三維地理資訊等。叢書第四冊將會對這些前瞻先進的技術與應用，進行深入的介紹。

地理資訊系統萌芽於1960年代，臺灣也早在1990年就開始正式推動，至今無論是學術或實務應用，都蓬勃發展且有具體成果，不僅提升政府管理與決策的績效，更對日常生活帶來革命性的便利。然近年科技發展日新月異，結合不同領域的知識與技術進行跨域整合儼然成為必然的趨勢，地理資訊系統也在這樣的浪潮下，不斷創新前進，期待讀者能在本叢書的內容脈絡下，瞭解地理資訊系統的發展與當前成果，進而加入行列，共同開創空間資訊科技的新里程碑。

「地理資訊科技」叢書總編輯

蔡博文　謹誌

2021年12月

序

　　從1960年代加拿大以圖形化的方式建立土地管理資訊系統至今，地理資訊系統已經歷超過半世紀的演化，成為一項成熟而且應用廣泛的技術。在臺灣，從1990年內政部成立國土資訊系統推動小組至今也已超過30年，期間歷經國土資訊系統基礎環境建置計畫，完成相當豐碩的國土資源與環境相關之空間資料基礎建設成果，並透過網路供應管道及網路服務提升地理資料的流通供應，使地理資訊普及地應用到各類政府施政與便民服務上。加上透過Google公司相關網路地圖服務的推廣，以及地理資訊軟體可及性的日益提升，一般民眾對於地理資料的接觸與認識也日益普及。

　　儘管如此，國內至今仍然缺乏以中文撰寫系統性介紹地理資訊系統的書籍，目前大多數有關地理資訊系統的中文書籍多偏重於特定軟體的操作說明，有鑑於此，為了能有一本較有系統地介紹有關地理資訊系統基本原理與技術的中文書，可以作為有興趣的民眾入門參考，或是當作在學校開授地理資訊系統相關課程的參考教材，乃邀集本書各位作者一同編寫本書，希望能對國內推動地理資訊系統稍盡棉薄之力。

　　由於市面上並不缺乏各類地理資訊系統軟體相關操作說明的中文書籍，也鑑於相關軟體的進化與改版速度相當快速，本書在編寫之初就決定不涉及地理資訊系統軟體操作，單從地理資訊系統的特性、原理、技術及可能的應用等角度切入，而且儘量以較為口語化的方式，結合本土的圖資與應用例，讓初學者可以較為輕鬆地進入空間資訊這個領域。

　　在這個資訊與科技爆炸的時代，人們已經無法照單全收接受所有的資訊與技術，必須依照新知識與新技術的特性來作為選擇的基礎，所以本書以第一章「地理資訊系統概論」介紹空間資料與一般傳統資料不同的特性，

並以案例說明為什麼傳統的管理資訊系統（management information system, MIS）無法有效地處理具有空間特性的資料，從而導入為什麼需要一個特別的「地理資訊系統」。

空間資料的特性就是資料所在的位置以及和附近其他空間資料的關係，在本書第二章介紹空間資料的基礎「地理坐標參考系統」，討論如何標示空間位置的方法；又因為地球是立體的類球體，本章中也會介紹要以平面的地圖來表現具有曲面特性的地球所需利用的各種投影的方式。第三章「空間資料模式」與第四章「向量與網格資料模式」介紹如何用資料模式來模擬實體空間；即使當今的資訊技術已經相當發達，但是仍無法完全地描述與記錄複雜的實體空間，所以在建立地理資訊系統之前，必須簡化複雜的實體空間而只留下必要的資料，並依所需要建立的應用與所要處理的資料的特性選擇適當的資料模式，在本書只介紹地理資訊系統中最常見的向量式與網格式兩種資料模式。地理資料是地理資訊系統的核心之一，第五章介紹各種地理資料的來源，包括自行建立的方法以及政府與民間單位各種既有資料的取得來源。

地圖是人類自古以來處理空間相關資料的主要方法，地圖有許多種類別，各有其使用目的以及限制，第六章討論介紹利用地理資料製圖與資料展示的各種方法，以及必須注意的相關資料展示的議題，並在接下來的第七章討論地理資料的視覺化以及利用簡單的資料分析方法進行初步的資料探索，以作為後續空間資料分析的基礎。

雖然本書是介紹地理資訊系統基本原理的入門書籍，建立地理資訊系統的目的當然是在針對地理空間資料進行空間特性分析，進而擷取有用的資訊進行與空間相關的決策，所以本書第八章及第九章分別就使用幾何方法與統計方法進行空間資料分析做最基礎的介紹。第八章的幾何方法除了利用類似使用傳統紙地圖時使用的套疊分析的方式外，也討論一個空間上非常重要的概念：鄰近；第九章延伸利用「鄰近」的概念以及統計的方法介紹基本空間分布特性概念，並以公共安全、公共衛生的簡單範例介紹群聚

與熱區的分析方式與應用上必須注意的細節。第十章用與人類生活、發展息息相關的地形高程資料作基礎，並以水流分析作例子討論地形資料的相關應用。最後一章介紹地理資訊系統應用與未來發展，但是因為本書只是「地理資訊科技」叢書的第一冊，相關各領域的應用發展在後續的系列作中會更詳細的分類討論，所以在本書最後一章中只做簡單概略性的介紹。

　　最後編者要感謝本書除本人以外的作者群，除在編輯會議中密集地討論本書涵蓋的內容及章節的架構外，並負責相關內容的編撰，包括蔡博文教授（第二章）、鍾明光博士（第四章）、林美君博士（第五及第九章）、朱健銘助理教授（第八章）等，以及華藝學術出版部在編輯及校閱上所付出的巨大心力，使得本書得以順利完成付梓，編者在此表達最深的謝意，也希望本書對地理資訊系統的初學者能有所助益。

《地理資訊系統基本原理》主編
蘇明道　謹識
2021 年 12 月

目次 Contents

「地理資訊科技」叢書序   I
序   V

Chapter 1　地理資訊系統概論
第一節　從資料、資訊到決策　1
第二節　資訊系統與資料處理　3
第三節　空間資料　5
第四節　地理資訊系統　8
第五節　地理資訊系統的應用場域　9
結語　24

Chapter 2　地理坐標參考系統
第一節　地球與經緯坐標　27
第二節　地球與投影　30
第三節　坐標系統　33
第四節　定位　35

Chapter 3　空間資料模式
第一節　模型？模式？模特兒？　39
第二節　資料模式　41
第三節　如何建構實體世界的空間資料模式　47
第四節　物件模式與面量模式的比較　51

Chapter 4　向量與網格資料模式

第一節　向量資料　　55
第二節　屬性資料　　60
第三節　網格資料模式　　65

Chapter 5　建立地理資訊系統基本資料

第一節　空間資料來源　　73
第二節　自行建立　　76
第三節　自發性與參與式空間資料　　79
第四節　資料共享　　81
第五節　資料格式轉換　　85
第六節　資料的品質　　91
第七節　國內可以取得的空間資料　　93

Chapter 6　製圖與資料展示

第一節　什麼是地圖　　95
第二節　地理資訊系統常見製圖方式　　102
第三節　地圖製作時應該考量的問題　　110

Chapter 7　視覺化與資料探索

第一節　資料查詢　　127
第二節　資料探索　　134
第三節　地理視覺化　　143

Chapter 8	**空間分析：幾何方法**	
	第一節　向量式資料的空間幾何分析	151
	第二節　網格式資料的空間分析	162

Chapter 9	**空間分析：統計方法**	
	第一節　點資料的空間分析	169
	第二節　空間分析應注意的問題	179
	第三節　其他的空間資料分析	183

Chapter 10	**地形分析及其應用**	
	第一節　數值高程	189
	第二節　數值高程模式的解析度與準確度	191
	第三節　地形分析	192
	第四節　集水區分析	196

Chapter 11	**地理資訊系統應用與未來發展**	
	第一節　環境與自然資源管理	207
	第二節　災害風險分析管理與應變	212
	第三節　人文社會與經濟資料	214
	第四節　政府行政與電子治理	223
	第五節　逐漸開展中的空間資訊應用	228

	索引	235
	附錄彩頁	241

Chapter 1
地理資訊系統概論——

　　這是一本為了想要入門地理資訊系統（geographic information system, GIS）的朋友而寫的書，在資訊爆炸的21世紀，我們必須要學會對於過多的資訊進行過濾與選擇，就是要學一樣新的東西之前，要先搞清楚到底需不需要？否則很容易被淹沒在資訊的大海中。所以第一章裡首先會從什麼是資訊系統（information system, IS）以及為什麼我們需要它說起，然後舉一個傳統IS沒有辦法有效處理的狀況，說明需要將原來的"IS"擴充發展成為"GIS"。最後會介紹GIS的定義和它的基本功能及應用，希望讓大家能對GIS有一個整體初步的瞭解，並且思考自己是不是需要學習這樣一種工具，以便決定在這一章就停下來還是繼續下去。

第一節、從資料、資訊到決策

　　人類因為具有智慧而有別於其他萬物，但智慧到底是什麼？在這裡用圖1-1所示的智慧金字塔來說明。人類智慧起源於思考和經驗的累積，經驗的累積必須要靠傳承，早期的傳承是依靠語言，一直到文字出現之後才使經驗累積的數量和範疇急遽的增加，這些以文字或各種符號記錄下來的就是「資料」（data），是對環境或事件的觀察與描述。資料經過思考、分析，逐漸形成可作為未來行動參考的規則，就是所謂的經驗或「資訊」（information）。但是資訊源自於資料集（data set），當基礎資料改變（如觀察的數量增加，或因族群、地域等因素產生差異），所衍生出來的資訊就可能不一樣。但在經過更長時間的累積之後，資訊會淬鍊升級成與資

料集無關的「知識」（knowledge），也就是不管資料的蒐集數量與方法如何，其衍生出來的知識都是相同的。但是知識可能與文化（時間和空間的差異）有關，某個時代或地域的所謂知識，可能不適用於不同時代或地區的其他族群；即使如所謂的科學知識，也可能會因為科學的發展而改變。如果有一種知識是和時間、空間、文化等因素都沒有關係，那我們就可以稱之為「真理」（truth）。就如圖 1-1 中的金字塔所示，人類的智慧發展是從資料的累積開始進展成資訊，然後慢慢發展成知識，而追尋真理一直是人類從沒有停止的過程。

而在金字塔頂端的「智慧」（wisdom）又是什麼呢？智慧是比較抽象的概念，也是人基於其本身的思考與認知所做的選擇，以作為其決策行為的依據，它無關知識、對錯與真理。例如我們都知道，如果我盡所有可能的時間努力工作就會賺取較多的財富，但是一個人可能選擇只賺適當的錢，而把其他剩餘的時間用來做人生其他面向的追求，這就可以稱作是智慧，所以說智慧是一種選擇，無關對錯。

圖 1-1

從資料到智慧的金字塔

人類收集資料、萃取知識、追求真理的目的主要是作為面對生活上各種決策的參考依據，人的生命中會面臨的各種或大或小的決策，有些可能無關緊要，但是有些可能事關生死。通常需要下決策的原因都是因為資源短缺，必須要利用有限的資源（最常見的是時間和金錢）作最大的發揮。為了達到這個目的則需利用所謂的IS來協助我們收集、管理與分析所收集到的資料，從而萃取出有用的資訊，來提升我們決策的效率和效能。

第二節、資訊系統與資料處理

　　以往我們用資料夾、資料檔案櫃等工具來協助整理資料，但是隨著資料量的增加，必須有更有效的管理方式，IS是以電腦軟硬體、儲存設備和通訊等技術為核心的電腦系統，主要的功能是資料處理（data processing, DP），包括對資料的收集、查核、儲存、處理、管理、查詢擷取、分析與展示，最終的目的是有效提供決策支援。

　　以電腦建立的IS除了巨大的資料儲存能量與完善的網路與通訊功能外，強大的計算能力更能有效的進行資料分析，從而萃取出可以提供決策參考的有用資訊。以圖1-2所示的大賣場購物發票為例，這普通到不行又隨處可見的發票，其實包含了許多相關的資料項，包括：分店名稱與位置、交易序號、日期、時間、收銀機編號、結帳員編號、品項編號、品名、規格、單價、數量、付款資訊、會員編號與福利點數等等，甚至還包括停車專用條碼以提高賣場管理的效率。

　　一家大賣場在臺灣有許多分店，每一個分店每一天進行的交易量可能成千上萬，如果經過長時間的累積，這些資料就形成一個巨量的資料庫，這些資料經過IS的處理，可以產出哪些可用的資訊呢？首先，以前的商店或賣場都會擇日定期（例如每個月的最後一個星期三）暫停營業來進行存貨盤點，作為進貨、銷貨、存貨（又稱為進銷存）數量的管理，這種費

時費力的盤點工作當今已經非常少見，因為透過收銀機與資料系統的即時連線更新每一筆交易資料，賣場經理不僅可以對賣場內的各項存貨一目瞭然，而且可以依據各貨品近期（或隨季節或節慶變化）的銷售速度建立安全存量警示門檻，提醒進貨人員適時補貨，以免產生斷貨的狀況引起顧客抱怨，這種狀況在商品進行促銷活動時尤為重要，甚至可以進一步建立企業對企業（business to business）系統，讓進貨更有效率。除此之外，還可以進行呆料分析找出滯銷的貨品，進行促銷或退貨處理，以免影響獲利。這些雖然是對傳統人工進銷存管理的巨大改進，但對電子IS而言只是牛刀小試而已。

圖 1-2

大賣場的購物發票及銷售明細表

透過對累積的大量銷售資料進行分析,還可以判識個別顧客的購買習慣,做有效的促銷廣告,國外甚至曾有經由購買的品項與頻率推斷出顧客是否懷孕,而進行相關嬰兒用品促銷資訊寄送的案例。另外對於來客量的時間分析,可以提供售貨結帳員的有效派遣,不會有時櫃臺大排長龍,有時結帳員又太過空閒。再由不同收銀櫃臺的位置和結帳顧客數量,可以作為賣場貨品擺設與動線規劃的參考。這些都是因為利用IS管理分析銷售資料所得到的寶貴資訊,可以提供賣場經理更有效地管理賣場,提高營運績效。

第三節、空間資料

　　資料有各種不同的類型,最常見的是文字(character)、數字(number)和文數字(alphanumeric)。文字和數字比較容易理解,文數字則是由數字組成但不能運算的字串,例如電話號碼就是常見的例子,把兩個人的電話號碼相加或比較大小都是沒有意義的。除了前述三種,還有聲音和影像資料,這些不同的資料類別有不同的儲存、分析與展示的方法。

　　一般的資料除了具有文字描述與數值計算的特性外,有許多資料還具有一項非常特別的屬性,就是與該項資料相關聯的空間位置,一般把這類具有空間位置特性的資料稱為空間資料(spatial data),例如前述的購物發票就記載了該項交易發生的(分店)地點,甚至由發票上面的貨品項,可以推斷顧客到過賣場的哪些區域,而且發票上也記錄了會員編號,可以得知購買者的居住處所與賣場的相對位置,由使用的信用卡也可以得知該卡片的發卡國家等等。據估計有超過85%的資料都具有各種相關的空間位置資訊,隨著具有定位功能的手機與穿戴裝置的普及,基於行動裝置所產生的大量資料,使空間位置成為重要的一項資料特性。空間特性對資料分析具有相當大的影響,甚至有某些分析無法在傳統的IS完成,這也是為什麼會發展出GIS的主要原因。

這裡舉一個假設的案例來說明空間資料有別於一般資料的特殊性（spatial data is special），以及使用傳統 IS 無法有效處理空間資料以滿足空間分析的需要。假設在臺北市南京東路與復興北路的路口發生一件重大刑案（圖 1-3 圓心處 Google 地標符號），警察可能需要由重大案件資料庫中搜尋發生地點附近過去的相關案件資料（如圖 1-3 中所示的半徑 1.5 公里的圓圈）。一般傳統的資料庫是以發生案件所在的地址或道路交叉口來記錄案件發生的位置，所以依目前的狀況就可以用「南京東」或「復興北」的關鍵字來做查詢，也確實可以查出之前發生在南京東路「或」復興北路的案例（圖 1-3 中的圓點）；但是有些案例離本案的現場太遠，已超過設定的 1.5 公里（圖 1-3 中圓圈外的圓點），更重要的是有些發生地點離本案很近的案件卻沒有被搜尋出來（圖 1-4），原因是這些案件的登記地點都不含「南京東」或「復興北」等關鍵字。圖 1-4 是將圖 1-3 中的圓圈區域放大的結果，可以看到這些案件點被記錄成如圖中所示的龍江街、長春路、遼寧街、慶城街和朱崙街等，所以無法在傳統 IS 中被搜尋出來。

圖 1-3

利用刑案發生地點搜尋附近的相關案例示意圖

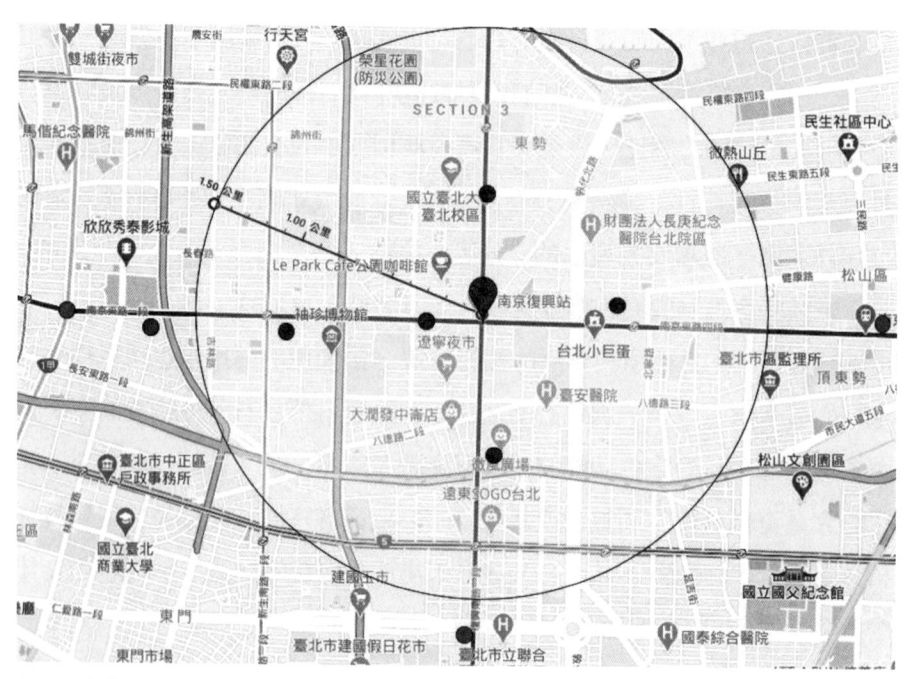

註：黑色實心的圓形標記為從資料庫中搜尋到的案例位置。
資料來源：Google（n.d.）。

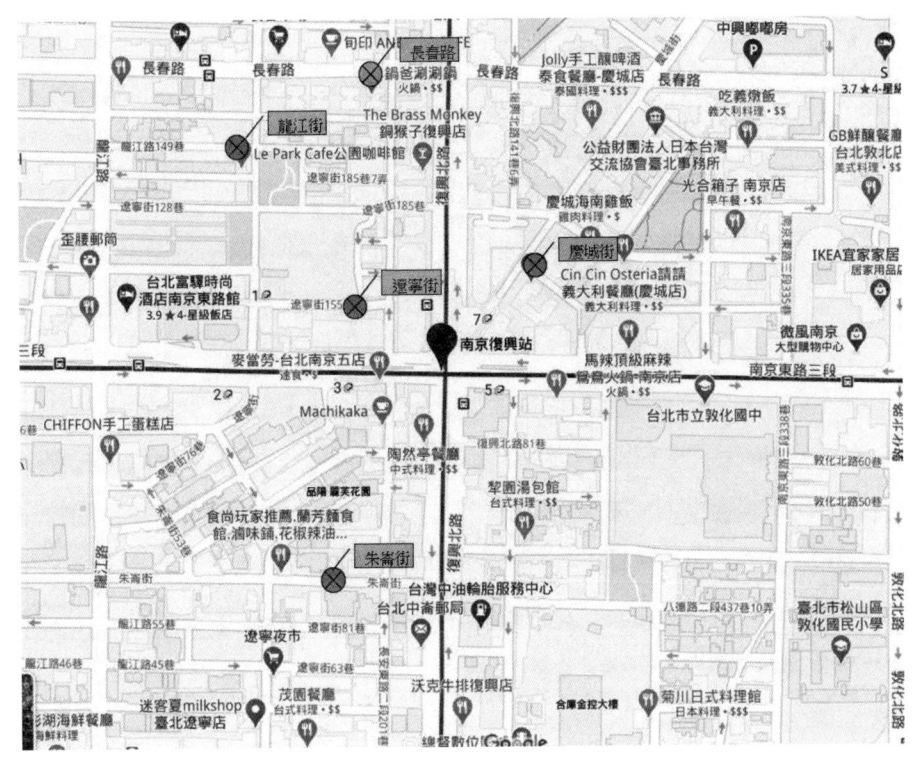

圖 1-4

鄰近刑案發生地點但未被傳統資料庫搜尋到的遺漏案例

資料來源：Google（n.d.）。

　　由這個例子就可以看出，傳統資料庫以鍵欄位作為搜尋索引，無法處理空間上有關「鄰近」（proximity）的搜尋，因為「鄰近」的表示方式牽涉到二維的距離概念，這類空間位置的資料以及資料間的相對關係（例如距離遠近），很難用傳統資料欄位方式表示，需要發展更複雜的資料結構來解決這個困境與挑戰，因此才會結合圖形理論發展出具有空間拓撲（topology）資料結構的GIS。當然拓撲理論並非表示空間關係的唯一方法，在電腦與拓撲數學尚未發展出來之前，人類就懂得利用記號在地圖上面標示位置來處理空間資料，就如同一般警察局裡常見的刑案斑點圖（圖1-5），圖中以不同顏色的三角形顯示不同類別的犯罪事件點，並以臺北市信義分局為中心，輻射往外每100公尺畫出圓形環域（buffer），就可以同時標示案件的空間位置以及展現案件間的空間關係，GIS可以看作是這類人類古老技術的電子化延伸。

Chapter 1　地理資訊系統概論　7

圖 1-5

臺北市信義分局各類犯罪點位示意圖

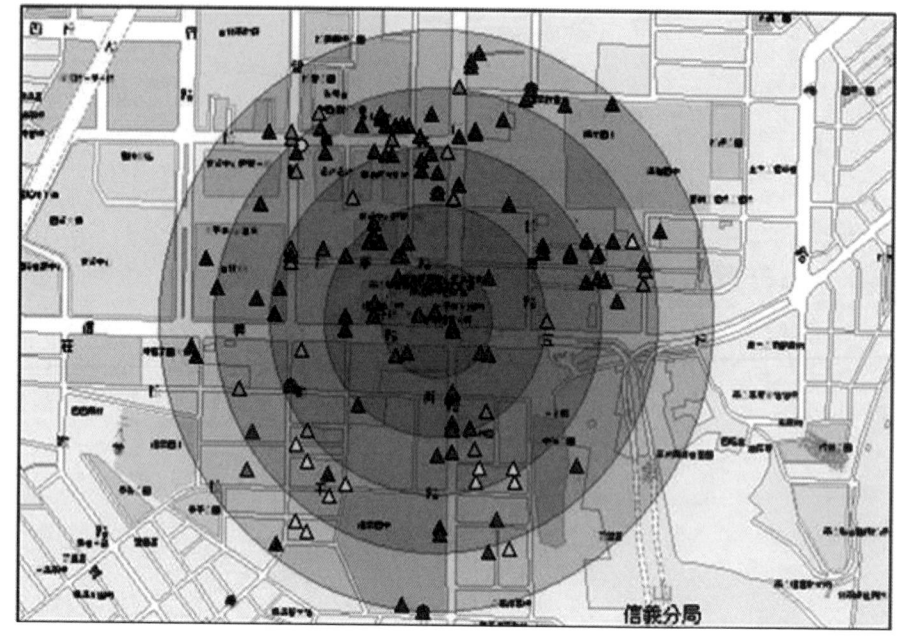

資料來源：臺北市政府資訊局綜合企劃組（2015）。
註：圖中不同顏色的三角形顯示不同類別的犯罪事件點。

第四節、地理資訊系統

　　如前一節所述，因為傳統的IS無法有效的處理資料的空間屬性以及進行必要的空間分析（spatial analysis），所以逐漸發展出一套新的IS，其與傳統IS的分別在於特殊的資料結構與空間分析能力，可以提取有用的空間資訊作為決策的依據。

　　空間資料和一般傳統資料的差異在於其增加了空間位置及與其他資料的空間關係，傳統的IS雖然也可以記錄空間位置，但是對於空間分析就一籌莫展。所謂空間分析是利用資料和資料的相對空間位置進行相關的分析，例如比較距離的遠近，或是對某筆資料（如前一節的案件發生位置）特定範圍內（如1.5公里）的資料搜尋，或進行不同形狀或大小多邊形的

比對或套疊等等。此外還有更複雜的空間資料，例如由許多線段交叉所構成的網路（例如道路）；網路上點到點的路線搜尋是現代電子導航的基礎，路網連結性（connectivity）分析可以檢查網路遭到破壞時的的強韌性，例如如果路網因為如山崩或淹水等災害遭到局部破壞而阻斷，路網的各節點是否仍有替代道路可以聯通而不會產生孤島，這類的問題都不是傳統IS可以處理的。所以可以說「GIS是可以對空間資料做資料處理的IS，其功能在對空間資料進行收集、查核、儲存、處理、管理、查詢擷取、分析與展示，最終的目的是有效提供空間決策支援」。而所謂的空間決策就是涉及空間特性的決策，例如要如何在一個都市內適當的布署消防車輛（位置、數量），讓市內任何地點發生火災時，消防車都可以在接獲報案通知後於指定的時間內到達火場。

第五節、地理資訊系統的應用場域

這一節裡面並不是要介紹GIS或其相關軟體的各項可供操作的功能（functionality），一般GIS裡的功能通常包括資料的存取、編修，以及圖層的套疊分析等等，這些操作性功能的介紹在坊間可以找到許多相關的書籍，而且這些功能的操作細節會因為軟體的不同，甚至同一軟體的改版也會產生差異，所以本書不做操作細節的介紹。本章的目的在讓讀者瞭解GIS的概念及整體應用潛力，作為是否進一步學習研討的判斷基礎，所以本節主要介紹一些GIS的應用情境及其發揮的效能，例如地圖的製作、空間資料視覺展示，以及網路分析、幾何分析、格網分析、鄰近分析（proximity analysis）等。當然GIS的應用場域不僅止於本節所介紹的範圍，本節主要希望透過一些應用範例能引起讀者進一步研習GIS的興趣。

一、地圖製作

　　人生活在三維的空間世界裡，所以空間資料的使用並不是新近出現的新鮮事，過去人類使用地圖來處理空間資料並進行如戰爭、探險等空間決策，海圖的出現與使用更是開啟大航海時代的先機。過去紙製地圖的保存、維護、繪製、使用、編輯、改版都是繁雜困難的事，但是在GIS將空間資料數位化後，使地圖的製作與更新變得更為容易，不僅可以即時更新提高地圖的正確性，地圖資料的儲存、分派、搜尋也更具效率。不同於傳統的紙圖，GIS所建立的電子地圖可以快速的進行縮放，例如圖1-6(A)中的臺北市區捷運系統的地圖，可以放大到比較小的範圍（圖1-6(B)），以顯示更多例如各級道路以及各類型的商店、設施及地標等細緻的資訊；或是縮小比例以展示在更大的區域裡臺北市捷運在臺灣北部的相對位置（如圖1-6(C)）。除了可以彈性縮放的電子地圖外，GIS還可以配合衛星或航照影像，展現比較接近人視覺認知的3D衛星地圖（如圖1-7），或是結合數值地形建立數值地形圖（如圖1-8）。

圖 1-6

電子地圖可以縮放以顯示不同層級的資訊

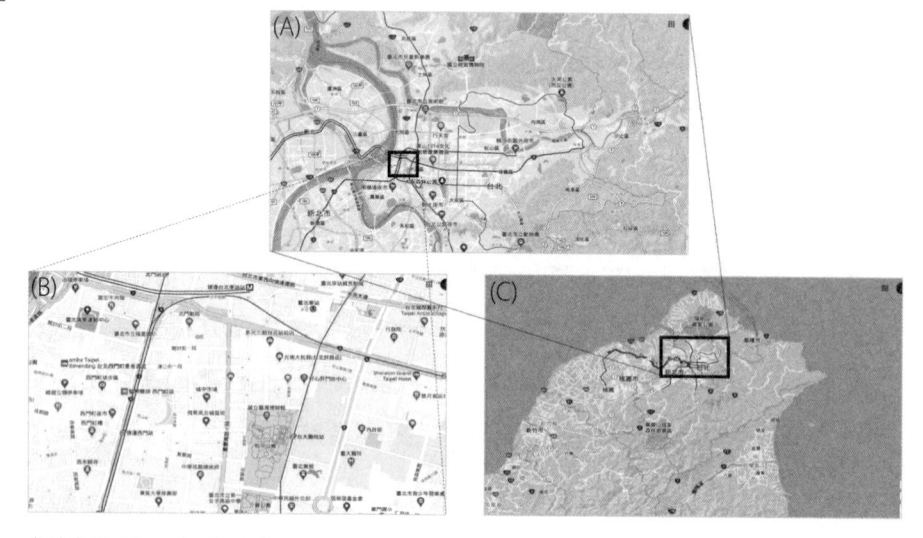

資料來源：Google（n.d.）。

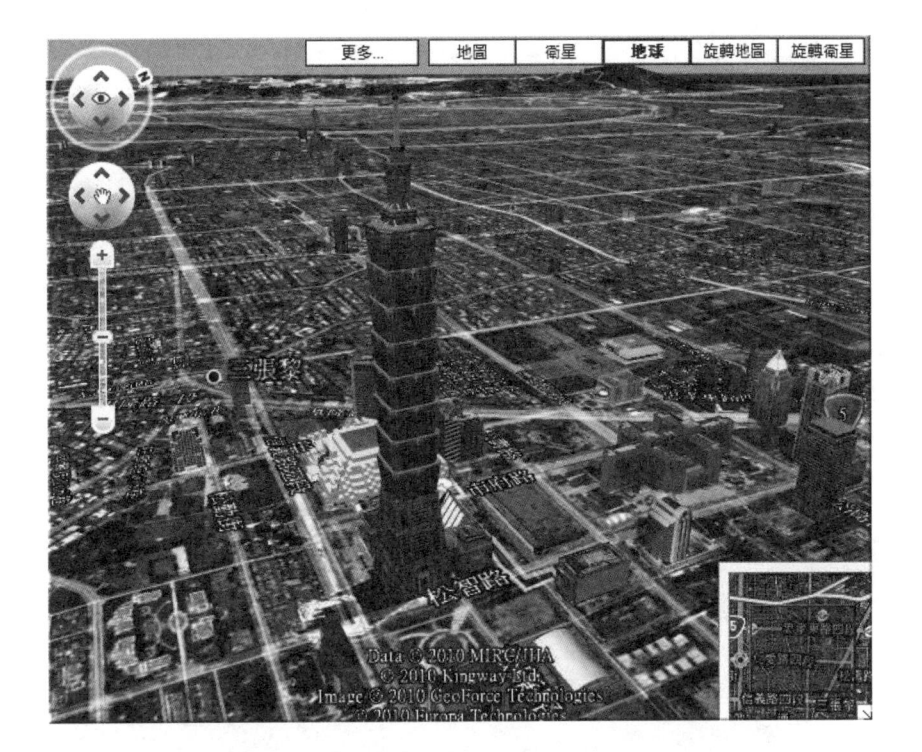

圖 1-7

臺北市 3D
衛星地圖

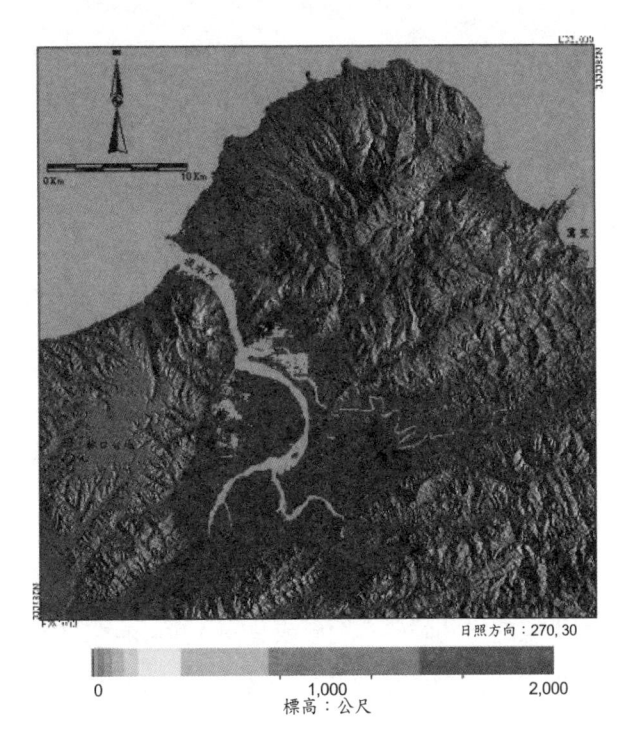

圖 1-8

淡水河流域
數值地形圖

Chapter 1　地理資訊系統概論　11

二、視覺化展示

除了製作電子化地圖展現出比傳統的紙圖更大的使用彈性與效能外，GIS還可以結合不同的演算法（algorithm）做出提供特定功能的視覺展示（visualization）。

圖1-9所示為比利時布魯塞爾的水井位置及地層地質3D立體展示地圖。因為GIS雖然著重於地表物件的空間模式建立，但地底下仍有許多如地質、管線等重要的地理物件，地面往上也有如高層建築、空污等相關資料，所以適當地進行3D地圖展示有助於呈現這類地下或地表上空的地理現象。

圖 1-9

比利時布魯塞爾的地層地質及水井位置 3D 展示圖

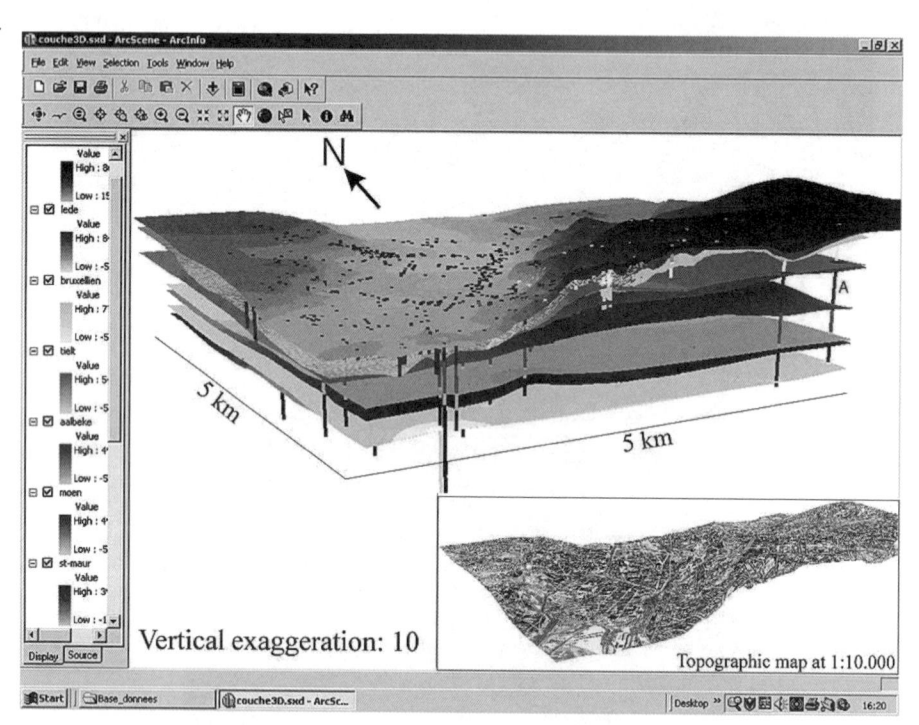

資料來源：Devleeschouwer 與 Pouriel（2005/2006）。

另外有一種視域分析（viewshed analysis）也是和3D分析有關，就是沿著一條視線與沿線的空間障礙（地形或建物）的可視關係（如圖1-10）；也可以進行日照與建物陰影遮蔽分析，作為新建案環境衝擊評估的參考，

如圖 1-11 所示是國立臺灣大學在興建藥物科技大樓並進行整體規劃與可行性評估時所做的，圖中該新建物在不同時間對原來環境的日照改變模擬分析。此外無線訊號可能因地形地物的阻擋而衰減，因此視域分析也可應用於無線訊號的傳遞效能分析。

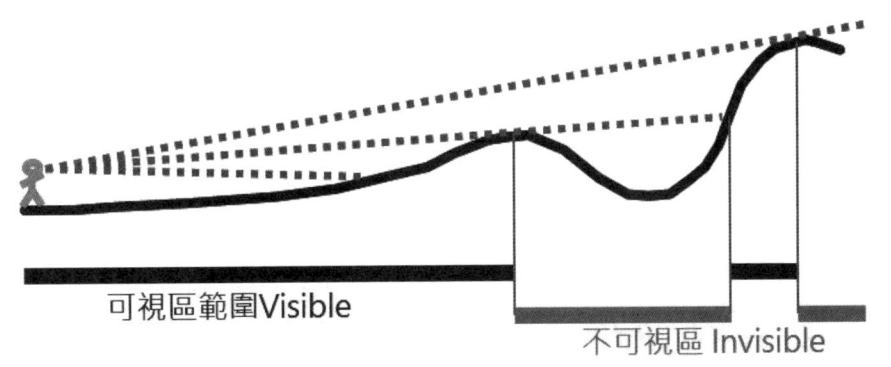

圖 1-10 視域分析示意圖

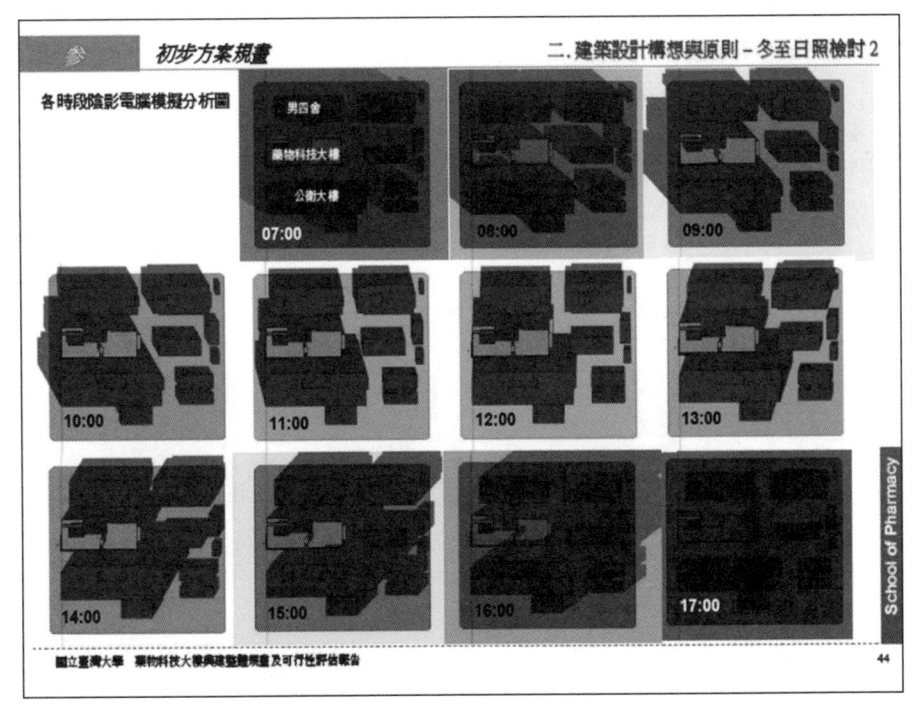

圖 1-11 利用 GIS 3D 分析後展示新增建築物的日照影響

資料來源：國立臺灣大學藥學系（2008）。

三、疊圖分析

使用傳統紙圖時最常做的空間分析應是疊圖分析，就是把兩張或多張不同主題或不同時間的地圖疊在一起，進行時間的變化或空間關係的分析。進行這項分析時最重要的是要套疊的圖層要有相同的坐標系統與比例尺，否則可能會出現錯誤。這類錯誤在使用傳統紙圖進行套疊分析時，因受限於紙圖無法隨意縮放所以比較不會出現；但使用GIS進行疊圖分析時就必須要注意，例如不同比例尺的電子地圖雖然可以透過GIS軟體的操作進行套疊，但套疊分析的結果可能因為資訊錯誤而沒有實質意義。

在GIS中所進行的疊圖分析是使用其中一個非常重要的功能：套疊（overlay），套疊分析包括幾種不同的分析功能，其中最常見的就是聯集（union）分析與交集（intersect）分析。聯集分析的結果就是原來進行套疊的兩張圖的所有部分（圖1-12(B)），交集分析則只留下原來的兩張圖的共同部分（圖1-12(A)）。另外還有兩種較不常見的套疊分析方式：對稱差集（symmetric difference）和差集（difference），差集（B － A）是由屬於B但不屬於A的元素組成的集合（圖1-12(D)）；對稱差集是只屬於其中一個集合，而不屬於另一個集合的元素組成的集合，相當於布林運算中的「互斥或」（XOR）。

圖 1-12

各種不同形式的套疊分析

(A) 交集 Intersection　(B) 聯集 Union　(C) 對稱差集 Symmetric Difference　(D) 差集 Difference

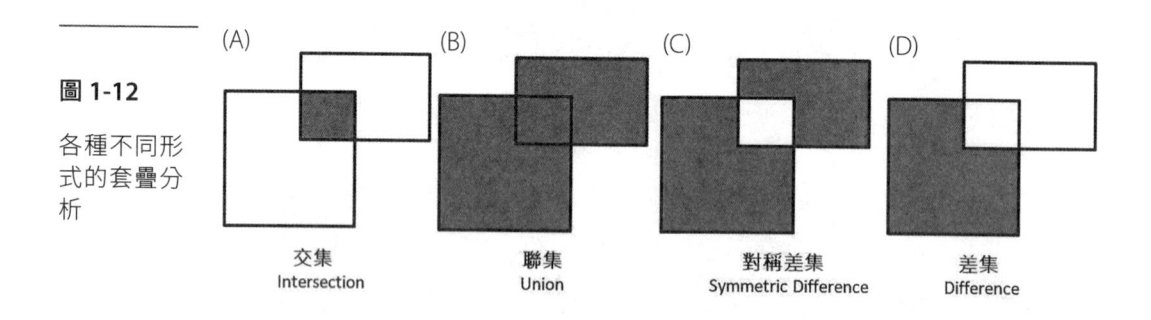

圖1-13是一個套疊分析的應用例子，圖1-13(A)是汐止地區的土地利用分布圖，如果將某次水災的淹水範圍圖（圖1-13(B)）疊上去，利用GIS

的交集套疊分析，可以找出淹水範圍內的土地利用分布狀況，並進行統計分析顯示淹沒區內各類土地利用類別的面積和比例（圖1-13(C)），交集所產生的結果是如圖1-13(C)中較深的顏色部分，圖中一併將淹水範圍外的土地利用分布以較淺色系的方式襯在底下供作比對參考。所以在圖1-13(C)左邊顯示兩組圖例，深色系的一組表示在淹水區內的土地利用，淺色系的一組表示沒有受到淹水災害的土地利用分布。

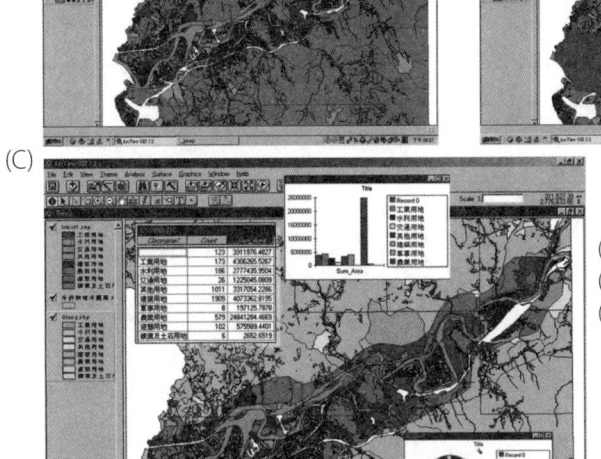

圖 1-13

汐止地區淹水範圍圖與土地利用圖套疊分析

(A) 土地利用圖
(B) 疊合淹水範圍圖（藍色）
(C) 套疊分析結果及統計
　　深色系土地利用—淹水區內
　　淺色系土地利用—淹水區外

註：彩圖請見附錄彩頁，頁241。

四、網路分析

　　GIS中的網路（例如道路網或電力輸配網）是由一組互相連接的點和線段構成，網路分析（network analysis）主要是依據圖形理論（graph theory）和拓撲學（topology）對網路的空間特性進行分析，網路的拓撲屬性包括連結性（connectivity）、鄰接性（adjacency）以及代表發生在網路上的事件點（incidence，如車禍或道路施工）的位置，這些屬性是進行網路分析的基礎。

最簡單常見的網路分析就是對空間上的兩點依據路網特性進行路徑規劃，規劃的依據可能是必須由起始點（依序）經過其間的各個中間點最後到達終點（這就是數學上有名的中國郵差問題〔Chinese postman problem〕）；也可以依據最短距離、最短時間或是交通工具的特性與限制來規劃。例如圖1-14至圖1-17就是由捷運江子翠站（起點）到景美的愛買賣場（終點）的路徑規劃，因為受限於騎腳踏車、徒步、搭公共運輸與自行開車等不同旅行方式的特性限制，會有不同的路徑規劃結果。騎乘腳踏車會建議沿河堤外的腳踏車道以提高安全性（圖1-14）；徒步時當然要以最短距離作為規劃的首要考量（圖1-15）。

圖 1-14

捷運江子翠站到景美愛買路徑規劃（腳踏車）

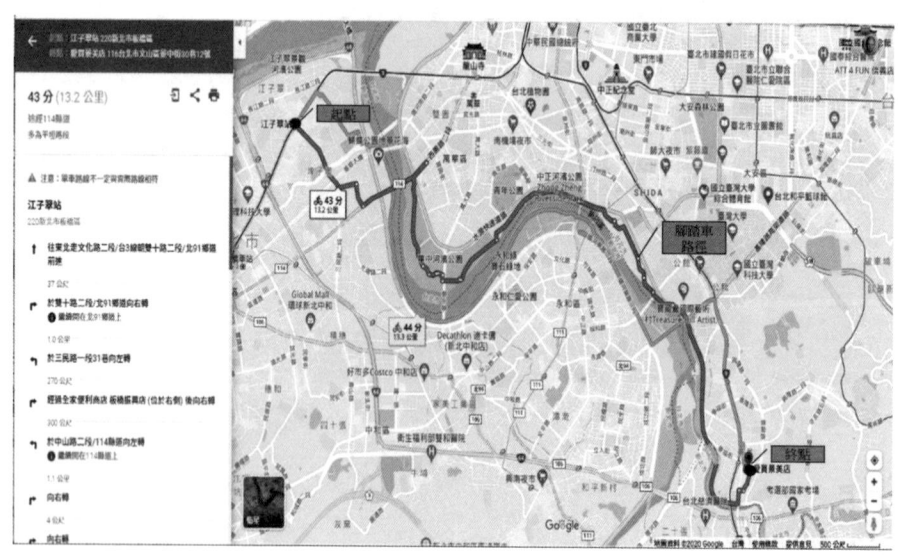

資料來源：Google（n.d.）。
註：彩圖請見附錄彩頁，頁241。

16　地理資訊系統基本原理

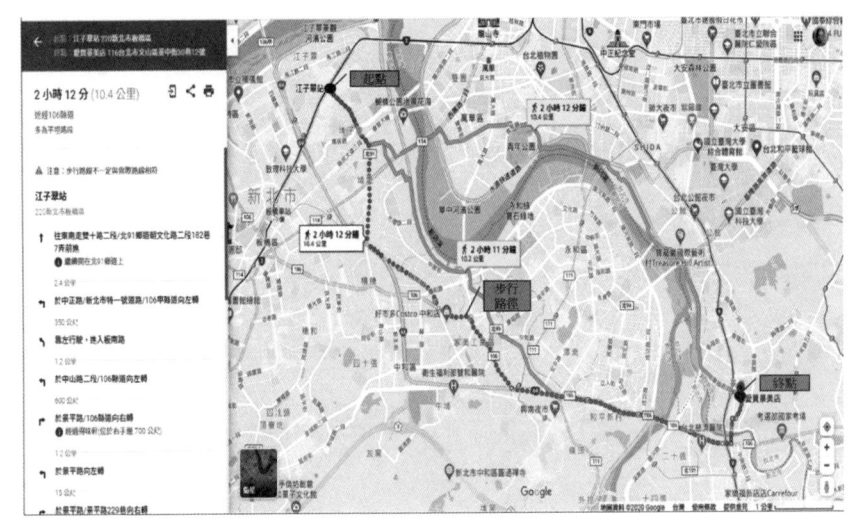

圖 1-15

捷運江子翠站到景美愛買路徑規劃（徒步）

資料來源：Google（n.d.）。
註：彩圖請見附錄彩頁，頁242。

搭乘大眾運輸原則上因為時間考慮以捷運為優先（圖1-16），但也提供搭配公車的不同的選擇。最後是自行開車，選擇了高架道路以減少車行時間（圖1-17），必要時當然也可以搭配即時路況作適時的調整，以避開擁塞路段。

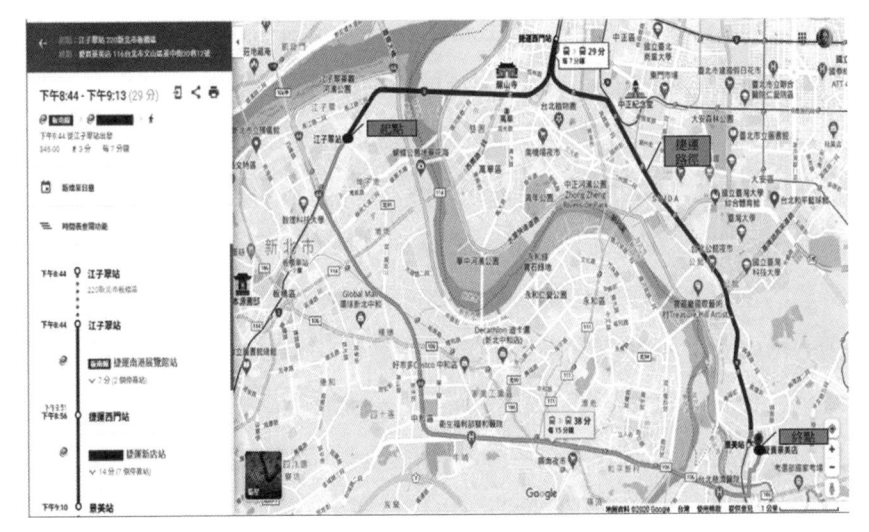

圖 1-16

捷運江子翠站到景美愛買路徑規劃（大眾運輸）

資料來源：Google（n.d.）。
註：彩圖請見附錄彩頁，頁242。

Chapter 1　地理資訊系統概論　17

圖 1-17

捷運江子翠站到景美愛買路徑規劃（自行開車）

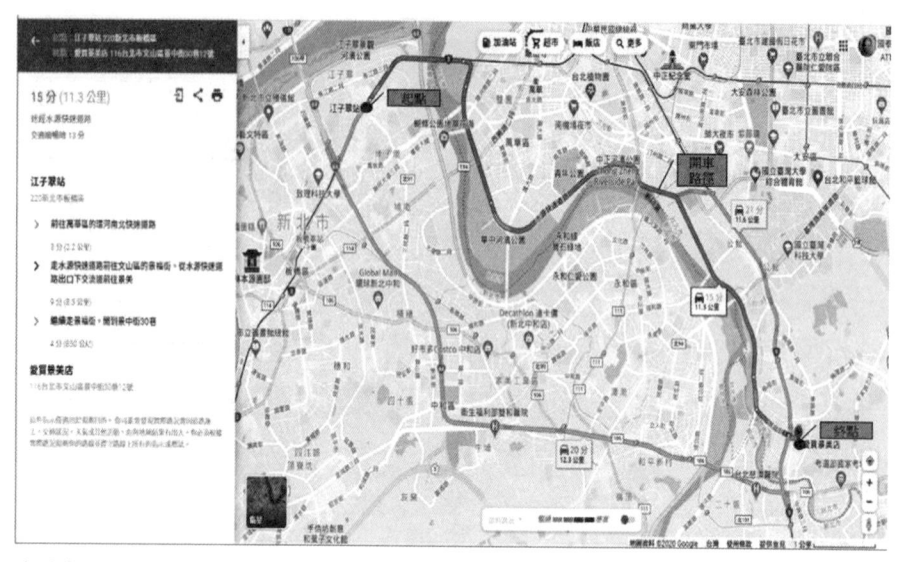

資料來源：Google（n.d.）。
註：彩圖請見附錄彩頁，頁 243。

五、鄰近分析與資源分配規劃

　　鄰近（proximity）在空間資料應用上是一個非常重要的觀念，所有分布在地面上的物件（人、車、建物、動植物等）之間都有距離，也互相會有關係與影響。地理學第一定律（Tobler's first law of geography）就說明「所有事物都與其他事物相關，但是近處的事物比遠處的事物更相關」（Tobler, 1970），地理學第一定律是空間相關性和空間自相關性等基本概念的基礎。

　　在日常生活中我們經常會使用「附近」（near）的概念，例如我們會注意離住家比較近的便利商店的位置，有時更會同時注意到幾家，並將其依距離的遠近來排序，作為日後購物、繳費、網購取貨的參考。另外再以圖 1-18 為例，圖中三角形點為重症急診醫院的位置，圓點表示可能發生車禍的位置，就每一個事故點而言，一旦發生事故，可以利用路網分析找出離事故地點最近的醫院，將病患在最短時間送達，當然如果事先聯絡發現「最近」的醫院已經額滿，也可以找出「第二近」的醫院，「就近送醫」以降低病患送醫的時間。

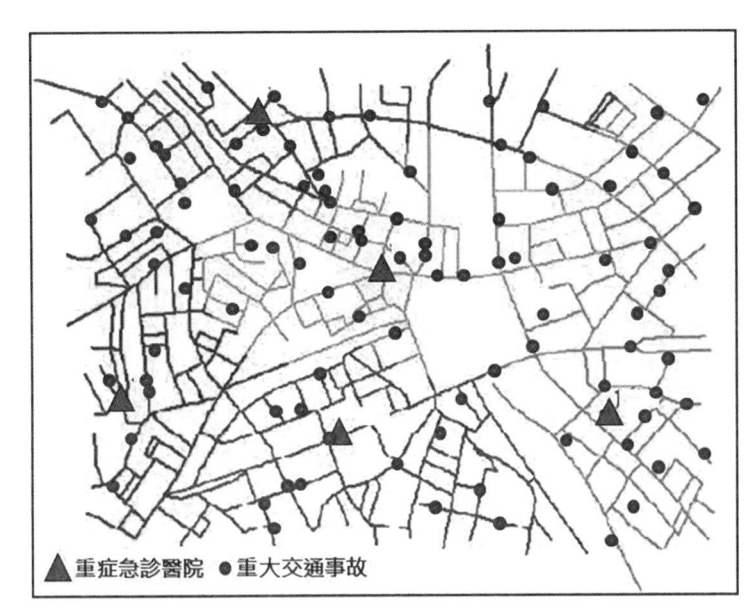

圖 1-18

「附近」與「就近送醫」

註：彩圖請見附錄彩頁，頁 243。

在 GIS 內有鄰近分析工具，是用來分析空間上一個指定點位與和其相鄰的空間物件之間的關係的分析技術，鄰近分析在商業上的選址、服務區規劃等應用上是非常重要的工具，區域規劃師也可以依據人口在空間上的分布，來規劃相關的基礎設施等公共建設在空間上的配置，以有效的利用有限的資源，並對區域內的民眾提供完善且公平的服務。

以圖 1-19 為例，圖中所示為臺中市警察局第三分局轄下各派出所的位置及其轄區的分布圖，由圖中可以看出各派出所位置並不是設在其轄區的中心點附近，這當然是因為當初在設立派出所時遷就於已有的公有土地的緣故，但這樣的轄區規劃會產生一些服務上的不公平性，也就是轄區裡的部分民眾會離派出所比較遠，而且警力的應變速度在轄區內也是不均勻的。

上面例子所提的距離遠近並不一定是一般以為的直線距離，雖然數學上「兩點間的距離以直線為最短」的定理並沒有錯，但是在現實世界裡，我們並不是小飛俠，還是必須依循道路來到達目的地，所以在 GIS 內的距離有時必須以兩點之間的最短路徑來表示，這就必須將前一節介紹的路網分析技術納進來一併考慮。合理的服務區規劃必須考慮到區內的民眾到達

圖 1-19

臺中市警察局第三分局轄區圖

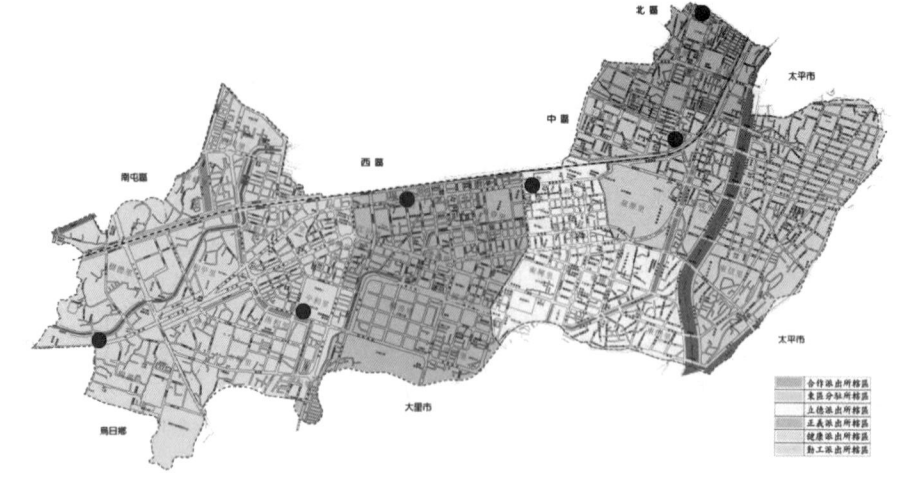

資料來源：臺中市政府警察局第三分局（無日期）。
註：彩圖請見附錄彩頁，頁 244。

服務設施的時間，例如服務範圍內距離最遠的民眾到達服務地點所需要的時間應該限制在一個合理值以下，這除了設施的位置會影響之外，區內民眾住所的空間分布也非常重要；當然除了距離之外，還會有交通狀況、服務設施容量等等的問題需要一併考慮。圖 1-20 中有關重症急診醫院服務區的規劃就是比較合理的例子。

圖 1-20

重症急診醫院緊急醫療區域的規劃

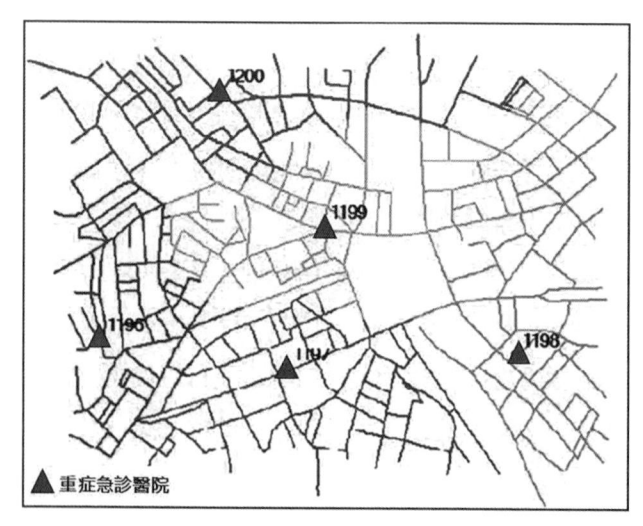

註：彩圖請見附錄彩頁，頁 244。

六、地形分析

　　GIS可以利用特殊的網格資料模式來記錄地形的起伏（這部分的細節會在後面的章節詳細說明），簡單的說就是把一個區域劃分成相同大小的小方格，然後記錄每一個格子裡的平均高程，藉這種方式就可以把地形起伏用數值的方式記錄下來，所以這類資料被稱作數值地形模式（digital terrain model），如圖1-21所示，圖1-21(A)是將數值地形個別網格內的高程利用不同灰階色階暈染展示的地形起伏，圖1-21(B)是將同一區域的衛星影像鋪在數值地形上更可以顯現數值地形的視覺效果。

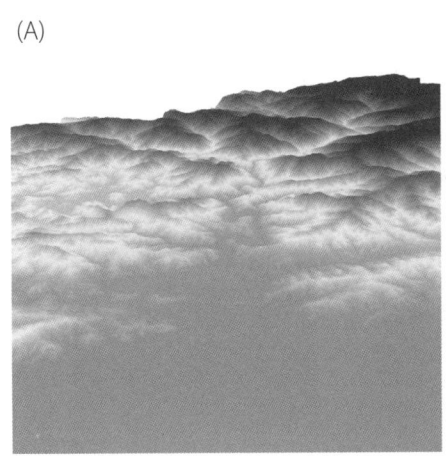

圖 1-21

數值地形模式可以數值化方式表示地形起伏

資料來源：(A)內政部地政司（2021）；(B)經濟部水利署（無日期）。
註：(B)套疊2020年史波特衛星（SPOT）全臺影像。

　　GIS可以對數值高程資料進行分析計算並建立與地形相關的各種空間特性，如圖1-22所示為鯉魚潭水庫集水區的數值高程資料經過初步的地形分析後所得到的部分成果，圖1-22(A)是一般地形圖上常見的高程暈染圖與等高線，圖1-22(B)是數值高程資料經過山影分析（hillshade analysis）所展現的地形起伏，所謂山影分析是假設在某一個角度有一個光源，經過光源照射後的明暗程度以展現地形起伏。圖1-22(C)與圖1-22(D)是利用數

值高程資料計算所得的坡度（slope）與坡向（aspect），坡度與坡向是重要的地形特徵，坡度是公路定線以及山坡地開發管制非常重要的資料依據，而坡向與降雨、日照、風等氣象因子有密切的關係，這些因子對防災、植物或野生動物的分布與榮枯、森林經營管理等等都有相當大的影響。

圖 1-22
鯉魚潭水庫集水區的數值地形及坡度與坡向分析

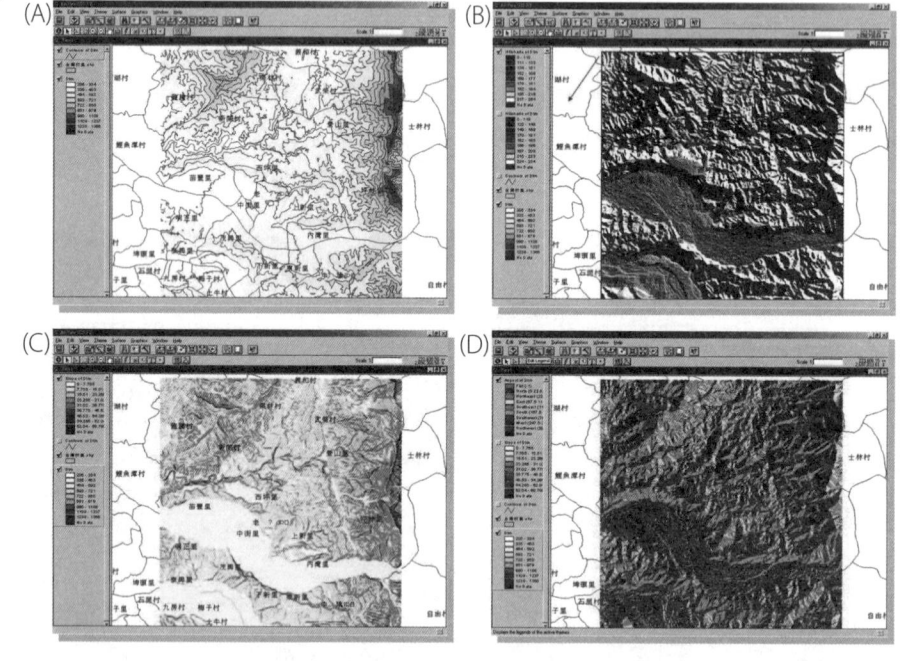

(A) 地形高程暈染圖與等高線；(B) 山影分析圖；(C) 坡度分析圖；(D) 坡向分析圖。

七、開天闢地的空間資料分析案例

　　John Snow（1813-1858）是19世紀英國內科醫生，曾在1854年倫敦爆發霍亂疫情時做出重大貢獻而被認為是公共衛生醫學的主要開拓者。當疫情開始之際，因為不瞭解造成大量死亡的致病原因及傳播途徑，如同2003年的嚴重急性呼吸道症候群（severe acute respiratory syndrome, SARS）及2020年的嚴重特殊傳染性肺炎（coronavirus disease 2019, COVID-19）疫

情一樣引起民眾恐慌，一度曾經因為當時倫敦空污嚴重推斷是經由空氣傳染。當時倫敦的下水道並不完善，並依賴地下水井提供飲用水源，Snow在疫調時記錄下死亡病例，將之繪於倫敦的街道圖上（如圖1-23），並利用死亡病例居家位置與當時提供飲用水井位置進行空間關聯分析，結果發現大量的死亡病例均圍繞在一口位於Broadway街的水井（如圖1-24中的黑點）周圍，因而推斷該次流行病疫情是經由飲水傳播擴散，於是建議倫敦市府將位於Broadway街的那口水井上人力抽水機的汲水把柄移除，使居民無法再從水井取水，而將疫情有效的控制下來。這一個案例也成為公衛與空間分析的著名案例，這張圖也成為有名的John Snow's Ghost Map（圖1-24）。

圖 1-23

John Snow 將霍亂病例居家位置標示於倫敦街道圖

資料來源：O'Brien（2019）。

圖 1-24

John Snow 的霍亂地圖（Ghost Map）

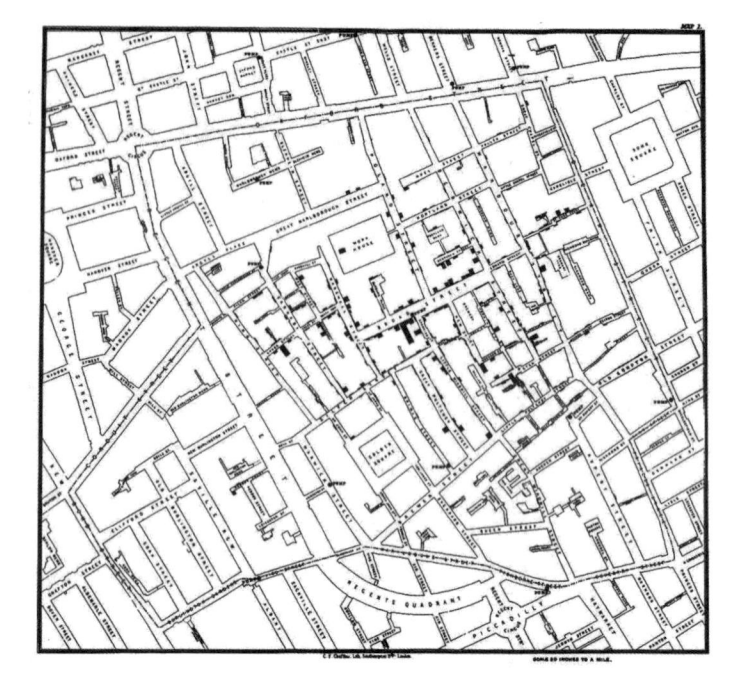

資料來源：Cheshire（2014）。

結語

　　作為介紹 GIS 的基本原理給初學者當作入門的書，第一章以人類利用資料萃取協助決策的有用資訊開始，說明資料分析與 IS 在人類文明發展的重要性，進而利用一個簡單的例子引入空間資料，讓讀者瞭解為什麼會有 GIS 的誕生，最後以一些例子來說明 GIS 的應用情境，希望能讓讀者對 GIS 有一個整體概略的瞭解，並檢視自己是否需要進一步學習這項方法與技術。

參考文獻

Cheshire, J. (2014, June 23). *Mapping Cholera*. Retrieved from https://mappinglondon.co.uk/2014/mapping-cholera/

Devleeschouwer, X., & Pouriel, F. (2005/2006, Winter). The subsurface geology of Brussels, Belgium, is modeled with 3D GIS. *ArcNews Online, 27*(4). Retrieved from https://www.esri.com/news/arcnews/winter0506articles/subsurface-geology.html

Google. (n.d.). [Google Maps]. Retrieved from May 10, 2021, https://www.google.com.tw/maps

O'Brien, O. (2019, March 5). *The Cholera maps*. Retrieved from https://mappinglondon.co.uk/2019/the-cholera-maps/

Tobler, W. R. (1970). A computer movie simulating urban growth in the Detroit region. *Economic Geography, 46*(Proceedings. International Geographical Union. Commission on Quantitative Methods), 234-240.

內政部地政司（2021，6月24日）。**內政部20公尺網格數值地形模型資料**。資料引自 https://data.gov.tw/dataset/35430

國立臺灣大學藥學系（2008）。**國立臺灣大學藥物科技大樓興建整體規劃及可行性評估報告書**。臺北：作者。

經濟部水利署（無日期）。**水利地理資訊服務平台**。資料引自 https://gic.wra.gov.tw/Gis/Map

臺中市政府警察局第三分局（無日期）。**臺中市政府警察局第三分局轄區圖**。資料引自 https://www.police.taichung.gov.tw/precinct3/home.jsp?id=22&parentpath=0,2,18

臺北市政府資訊局綜合企劃組（2015，10月13日）。「治安透明 市民安心」**臺北市住宅、汽車及自行車竊盜案資料開放**。資料引自 https://doit.gov.taipei/News_Content.aspx?n=4B2B1AB4B23E7EA8&sms=72544237BBE4C5F6&s=696ABD1FC2EB7BD4

Chapter 2
地理坐標參考系統——

地表的地物、地理現象與事件是地理資訊系統（geographic information system, GIS）所要儲存與管理的主要內容，然而系統要如何管理這些錯綜複雜的對象呢？回想一下我們每次到醫院就診時，醫生透過病例號碼就可以掌握你的所有就診紀錄，瞭解病情的發展狀況；同樣的，申報所得稅時，透過身分證字號就可以完成所有收入的總歸戶，免除收集扣繳憑單的麻煩。病例號碼與身分證字號都是辨識資料與整合資料的關鍵。因此，GIS所處理的地理資料也需要一個辨識與整合的關鍵，「空間位置」就是那個關鍵，因為任何地物或地理現象都發生在地表的某一位置，透過不同的空間位置可以辨識不同的地物，也可以連結發生在相同位置的不同地物，例如探究稀有物種出現地點與該地生態環境的關係。因而，空間位置是地理資料的關鍵，「坐標」就是空間位置的專業術語，GIS內的所有資料都必須賦予坐標資訊。

坐標如何賦予呢？回想前述的病例號碼或身分證字號，就是對每一病患或國民進行編碼，坐標也是運用同樣概念，對每一地物進行基於空間位置的編碼。由於地物是位於二維甚至三維的空間，因此空間位置就必須進行二維或三維的的編碼，在此我們先以二維編碼進行說明。

第一節、地球與經緯坐標

在地表進行二維的刻劃是最直接的方式，眾所熟知的經緯度就是直接在地球表面進行經線與緯線的劃分，並賦予適當的編碼以利辨識，這種直

接在地球球面上做度量的系統稱為「球面坐標系統」。圖2-1是球面坐標系統的示意圖，首先以本初子午線（prime meridian）為界，分別向東與向西180度，區分東經與西經；同時以赤道（equator）為界，分別向南與向北90度，區分南緯與北緯，後續再依照經緯線的刻劃做細緻的描述，例如臺灣大約位於東經121度經線，北緯23.5度緯線交叉的位置。

圖 2-1

球面坐標系統

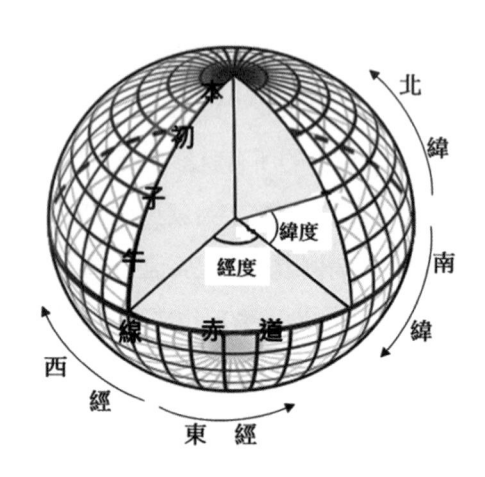

上述經緯坐標系統是在一個標準球體上做設計，然而我們身處的地球並非標準的球體，由於地球內部物質處處不同，地表各處的重力也因而有所差異，所以地球精準的描述是一個近似橢球的不規則體，但是科學的操作通常需要規則性或規律性，所以在設計坐標系統時都會以一個假想的橢球體來代表真正的地球，這顆假想的橢球體就稱為「大地基準」（geodetic datum），也就是所謂的參考橢球體。圖2-2是美國太空總署公布的地球形狀以及某一參考橢球體的示意圖。國際大地測量學與地球物理學協會（International Union of Geodesy and Geophysics, IUGG）歷年來觀測並公布了不同的參考橢球體供各界運用，世界各國會選擇與其國土最貼近的參考橢球體作為其大地基準。1984年提出的世界大地測量坐標系統（World

Geodetic System 84, WGS84）是美國全球定位系統（Global Positioning System, GPS）採用的大地基準，因而普遍被大眾所熟知，此基準是採用 IUGG 1980 年公布的大地測量參考系統（Geodetic Reference System 1980, GRS80）參考橢球體；臺灣目前的新國家坐標系統命名為 1997 臺灣大地基準（Taiwan Datum 1997, TWD97），也是採用 GRS80 參考橢球體，橢球長半徑 6,378,137 公尺，扁平率 1/298.257222101。日本原採用 Tokyo97 大地基準，後改採 Japanese Geodetic Datum 2000（JGD2000），2011 年因東北大地震，造成地殼變形，因此又公布新的 JGD2011。不同的大地基準意即在不同橢球體上劃分經緯線，因而地表上的地物在不同大地基準上所描述的球面坐標也就不同，所以當我們在 GIS 中使用到不同大地基準資料時，就必須進行基準的轉換。

圖 2-2

地球形狀及參考橢球體示意圖

為了方便資料的轉換，歐洲石油調查組織（European Petroleum Survey Group, EPSG），提供了一個大地測量參數的註冊登記機制，稱為 EPSG code，表 2-1 是臺灣以及常用的 EPSG 代碼，GIS 系統或 GIS 使用者透過代碼就可以掌握資料所使用的地理坐標參考系統（georeferencing system）參數。

表 2-1　常用的 EPSG code

EPSG code	大地基準	投影／坐標系統	適用對象
3826	TWD97	橫麥卡托二度分帶投影坐標系統（Transverse Mercator 2, TM2）／中央經線 121°E	臺灣本島、琉球嶼、綠島、蘭嶼及龜山島
3825	TWD97	TM2／中央經線 119°E	澎湖、金門、馬祖
4326	WGS84	經緯系統	GPS
3857	WGS84	Web Mercator projection	Google Maps、開放街圖（OpenStreetMap, OSM）

第二節、地球與投影

　　三維的球體除了使用地球儀外，不易表達與使用，因此過去地理資訊的表達與傳遞都是透過紙製地圖為媒介，但是紙製地圖是二維的平面，三維的地球必須透過投影（projection）過程，才能在二維的紙製地圖表達。剝開近似球體的柚子皮，攤平在桌上是最簡單的將三維轉換為二維的投影想像（圖2-3），具體一點的定義就是將球面上的經緯線轉繪到平面的數學方法。常用的投影方法包括：圓柱、圓錐與方位投影，經緯線經過投影在平面後，各具不同型態（圖2-4），也因而具備不同特性，這是因為從球體的曲面轉繪成平面時，勢必會產生幾何特性的改變，亦即局部的變形現象。因此不同的應用目的會採用不同的投影方法。

圖 2-3

三維轉換二維示意圖

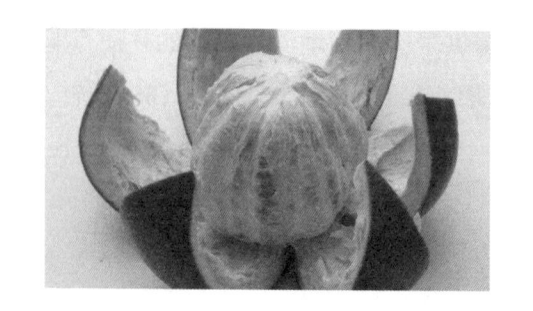

圖 2-4

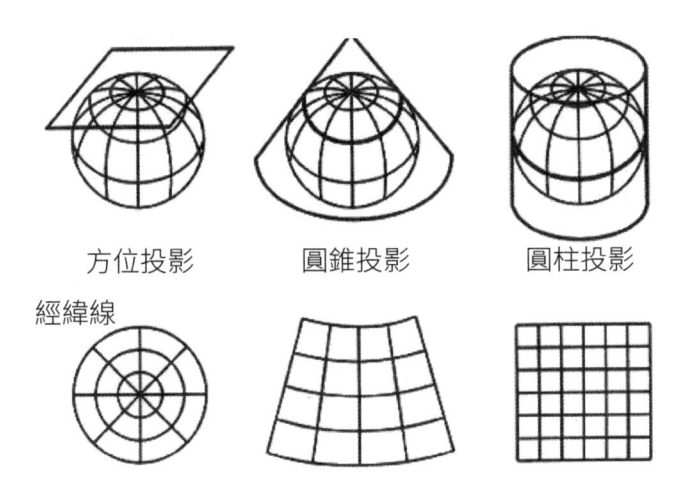

投影方法

方位投影　　圓錐投影　　圓柱投影

經緯線

在選擇投影方法時，我們最常考量的是維持形狀、面積、距離或位置的正確性，維持方向正確的投影稱為正形投影（conformal projection），例如麥卡托投影（Mercator projection），它的特點是維持原來地物的角度不改變且投影面上各方向上的比例尺改變量皆相同，例如地面上兩條正交的道路在投影後仍然維持正交，且維持兩條道路的長度比例，因此在小地區範圍內的地物形狀可以保持不變，但大範圍就無法維持此特性。

地表上兩地物在投影後維持面積比例一致性的投影方法稱為等積投影（equivalent projection），例如美洲大陸的面積約為澳洲大陸的4.5倍，在投影後仍維持4.5倍。但是為了維持面積特性，形狀或角度特性就必須被犧牲了，從圖2-5的亞伯等積投影（Albers equal area projection）可以看出南極大陸形狀嚴重扭曲，扁平到幾乎看不到，這是因為在此投影中，高緯度的緯線被拉長了，亦即東西向大幅擴長，自然就必須壓縮南北向才能維持面積特性。

等距投影（equidistant projection）是投影中心點至圖上其他各點的距離正確，但不是任意兩點的距離是正確的。圖2-6是以臺灣為中心點的等距投影，從圖上可以得知臺灣到紐約與到開普敦差不多遠。

圖 2-5

亞伯等積投影

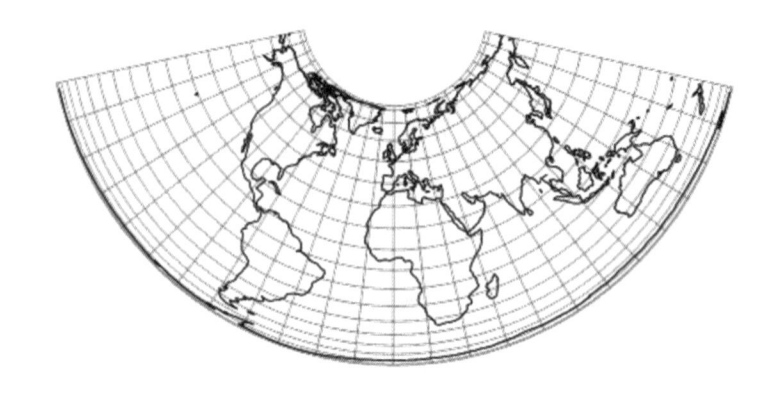

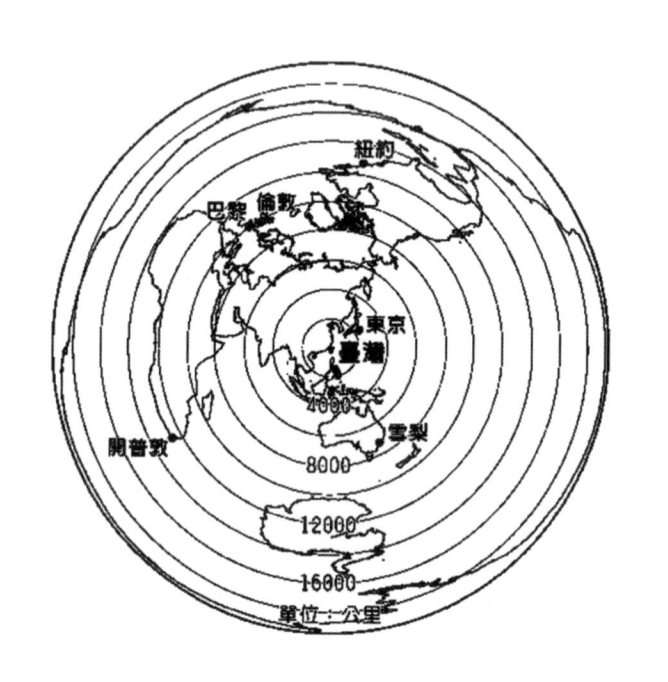

圖 2-6

等距投影

　　由上述得知，不同的投影方法各具不同特性，因此在選擇投影方法時必須衡量使用地圖的目的，例如航海圖通常採用麥卡托投影，能夠維持兩地間的正確角方向；又，欲顯示洲際飛彈的射程涵蓋範圍通常會使用等距投影，可以掌握發射地與其威脅範圍。

第三節、坐標系統

當我們要描述地物的位置時就必須運用坐標資訊，坐標必須以特定的坐標系統為基礎，第一節所述的經緯坐標屬於球面坐標系統，它是未經過投影過程，直接在球面上根據經緯線來定義位置的坐標系統。直角坐標系統或稱笛卡爾坐標系統（Cartesian coordinate system）是另外一種常用的未經投影的坐標系統，它是以地球球心為原點，以相互垂直的x、y、z軸所構成，其中被太空科學或全球定位系統所廣泛運用的地心地固坐標系統（earth-centered, earth-fixed, ECEF）是以地球質量中心為原點，x軸指向本初子午線（通過格林威治天文臺的經線）與赤道的交點，z軸朝北，y軸與x軸及z軸相互垂直（圖2-7）。

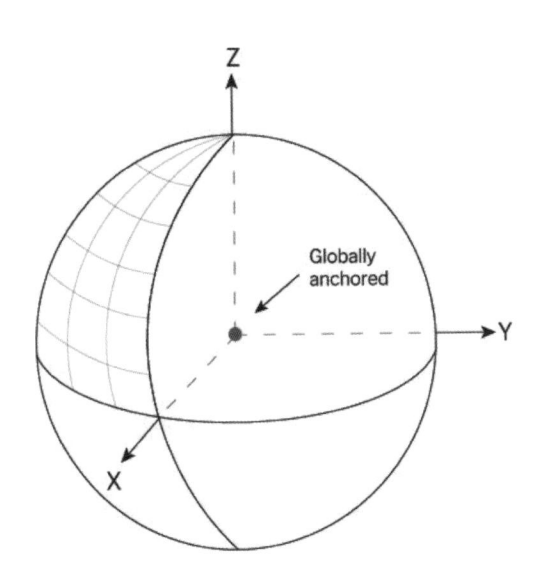

圖 2-7

笛卡爾坐標系統

相較於未經投影的坐標系統，經過投影的坐標系統亦稱為平面坐標系統，由於它經過投影過程，勢必產生幾何變形，因此平面坐標系統適合地區性的大比例尺運用，不適宜全球範圍的小比例尺運用。世界橫麥卡托投影坐標系統（universal transverse Mercator, UTM）與臺灣的新國家坐標系

統TM2都屬於平面坐標系統。UTM是利用經線與緯線分別將全球分為60帶與20行，構成一個網格系統，然後以每一個網格的中央經線為圓柱投影的切線，進而在投影後的網格內設定坐標系統，所以是一個地區性的坐標系統，可以維持位置的高度正確性（圖2-8）。

圖 2-8

UTM

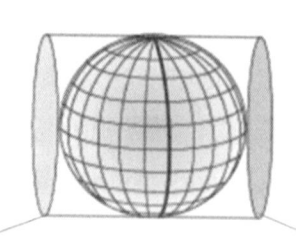

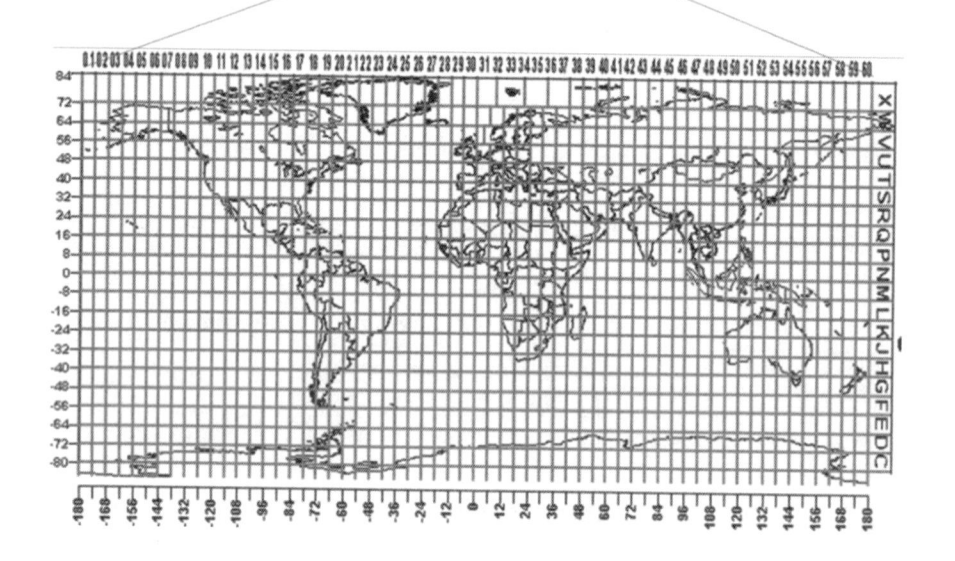

UTM每一帶橫跨6度經度，TM2則每一帶橫跨2度經度，臺灣地區（包括琉球嶼、綠島、蘭嶼及龜山島）以東經121度為中央經線，y軸位於中央經線向西250,000公尺處，以赤道為x軸（圖2-9）。如此的設計臺灣本島恰位於中央經線上，且x, y坐標皆為正數，惟澎湖群島嶼金門、馬祖列島都位於東經120度以西，因此屬於另外一個以東經119度為中央經線的坐標系統。

圖 2-9

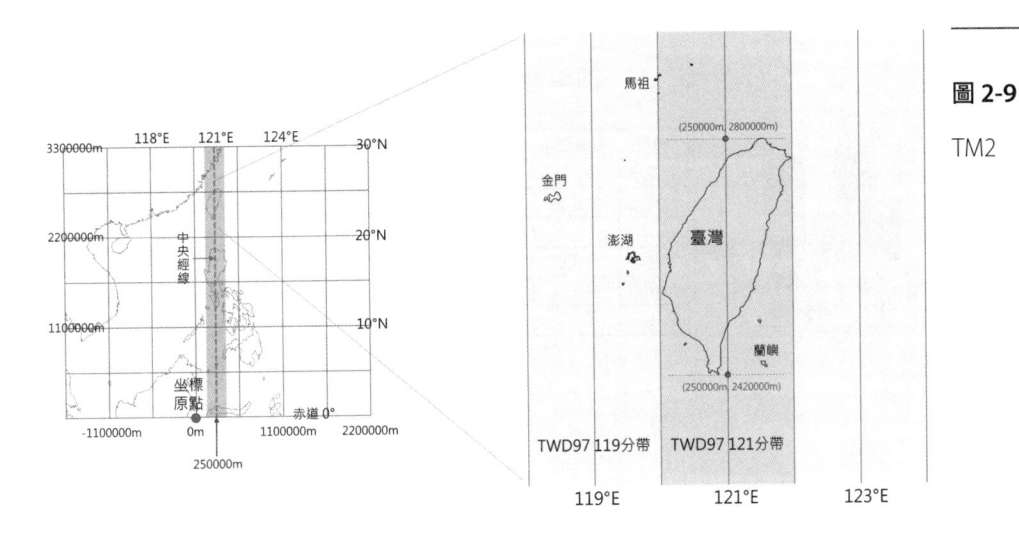

TM2

位置是地理資料的重點,而大地基準、投影與坐標系統是定義位置的三元素,GIS透過不同資料間三元素的一致性轉換,就能以位置來連結不同資料,達到整合多元資料的目標。

第四節、定位

近年GIS逐漸普及至民眾的生活應用,因而以地理坐標參考系統來運作地理位置就顯得太專業化,無法被一般民眾所理解與運用,因而出現了另外一種空間參照方式,我們統稱為「定位」(geocoding)。定位是將一般生活中指涉地理位置的資訊,透過設計好的機制,轉換為地理坐標參考系統後,進入GIS來運作。

門牌地址是最常見的定位方式,每一棟房舍,甚至每一戶都會賦予一個門牌,門牌地址的編定通常會遵循一定的規則,若每一個門牌的位置透過規則或調查,賦予一個對應的坐標,建置成一個門牌資料庫,爾後就可以將文字形式的門牌地址經由資料庫內容的比對,轉換為x, y坐標(圖2-10),此種定位方式稱為「地址對位」(address matching)。

圖 2-10

門牌地址定位

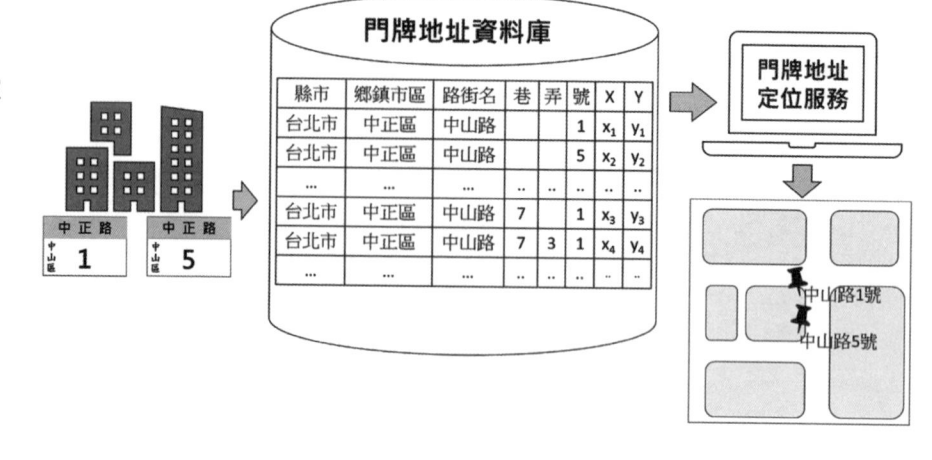

臺灣的門牌資料庫從1998年開始建置，至2009年完成全國800餘萬個門牌位置資料的調查，並完成資料庫的建置。爾後就可透過「全國門牌地址定位服務」（https://www.tgos.tw/tgos/Web/Address/TGOS_Address.aspx），將文字形式的門牌轉換為x, y坐標，供GIS系統使用。

目前除了上述的「全國門牌地址定位服務」外，許多電子地圖或商業GIS也都廣泛運用門牌地址資料庫進行對位服務，因而我們在網頁上查詢到一家可口的餐廳時，就可以將其地輸入如Google Maps的電子地圖進行查詢，該餐廳的位置就會顯示於地圖上。這種定位方式在使用者端是以日常生活所熟悉的門牌來運作，專業的地理坐標參考系統則由服務端來負責運作，因此也讓GIS的應用更加生活化與普及化。

除了門牌地址定位外，地標定位、路口定位、地籍定位也都是目前常見且成熟的定位方式。地標（landmark）或稱為興趣點（point of interest, POI）沒有標準定義，基本上就是日常生活經常會接觸的地點，運用門牌位置資料庫的概念，將每一個POI與其對應的x, y坐標建置成一個地標資料庫，爾後就可以輸入一個文字形式的地標名稱，透過比對而獲得一組x, y坐標。路口定位與地籍定位的原理也都相似，因而我們現在使用GIS系

統時，除了標準的x, y坐標資料外，也可以使用生活上耳熟能詳的門牌、地標、路口等文字資料，同樣達到賦予空間位置的目的。

Chapter 3
空間資料模式——

第一章我們介紹了協助人做有效決策的資訊系統，以及因為要能處理空間資料與進行空間分析所發展出來的地理資訊系統，為了要對我們周遭的世界進行資料收集與分析，必須先在電腦化的地理資訊系統裡建立一個真實世界的虛擬模型。但是我們生活的空間裡除了自然環境的山川與動植物、地形與地貌、流動的空氣和水域之外，還要加上人為建立的各類設施，是一個相當複雜的系統，如果要鉅細靡遺把所有的物件都數位化進入地理資訊系統內顯然不可行，因此在考慮電腦能處理的方式與量能後，必須將真實的世界適度簡化，並保留我們感興趣且重要的部分，這樣建立的數值模型我們稱作空間資料模式。這一章就是要介紹如何將現實世界概括化的方法，以及幾種地理資訊系統常用的空間資料模式。

第一節、模型？模式？模特兒？

前一段我們同時使用了「模式」與「模型」，到底兩個詞是不是代表相同的東西？或是兩者之間的差別是什麼？首先說明「模型」和「模式」都源自於英語裡的 model，依據維基百科（Wikipedia）的描述："A model is an informative representation of an object, person or system."（Model, n.d.）所以說模型是來模擬某種物件，因為我們沒辦法接觸到原件（original），所以建立一個 model 以展現原物件的相關資訊，模擬的物件可以是人、物或一個系統。如果是人，我們一般稱作模特兒；如果是物，我們稱作模型（如鋼彈公仔、建案的樣品屋或整體環境模型）。如果是實體系統，就

稱為「模型」，例如在復健科常見用來模擬人體骨骼系統（skeleton）的模型；但如果是用數學理論來模擬系統的運作方式與功能，因為沒有實物和實體，我們一般會稱作「模式」，如圖3-1所示模擬人體循環系統（cardiovascular system）的電子計算機模式，可以模擬輕度高血壓病患與正常人的心房、心室和全身動脈系統中的血壓比較曲線。

圖 3-1

人體循環系統模式模擬中度高血壓的各項參數

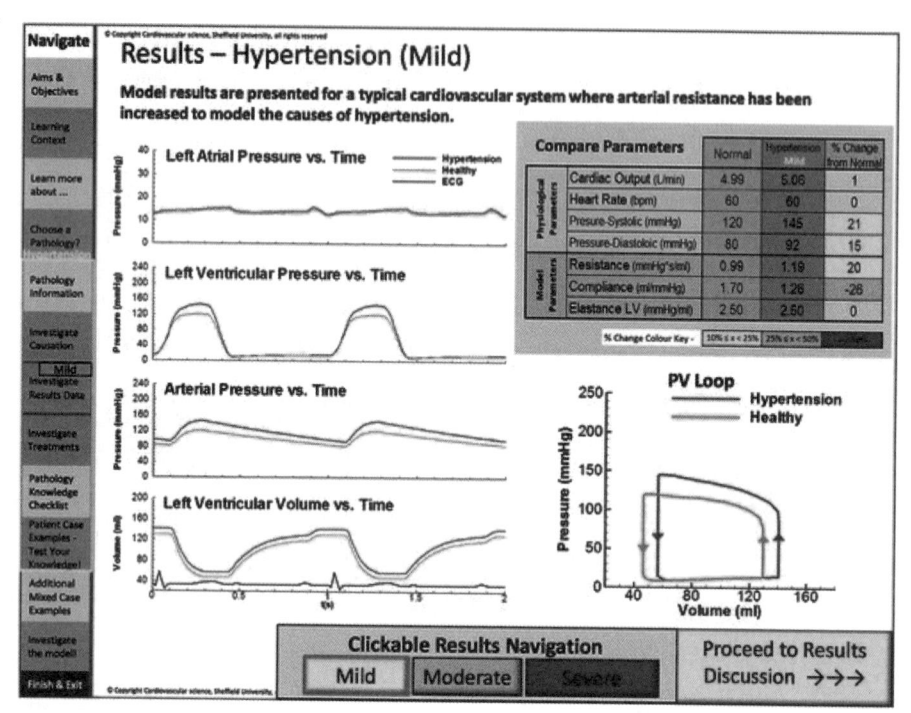

資料來源：Warriner 等（2017）。

所有的模型或模式都不是真品，一般製作模型或模式都需要將原品的部分概略化，只保留真品中想要傳達給使用者的部分訊息（可能是形狀或功能）；如果是實體模型，通常會概略化尺寸（如按比例縮小的變形金剛）、材料（如換成低強度材料建成的樣品屋）；有些實體模型並不是要模擬外觀而是要模擬原品的某些功能，例如水壩的模型可能為了保留原品的力學性質，會建成不等比例的模型；一般的數值模式是依據理論所建構，而有些

理論會做某些與實際現況略有差異的假設，例如假設血液是理想流體，或血球都是均質等。

這一章裡面要討論的是空間資料「模式」（spatial data model），是地理資訊系統中用來模擬真實世界的方式，不只要概略掉某些實體的部分，例如有時會只保留樹林裡樹木的數量與位置，而忽略掉樹的外型、樹葉、器官、細胞等，也可能需要做某些假設來簡化實體世界的某些特性，例如整個樹林的每一棵樹生長的狀態都是一致的。

第二節、資料模式

如前一節所示，模式或模型是一種瞭解問題本質進而解決問題的方法，可以用於構建有形的建物模型，也可以建立模式來模擬行為，如經濟控制論模式（economical cybernetics model）。本節要進一步討論與資訊系統發展有關的資料模式（data model），維基百科的定義如下：

> An abstract model that documents and organizes the business data for communication between team members and is used as a plan for developing applications, specifically how data is stored and accessed.（Data model, n.d.）

目前大部分的資訊系統是利用電子資料處理（data processing, DP）技術來協助政府或商業公司的營運，而資料模式是用於建構資訊系統的重要方法。要建構一個資訊系統首先必須分析瞭解擬解決的問題，並將問題與流程概括化成資料模式，進而建立儲存實體資料的結構（data structure），最後才能形成一個可運轉的資訊系統。

所以資料模式可說是資訊系統的設計藍圖，像建築一樣，如果沒有完善良好的設計藍圖，再好的工匠也無法蓋成出色的建築。在系統設計的過程中常需要反覆地修改與調整，在資料模式設計的階段進行調整或改變，

比在系統設計的階段要容易，就好像裁縫師在設計打版階段修改服裝紙樣，比在縫製衣服或已經成衣之後再做修改要容易得多。

對於我們生存環境的瞭解、描述與紀錄是人類自遠古以來生存至今的必需，人類發展歷程中對環境描述與記錄的方法從最早的聲音、語言，經由符號、圖像，最後是發展到使用文字，到上一世紀更進展到使用數位電子的方式；保存紀錄的載體也由最原始的岩壁刻畫經過竹片、紙張，進展到現在的電磁媒介，紙張與印刷術曾經大幅提升人類知識的擴散，但是紙張長期保存會有劣化毀損的問題，現代的電子儲存媒體不僅容量驚人，複製與傳遞的效能更是一日千里，不過相對於紙本文件怕遇到天災祝融，現代的電子儲存也有可能遭受電磁影響、電力或網路中斷而無法找回（retrieve）的問題。

空間資料模式是發展地理資訊系統的基礎，地理資訊系統是用來模擬實體空間並解決相關的空間決策問題，所以空間資料模式就是用數學方法來描述、模擬我們生存的實體世界。雖然經過幾千年的累積，即使是科技進步如今的21世紀，人類對地球環境與各種自然現象的瞭解還是相當有限，所以要建立一個和真實地球接近的模擬系統也是奢談。我們可以把人類用了上千年的地圖看作是一個地球的資料「模型」，即使是現今，最詳細的地圖和實體世界相比也還是天差地遠，所以要以地理資訊系統來模擬分析空間資料，並解決空間相關議題時，第一步要建立的空間資料模式就值得好好的來討論。

曾經有文獻提出如下的一個問題："Is our world a continuously varying field of phenomenon? Or an empty container full of distinct objects?"（O'Sullivan & Unwin, 2010），它是討論地理資訊系統的空間資料模式一個非常好的引言，因為問題中提出了目前最重要的兩種空間資料模式：連續性的面量模式（continuous field model）和離散式（非連續性）的物件模式（discontinuous object model）。這兩種模式的主要差別在於如

何來看待我們所處的空間,是連續的空間(每一吋地方都有意義)或是物件的組合。這裡利用圖3-2來說明這兩者的區別。

一、連續性的面量模式

以圖3-2的壁毯來看,我們一眼看到是滿滿的一張壁毯占據整張照片,上面的花紋可能有花草或蝴蝶,但是我們一般為認為它是「鋪滿」整個面的,即使是沒有圖案只有顏色的底色部分也是壁毯的一部分,所以很適合用連續性的面量模式來表示;如果我們不把它當作一整個面,而只記錄花草和蝴蝶,那結果就會變成一張像剪紙圖案一樣的鏤空壁毯了。如果要用連續面量模式來將壁毯數位化,可以先把整張壁毯劃分成許多大小一致的小方格,然後記錄每一個方格的顏色、彩度、亮度等等,所有格子組合起來就是這塊壁毯,所以這種模式又稱作網格資料模式(raster model)。這其實和數位相機照出來的影像是一樣的表示方式,每一張數位照片其實是由千百萬個叫做像素(pixel)的小方格所組成,例如標示400 MP(mega pixels)的數位相機,就可以拍出由4億個小格子所組成的高解析度相片,格子越多,展現出來的資料就越細緻。以圖3-2的壁毯來說,如果我們分割的小格子不夠多,每一個格子裡可能混雜多種顏色,但是在連續性的網格資料模式裡,一個格子只能儲存記錄一種顏色數值,因此就必須使用特定的演算法來將這幾種顏色綜合起來成為某一種代表色,如此一來真實的壁毯在轉換成數值資料模式後就會漏去部分的原始資料,而使最後完成的壁毯數值資料模式與真實的地毯產生失真。假如圖3-2(A)的相片顯示的是壁毯在真實世界的樣子,如果我們以160 × 320的網格來建立這一張壁毯的面量模式,也就是我們把160 × 320的格子矩陣鋪在壁毯上,然後依據每個格子裡的顏色分布給予一個色彩的標號,就會顯示出如圖3-2(C)的面量模式,由於所使用的格子不夠細緻,所以和實際的壁毯比較顯得模糊,這表示真實世界的資料在建立面量資料模式的過程中有所損失(失真),

這種資料漏失的效果在圖3-2(B)與3-2(D)的局部放大圖可以看得非常清楚,圖3-2(D)中可以相當清楚看出我們所謂的「網格」的樣子。

圖 3-2

壁毯相片與建立面量資料模式後的比較

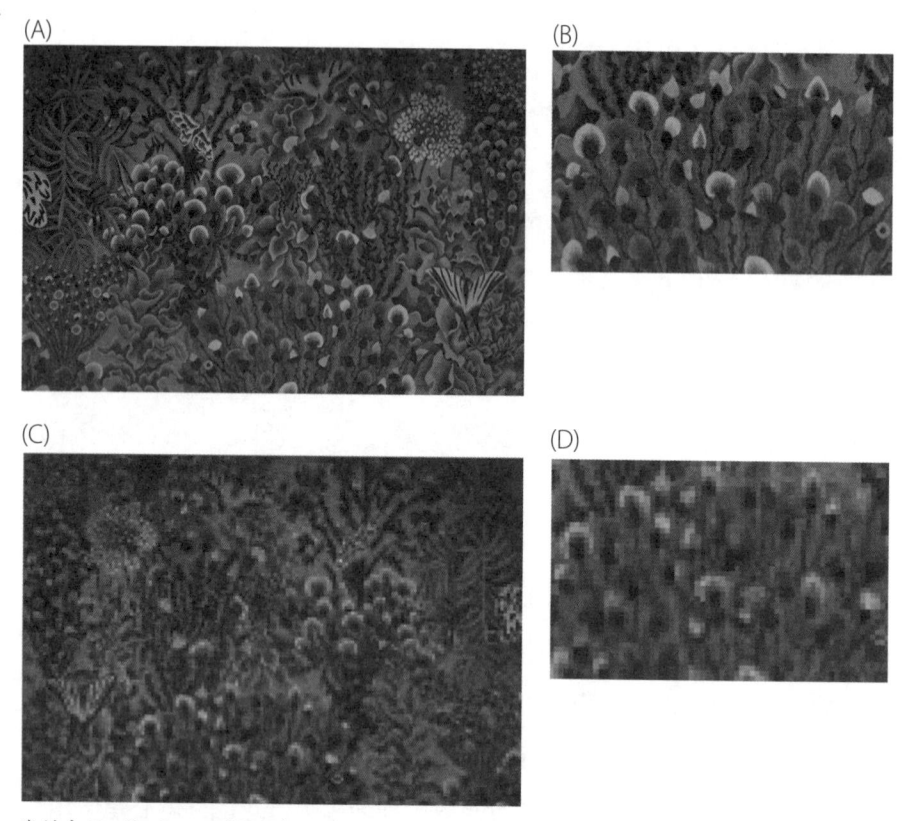

資料來源:MrsBrown(2017)。

二、非連續性的物件模式

相反的,圖3-3中的刺蝟照片就比較適合用非連續性的物件模式來表示,我們看這張照片時,看到的主要是圖片中那隻刺蝟在吃盤子裡的食物,所以這張照片可能會被描述為:一隻刺蝟、一個盤子、盤子裡的食物等三個物件,更可能進一步把盤子和食物合在一起當成是一個物件,而照片中其他的青草或小野花等就會被忽略掉了,就好像用剪刀把照片上的刺蝟和

裝著食物的盤子剪下來，成為模式中的兩個物件；模式裡同時也要記錄描述每一個物件的相關性質（如位置、顏色、大小、類別等等）。所以在這個資料模式裡我們忽略了背景的其他物件，只保留我們有興趣的部分。

圖 3-3

刺蝟相片

資料來源：Couleur（2016）。

　　這時候如果再來重新看看前面 O'Sullivan 與 Unwin 所提出的問題就會非常清楚了，如果我們使用連續性的面量模式，就是把空間視為連續變化的現象；如果是使用非連續的物件模式，就是把空間看成一個裝有各種不同物件（如刺蝟等）的空盒子。

　　上述兩種模式是地理資訊系統中最常見也是最重要的兩種資料模式，兩者都屬於所謂的概念性的模式（conceptual model），是在建立地理資訊系統時，將實體世界概括化成數位化過程的第一步，接下來還必須進行資料結構的設計與建置，就是將概念模式用數學方式表示成可以讓電腦處理的各項細節。如果以房屋建築來說，概念模式就好像是一般建築的透視圖或平面圖，主要供一般的使用者瞭解房屋設計的理念、外型、空間配置等，但是如果要把房子蓋起來，就必須進一步把這個設計用詳細的施工圖表示出來，包括尺寸、材料等等，才有辦法按圖施工。如圖3-4所示，圖3-4(A) 的設計圖是供一般人瞭解房屋的外觀設計，可以比擬為概念模式，圖3-4(B) 的施工圖是房屋建築時給建築技術人員使用的細節，可以類比成資料結構設計，有關空間資料結構的細節於第四章中進一步介紹。

圖 3-4

建築設計圖與施工圖

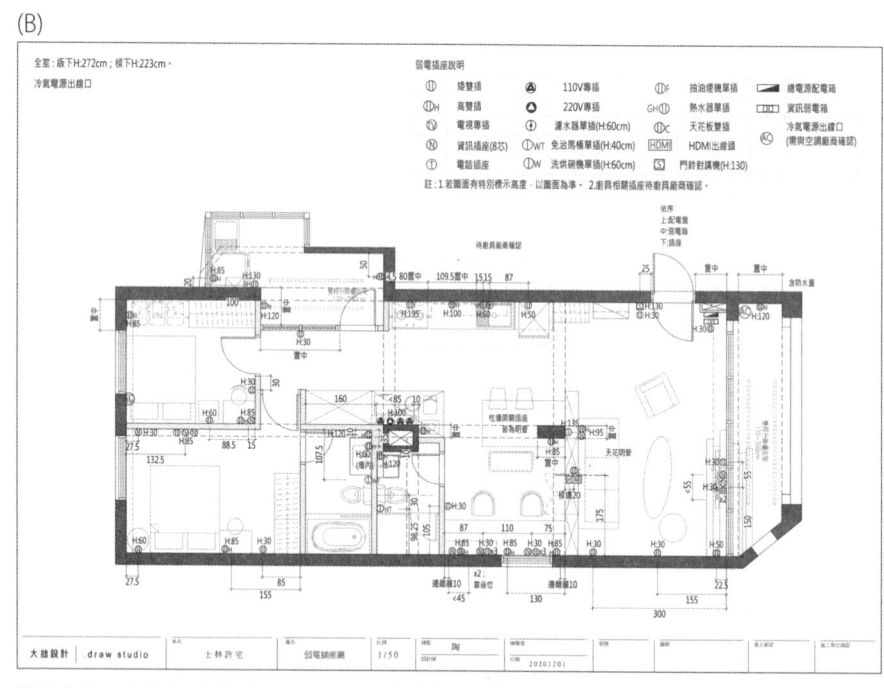

資料來源：大拙設計（.draw studio，臺灣臺北市）提供。

第三節、如何建構實體世界的空間資料模式

即使在資訊科技一日千里的今天，要建立一個可以鉅細靡遺地記錄、描述我們所處空間的資訊系統還是力有未逮，因此建構空間資料模式來模擬實體世界的第一步就是先把無限複雜的實體進行概括化，保留我們有興趣的、認為重要的，並概略掉其他不重要的部分。

地圖是人類自古用來描述空間資料的重要且有效的工具，但地圖也沒有辦法完整記錄所有的空間資訊，所有的地圖都是概括化後的空間紀錄，只能記錄製圖者認為重要的空間資料，例如山峰、河流、道路、聚落、地標等等。地理資訊系統可以看作是取代以往紙繪地圖的現代化工具，所以建立地理資訊系統的第一步也需要適度的概括化實體空間。

依據所要研討與應用的議題來決定要保留的空間資料，例如我們想要建立有關交通運輸的地理資訊系統，當然最重要的是相關的公路、鐵路、航路或航線等，其他如河川、地形、聚落等可以視需要局部保留下來。除了這種對空間地物取捨的概括化外，還有另外一種是對資料細緻度的簡括化，以道路為例，道路系統是一種階層式架構，包括國道、省道、縣道、鄉道等，再往下還有產業道路和都會區裡的巷弄，甚或是山區與公園裡的步道等等。以往的紙圖因為圖幅的限制，必須依據不同的比例尺進行適當的概略化，可能是忽略掉某些較不重要的地理物件（例如在道路網路中省略掉產業道路與步道），或是將部分地理物件的細節概括化（例如海岸線蜿蜒的曲折）；但是地理資訊系統並不會受到圖紙大小的限制，要細緻到哪一個道路層級，除了實際的應用需求之外，主要受制於經費、時間、資料精度與可得性等因素。

當決定了要表現的空間資料以及概括化的程度後，接下來就是要選擇資料模式。以道路資訊系統而言，因為道路在空間上並非連續的面量分布，採用前述的非連續性物件模式是適宜的選擇。但以圖3-5中所顯示的

草皮而言，選擇物件模式來對一株一株的草進行描述顯然是不切實際的選擇，這時使用連續性的面量模式也許是比較適當的。

圖 3-5

由個別的草株構成的草皮

資料來源：Alexas_Fotos（2017）。

但是有一些狀況，要選擇哪一種資料模式就不是那麼明確，以圖3-6為例，雖然看起來和圖3-2的壁毯或圖3-5的草皮有一點類似，可以把整片森林視作是連續的面量分布；但是也可以使用物件模式，將一棵一棵的樹視為單一物件，這也許可以用來當作表達「見樹」或「見林」的情境。

圖 3-6

資料模式的選擇，見樹？見林？

資料來源：Laursen（2018）。

首先來談談物件模式，物件模式就是把世界看作是許多個別物件的組合，所謂物件（object）就是以數值的方式來描述存在於空間裡可以確認並與其周遭環境區隔的個體（有時候也稱作實體〔entity〕）。物件實體一般不會再細分為兩個物件，例如以人的定義來說，因為無法將「一」個「人」再細分為「兩」個「人」，所以「人」就可以當作存在空間的物件實體來處理，以此類推，貓、狗、樹、汽車等都是。但是有時候由於我們觀察與研討的尺度（scale）大小不同，所定義的物件會出現一些混淆，如圖3-7中所示，在顯微鏡底下我們可以把細菌當作一個個體，但是如果以培養皿為觀察的尺度，可能就可以選擇以許多細菌合成的菌落來當作一個物件來看待。

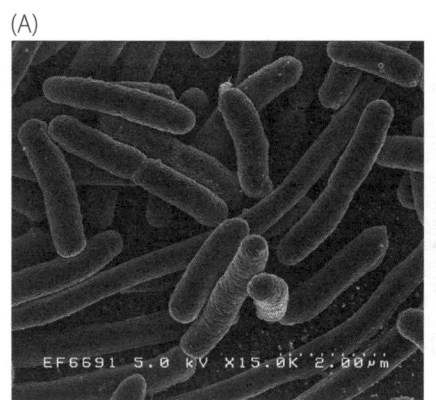

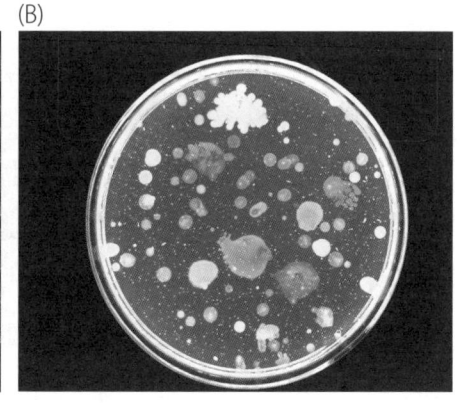

圖 3-7

細菌和菌落

資料來源：(A) Rocky Mountain Laboratories, National Institute of Allergy and Infectious Diseases, National Institutes of Health (n.d.)；(B) Shashin Kagaku Co., Ltd. (n.d.)。

　　選定空間物件之後，接下來需對於空間物件做適當的描述以便後續進行數值化，一般可以選擇點（point）、線（line）、面（polygon）中的一種來處理，點、線、面都是數學上的概念，「點」只有位置但沒有長度和寬度，「線」具有位置、方向和長度但沒有寬度，點和線都只是數學上的概念，在今天這個奈米時代，實際上並不存在。「面」比較好理解，就是一般所見的多邊形或區域，具有位置、範圍、面積等特性。一個實體空間的

物件其實可以有多重的表示方式（multiple representation），以一個公園為例，一般的認知是面或多邊形，但是如果在小比例尺（例如整個桃園市的範圍）的情況下，也可以用點來表示一個公園。道路或河川也一樣，以臺北市內湖區的範圍來觀察，基隆河和中山高速公路都是具有寬度的面物件，但是如果以整個臺灣的尺度來看，就都可以概括成不具寬度的線物件了。

除了可以多重表述的特性外，有時還具有階層（hierarchical）特性，例如捷運我們可以用線物件來描述，從一個站到下一個站之間可以看作是捷運的路段（segment），幾個路段可以合成一條捷運路線（例如綠線或松山新店線），許多條路線就可以合在一起成為一個捷運路網（network）。另外還有一種可能地理現象會隨時間而改變，例如淹水的範圍、河道的變更等等，這時就需要增加描述時變性（temporal variation），不過這個一般要到進一步的空間資訊處理時才需要進一步考慮。

物件模式一般比較適用於可以確切描述形狀、位置或範圍的情況，這類物件比較多是人為建構的道路、房舍等等；但有些天然存在的事物或現象（例如土壤、植被等）常無法明確描述其形狀或範圍，一般會以連續性變化的分布來呈現，這類狀況就比較適合使用面量資料模式來處理。例如以圖3-8所示的山坡地為例，山坡上有不同類別的樹木分布，也有一片草原夾雜其間，以較深色的那片樹林來說，如果要以一棵一棵的樹為物件並不合適，但是如果要把樹林當作一個「面」物件，在樹林和草原交界處會有零星的樹木和草原交錯混雜，也會有邊界模糊不清很難明確劃定，這類狀況在自然界的天然資源分布非常常見，這時候採用面量模式會是一個比較好的選擇。以圖3-8的例子，可以如前所述選擇適當大小的網格，針對每一個網格內的現象特性給予不一樣的代表符號，例如深色樹林是1，草原是3，而對於不同程度的樹林與草原混雜給予另外適當的代表符號（如以2代表1和3交錯處，就是圖3-8中顯示為？的區域），就可以比較適切地描繪出樹林、草原與林草混雜的邊界區域。

圖 3-8

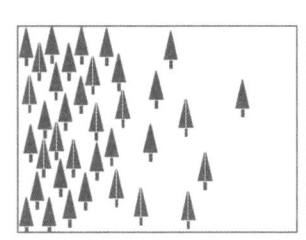

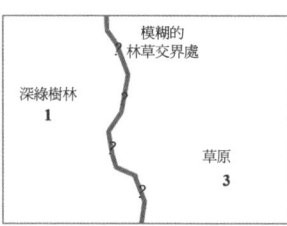

山坡上的樹林與草原

資料來源：Nurullah（2020）。

第四節、物件模式與面量模式的比較

　　在瞭解物件和面量模式的特性之後，我們還是常會面臨到要選擇的難題，事實上沒有孰優孰劣的問題，所以不是哪個比另外一個好，而是在應用狀況下哪個比較合適。物件模式適用於有明確的邊界、可以區分為單一個體非連續性的情況，例如房屋、管線等等。而面量模式比較適合於連續變化的狀況，這些狀況通常無法明確地分隔成非連續的個體，例如高程、地表覆蓋等。

　　如果以人類最古老也使用最長久的地圖來看，大部分的地圖多是由點、線、面構成的，似乎是非連續性的物件模式占了優勢，但是再看看人類用得更久的眼睛，它其實是以連續性的面量模式來處理我們的周遭環境，隨時把環境轉換成一張張的影像傳給大腦，照相機其實是模仿眼睛的影像處理方式，而相片就是一個典型的面量資料，如果把一張照片一直放大下去，最後就會出現一片圓點或方格，也就是前面所說的像素或網格。所以其實人類大腦一直混用著非連續性的物件模式和連續性的面量模式來處理空間資料，先以連續性的面量模式取得一個全面的資訊，再視需要從

其中萃取出有用及相關的物件做後續的處理或反應。如圖3-9裡所示的狀況，眼睛先產生了一張影像（非連續的網格資料模式），經過大腦分析後對於被判斷為不重要的資料（如樹林、石頭等），大腦可能選擇以面量資料處理當作環境背景，但是對於松鼠（動物！可能有威脅性）會選擇以非連續物件處理，聚焦於其上並分析監視其後續的變化。所以在地理資訊系統中雖然會區分物件或面量資料模式，早期的地理資訊分析應用也多因應資料特性，選擇一種資料模式為主，但是在地理資訊技術日益成熟，多種資料模式混雜應用的狀況會越來越普遍，以因應越來越複雜的應用。

圖 3-9

樹林裡的動物

資料來源：Ziegler（2012）。

參考文獻

Alexas_Fotos. (2017, March 29). [Pixabay photo]. Retrieved from https://pixabay.com/photos/meadow-field-nature-grass-2184989

Couleur. (2016, August 10). [Pixabay photo]. Retrieved from https://pixabay.com/photos/hedgehog-animal-mammal-hannah-1581807

Data model. (n.d.). In *Wikipadia*. Retrieved May 9, 2021, from https://en.wikipedia.org/wiki/Data_model

Laursen, M. B. (2018, December 10). [Unsplash photo]. Retrieved from https://unsplash.com/photos/uj7VvwJn_Vg

Model. (n.d.). In *Wikipadia*. Retrieved May 9, 2021, from https://en.wikipedia.org/wiki/Model

MrsBrown. (2017, August 18). [Pixabay photo]. Retrieved from https://pixabay.com/zh/photos/tapestry-gobelin-2655604/

Nurullah. (2020, May 29). [Unsplash photo]. Retrieved from https://unsplash.com/photos/5vxY-nDiRi8

O'Sullivan, D., & Unwin, J. (2010). *Geographic information analysis.* Hoboken, NJ: John Wiley & Sons. doi:10.1002/9780470549094

Rocky Mountain Laboratories, National Institute of Allergy and Infectious Diseases, National Institutes of Health. (n.d.). Escherichia coli: Scanning electron micrograph of Escherichia coli, grown in culture and adhered to a cover slip [Photograph]. Retrieved from http://en.wikipedia.org/wiki/Image:EscherichiaColi_NIAID.jpg

Shashin Kagaku Co., Ltd. (n.d.). Measurement examples for aerobic colony count [Photograph]. Retrieved from https://www.shashin-kagaku.co.jp/skp/sales/acc/en/photos/0102/01-0207.jpg

Warriner, D. R., Bayley, M., Shi, Y., Lawford, P. V., Narracott, A., & Fenner, J. (2017). Computer model for the cardiovascular system: development of an e-learning tool for teaching of medical students. *BMC Medical Education, 17*, 220. doi:10.1186/s12909-017-1058-1

Ziegler, C. (2012, July 16). An agouti on Barro Colorado Island surrounded by tropical seeds [Photograph]. Retrieved from https://insider.si.edu/2012/07/thieving-rodents-responsible-for-saving-tropical-trees-in-panama

Chapter 4
向量與網格資料模式——

第一節、向量資料

一、向量資料的內涵

　　向量資料是一種將真實世界概括化的紀錄模式，它是在一個以數學建構的投影坐標系統上，利用點、線、面等幾何物件（geometric object），記錄地表的特徵（圖4-1）。一般而言，點資料就是一組單純的x, y坐標數字，可用以表達某地表特徵的座落位置，例如路燈、建物、水池；線資料則是連結不同的點，構成一個具有長度的幾何物件，它有可能是直線或曲線，常被用來表達道路、河川、斷層或其他具有長度／距離的地表特徵。面資料則是連接多個線段，形成一個閉合的幾何物件，具有面積跟周長等特性，例如湖泊或公園。

圖 4-1

以向量資料記錄地表特徵

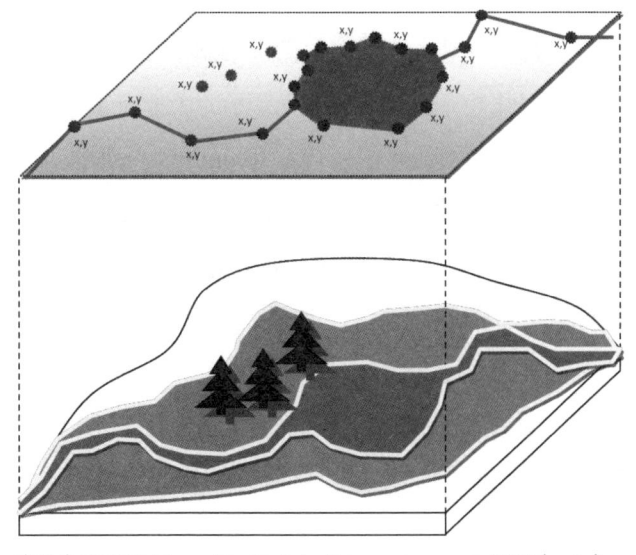

資料來源：DBE blog: Digital built environment 2013（n.d.）。

向量資料能夠細緻地記錄不連續的地理現象，即使是不同的尺度也可以使用不同幾何物件予以記錄；一所學校可能是一個點，也有可能是一個面。一條河川可以用線資料的形式表達，也可以透過面資料去呈現。所以，要以何種幾何物件來記錄地表特徵，端看應用與分析的目的。

二、向量資料中的位相關係

　　除了用點、線、面等幾何物件來記錄空間地物外，我們也會以位相關係（topology）來記錄地物之間的空間相互關係，例如：連結性（connectivity）、相鄰性（contiguity）與方向性等；它是一種幾何特性的描述，協助地理資訊系統（geographic information system, GIS）更正確地組織、分析與處理空間資料，提高空間分析的效率。位相關係是記錄地物之間的相互關係，它忽略地物的絕對位置與方向，只保留相對位置的描述，例如常見的臺北捷運地圖（圖4-2），僅表達站與站之間的關係；以捷運淡水信義線為例，從臺北車站往北邊搭一站是中山站，而往南邊搭一站則是臺大醫院站。

　　圖4-2中不同捷運路線間存在交會點，讓我們可以在此轉乘不同的捷運路線。例如在西門站可以轉乘板南線與松山新店線，這種特性就稱為連結性。此外，雲林縣與彰化縣以濁水溪為共同縣界，這種特性我們稱為兩縣具備相鄰性。位相關係也可以協助我們定義空間範圍（area definition），例如：臺北市被新北市所包含（contain），形成地中地的現象。

　　透過空間位相的協助，我們可以在GIS上進行路網分析（例如：找到從一個位置到另一位置的最佳路線）、測量（例如：找到河段的長度）和近鄰關係（例如：找到鄰近的空間物件）。然而，在進行空間資料的數化時，我們常因為缺乏位相關係的定義，所以容易出現一些誤差或錯誤，例如：兩個幾何物件出現重疊或是缺漏，或是線段間沒有正確接合（圖4-3），這些狀況都有可能影響我們後續空間分析的成果，甚至影響我們

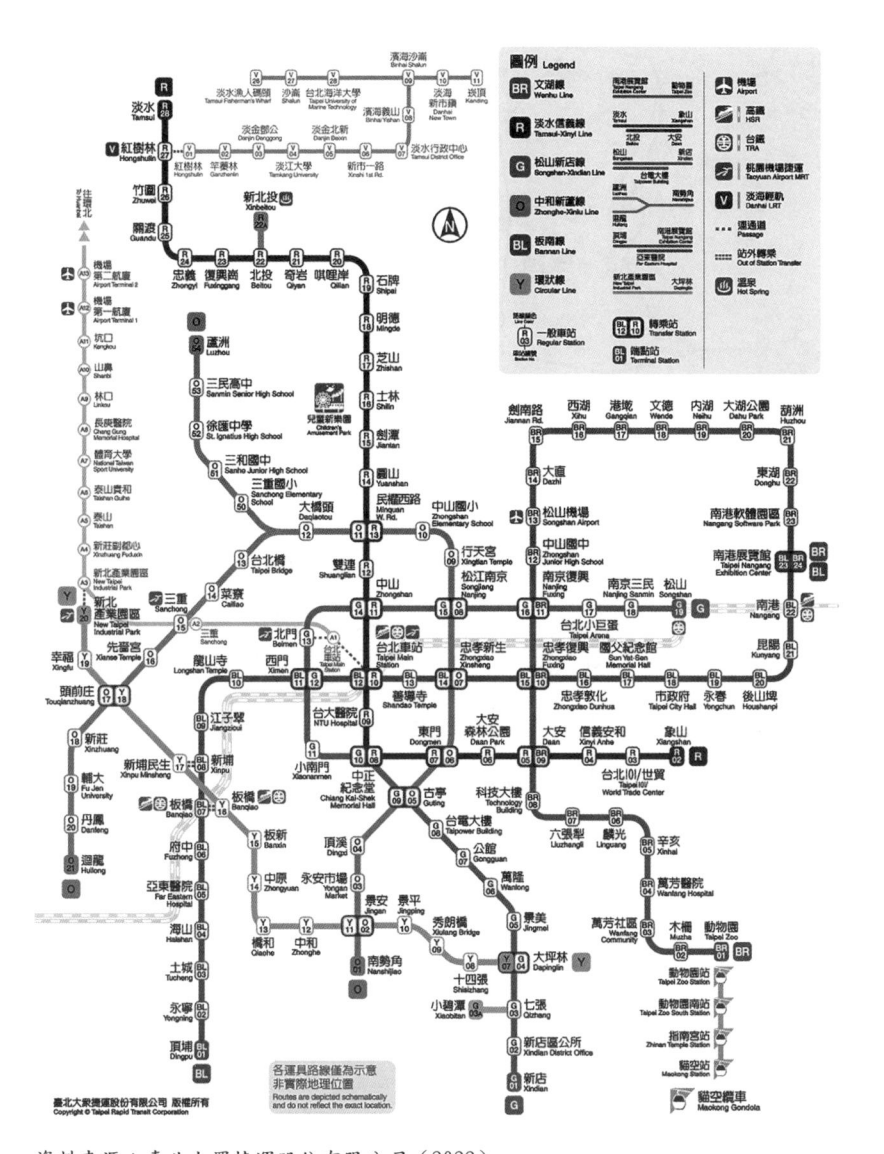

圖 4-2

以位相關係為基礎的臺北捷運地圖

資料來源：臺北大眾捷運股份有限公司（2022）。

的決策正確性。所以，善用位相關係可以協助我們有效率地處理幾何物件之間的衝突或錯誤，甚至也可讓我們在不同的GIS檔案間，建立位相規則（topology rules），並用以系統性地探索不同空間資料之間的未清繪區（dirty areas）、錯誤（errors）及例外狀況（exceptions）。

圖 4-3

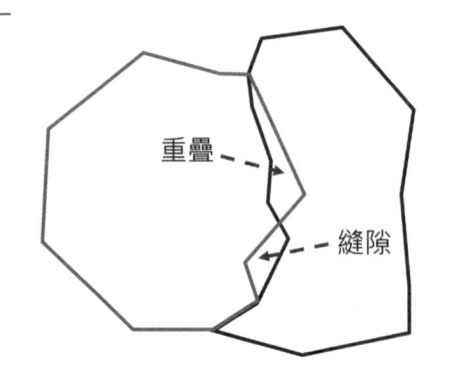

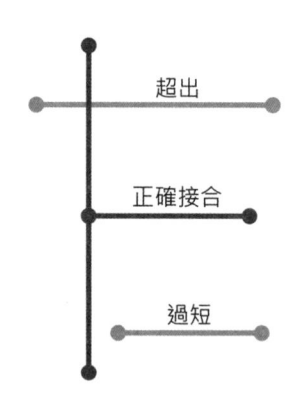

常見的位相關係錯誤

　　當空間資料被賦予位相關係後，我們可以利用容忍誤差（tolerances）或權重（rank）的方式，進行空間資料中的幾何物件修正，以避免物件間的位相關係衝突。容忍誤差是指幾何物件的端點（vertex）或節點（node）間，可視為同一點的最短距離。透過容忍誤差的設定，我們可以將一定距離以內的資料進行自動接合（snapping），以避免類似圖4-3的位相關係錯誤，當然若是兩個端點之間的距離，大於我們所設定的容忍誤差值，那可能就會被視為是不同的物件（圖4-4）。

圖 4-4

利用容忍誤差值以系統性地修正位相關係錯誤

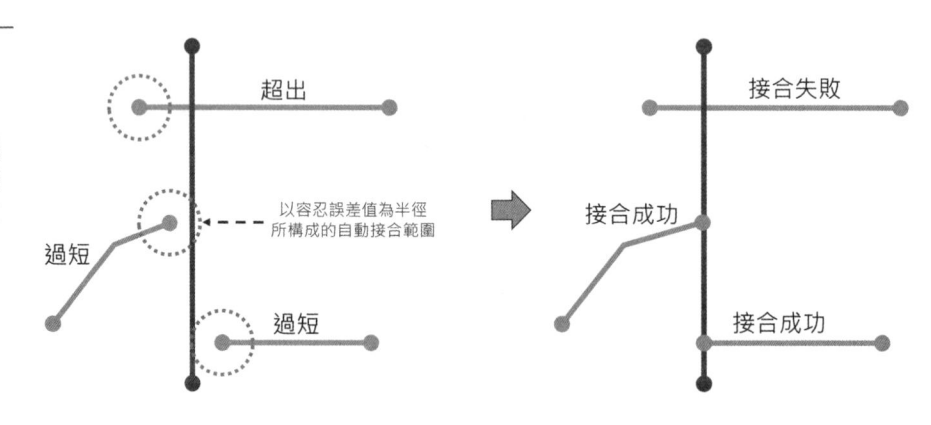

　　而權重則是在不同資料產生衝突時（例如：道路線跨入住宅內、公園範圍與賣場範圍重疊），可以協助我們排定資料處理的序位，將精度較高、

品質較好的資料設定為較前面的序位，並用以校準與其他空間資料間的位相關係錯誤。

透過容忍誤差與權重的觀念，我們可以在不同的空間資料間建立位相規則，讓空間資料內的幾何物件，甚至不同資料間的幾何物件，可以在避免資料衝突與維繫品質的前提下，存有相互被允許的關係。

位相關係協助我們在空間物件之間記錄物件彼此的層級關係，讓（一）各種物件間記錄的方式相對簡化及清晰，並能（二）有效減少資料間的錯誤並提升品質。同時，在資料處理上位相關係的設定，也可提升（三）資料壓縮的效率、（四）促進圖形的呈現效果，甚至可以（五）系統性地進行幾何物件與屬性資料的擷取、更新與簡括化。然而，位相關係的應用可能讓（一）資料的紀錄相對複雜，而且（二）資料間互動關係較強，一旦位相資料有誤，即容易影響整體資料的品質。位相關係的紀錄方式也會讓（三）資料結構較複雜，且讓空間資料在（四）套疊或模擬分析時的運算成本提高。此外，位相關係對於（五）高變異性的空間資料處理較弱，且無法在（六）網格資料的運算上提供具體效益。

三、向量資料在 GIS 應用時的優缺點

整體而言，向量資料能精確表達位置，且空間解析度高，能協助我們以較高的精確度描繪地表，適合儲存具備明確界線的地物特徵。此外，向量資料可記錄位相關係，能有效表達幾何物件間複雜的空間關係，且儲存空間占比小，適合資料庫管理。然而，向量資料的缺點是無法有效表示連續變化現象，例如：地表高度、大氣壓力、氣溫變化等，都需要轉換成等值線或等值面的方式表達，而複雜的資料結構與幾何關係，亦會讓資料的應用與分析程序較為複雜。

第二節、屬性資料

一、地理關聯資料

為了能有效地將空間與屬性特性建置於資料庫中，一般我們會採用地理關聯資料結構（geo-relational data structure），將空間資料與屬性資料分別儲存，建立二者之間的連結，並以表格型態（table）儲存：坐標、屬性、位相關係等資料；在地理關聯資料的設計中，每一個幾何物件都會在屬性資料中有一個相對應的紀錄列（record/row），而每一列中都會有若干個欄位（field/column）以記錄該物件的特性（圖4-5）。

圖 4-5

地理關聯資料的屬性表格式

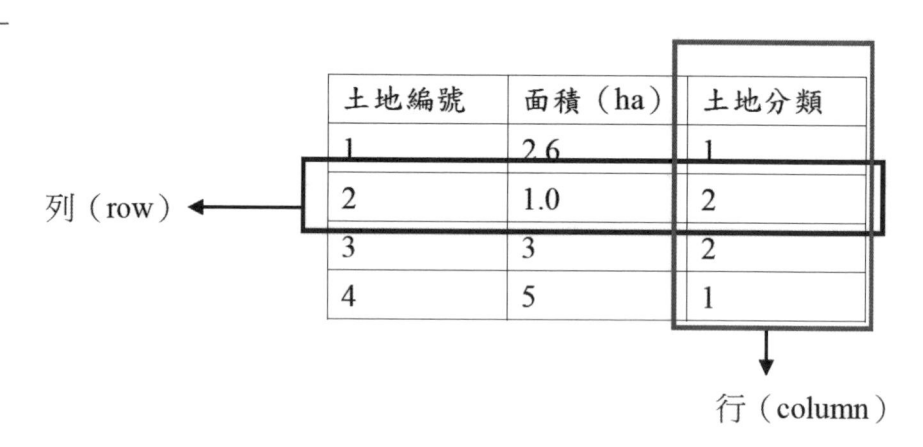

土地編號	面積（ha）	土地分類
1	2.6	1
2	1.0	2
3	3	2
4	5	1

列（row）

行（column）

二、屬性資料中的變數類型

屬性資料欄位的內容可能是質性或是量性，也可能是連續或離散。所以，這些欄位中的變數類型（types of variables）可以協助我們呈現資料的：分類性（nominal/categorical）、級序性（ordinal）、間距性（interval）、比例性（ratio）、二元性（binary）、循環性（cyclic）。所謂的分類性，指的是利用不同的字母或代碼去將幾何物件進行分類，例如：土地利用、地質、土壤。級序性則是依特性做大小或強弱排序分類，但大小差別之數量

未知,可視為一種等級性的表達方法,常見的應用有:道路等級、河川污染程度、區域平均收入分級。間距性則是只能表示計量單位的間距,且各類之間距是相等的,但級間差距並不代表數量之比例,例如:大氣溫度 20°C不能視為10°C的兩倍。比例性則是表達個別數值與整體數值間的比較關係,例如:權重、含水率、發生率等。二元性則多是透過「是/否」或「1/0」等二元代碼,來呈現其資格或特性。循環性則適合表達方位角(0～360度)、時間(月分、小時)具有循環特質的數值。

整體而言,這些屬性欄位的特性,都可依照其使用需求進行設定,所以下圖4-6的淡水河資料中,我們除了可以利用點、線或面的方式表達淡水河的幾何特性外,也可透過分類、級序、間距或比例等特質,來做屬性的紀錄(圖4-6)。

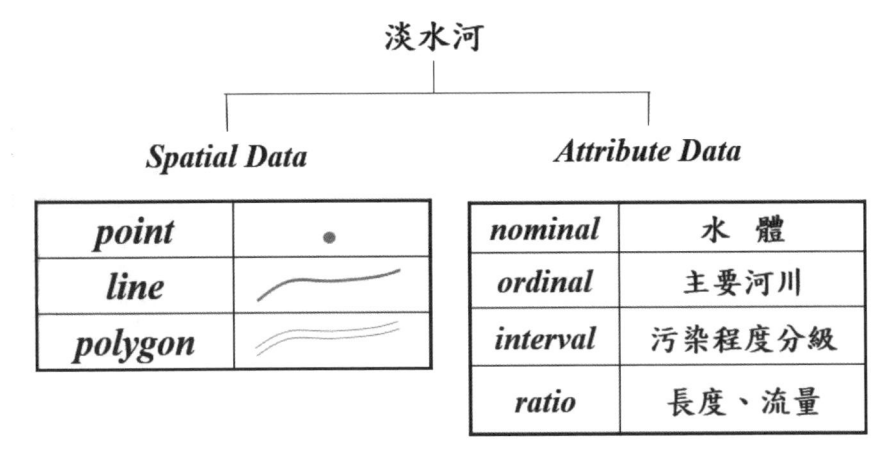

圖 4-6

不同幾何特性的空間資料及其屬性資料的對應

三、屬性資料間的關聯應用

一個幾何物件可能會有眾多的資料欄位,從而讓使用者難以有效地讀取或分析資料。所以,在建置資料時,我們會依照資料的使用目的,將其分割為獨立的小表格,並透過表格間的關聯(relate)以維持表格間的資

料特性。例如臺北市的資料統計中，可能會有國小班級學生數、工商家數、產護機構數等屬性資料表（圖4-7），用以表達其不同的社經狀況。

圖 4-7

一個行政區劃的幾何物件可能會搭配多個不同屬性表

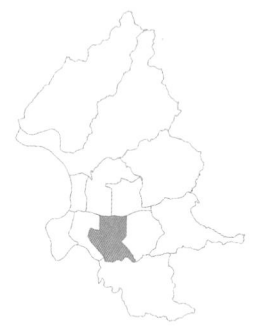

縣市	鄉鎮	ID	工商業總家數	製造業	批發及零售業	運輸及倉儲業	住宿及餐飲業
臺北市	大安區	63000030	37306	974	16335	632	3592

縣市	鄉鎮	ID	學校數	班級數	專任教師數	學生數	師生比	每班學生數
臺北市	大安區	63000030	15	584	1189	16561	14	28

縣市	鄉鎮	ID	產護機構數	病床數	均記家服務人數	平均每千人護有病床數
臺北市	大安區	63000030	21	580	14412	2

然而，我們在進行空間分析或決策時，往往都需要彙整同一個地區內不同的屬性特徵，並予以分析比較。所以，我們可以利用資料關聯操作的技術，將不同的屬性資料表整合在一個行政界／幾何物件上；在GIS的資料關聯操作中，一般都是以屬性資料表為基本表格（base table），並可利用資料表間的共同欄位，彙整一般資料表。因此，我們可以透過不同屬性表間的共同欄位（例如：代碼、名稱），以relate的關聯式資料庫的操作方式，進行資料的暫時串接，從而在現有的空間資料中導入更多元的屬性資料，以協助後續的分析。以圖4-8中的四個表為例，它們各自都有一個共同的欄位，所以透過關聯式資料庫的應用，我們可以將其彙合成為一個總表。

一般來說，資料關聯可以透過四個形式來進行（圖4-9）：

（一）一對一關聯性（one-to-one relationship）：一種資料關聯性，一個表格上的一個（一項）數據資料對應到另一表格上的一項數據資料（圖4-9(A)）。

（二）一對多關聯性（one-to-many relationship）：一種資料關聯性，一個表格上的一個（一項）數據資料對應到另一表格上的許多數據資料（圖4-9(B)）。

面積與分區

地號	面積（平方公尺）	分區
S001	1,200	住宅區
S002	800	住宅區
S003	2,500	商業區
S004	1,500	文教區

地主資料

擁有者	地址
林OO	中山路175號
李OO	五權路37號
王OO	信義路221號
黃OO	民有路195號

圖 4-8

關聯式資料的運作方式

土地權屬

地號	擁有者
S001	林OO
S002	李OO
S003	王OO
S004	黃OO

分區代碼

分區代碼	分區
RD01	住宅區
BU01	商業區
ED01	文教區

⬇

地號	擁有者	地址	面積（平方公尺）	分區	分區代碼
S001	林OO	中山路175號	1,200	住宅區	RD01
S002	李OO	五權路37號	800	住宅區	RD01
S003	王OO	信義路221號	2,500	商業區	BU01
S004	黃OO	民有路195號	1,500	文教區	ED01

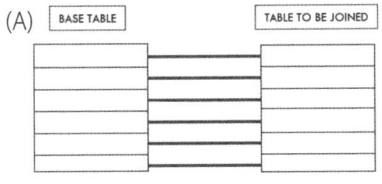

(A) One-to-one relationship

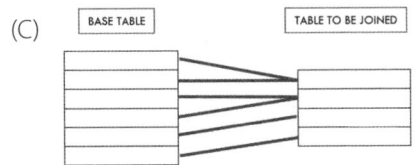

(B) One-to-many relationship

(C) Many-to-one relationship

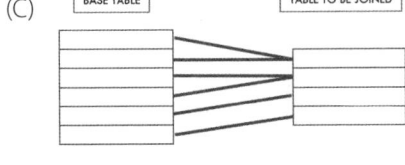

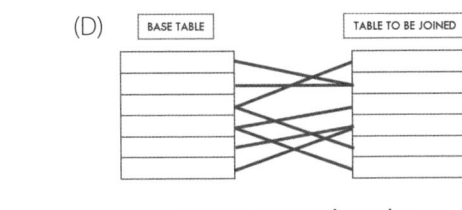

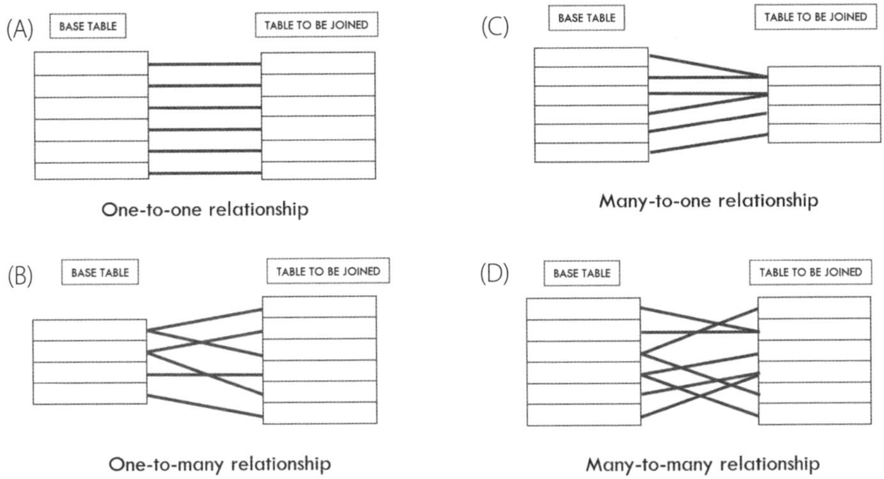

(D) Many-to-many relationship

圖 4-9

GIS 常見的屬性資料關聯

（三）多對一關聯性（many-to-one relationship）：一種資料關聯性，一個表格上的許多數據資料對應到另一表格上的一項數據資料（圖4-9(C)）。

（四）多對多關聯性（many-to-many relationship）：一種資料關聯性，一個表格上的許多數據資料對應到另一表格上的許多數據資料（圖4-9(D)）。

Chapter 4　向量與網格資料模式　63

四、物件導向的空間資料發展與應用

　　GIS的空間資料同時整合了幾何物件與屬性資料，也可視為一種物件導向（object oriented）的資料模式，它嘗試從「系統」的角度將物件的資料與操作程序／限制（例如前述的位相關係）組成為一個資料庫，以對應真實世界的特性，從而能有效率地以物件導向做資料處理。舉例來說：學校就可視為一個系統，在它的空間範圍內，可能有建物、道路或操場等設施，而這些設施都有各自的面積、管理人、使用年限等屬性，所以我們就可以用物件導向的資料庫，以描述學校這個系統內各物件間的空間關係、層級、網絡與互動模式。

　　物件導向的資料模式常見於GIS的實作應用中，例如：ESRI的ArcInfo Coverage資料結構，是以檔案儲存坐標，以表格儲存屬性與位相；而ArcGIS的Geodatabase是將坐標、屬性、位相及物件導向特性等，全部儲存在表格中；ESRI的Shpfile則是將坐標儲存於檔案，並將屬性儲存於表格，但沒有儲存位相。

　　近年來，為解決異質地理資料間的互操作性（interoperability）問題，開放式地理資訊協會（Open Geospatial Consortium, OGC）制訂了一套地理標記語言（Geographic Markup Language, GML），希望將空間資料中的幾何物件與屬性資料，以結構化的可擴充標記語言（eXtensible Markup Language）進行記錄，以協助空間資料在不同的軟體平台間的模式化、傳輸和儲存。GML能以地理物件形式的編碼，呈現幾何物件與屬性值，並能描述其位相關係、幾何性質、坐標參考系統、時間屬性值，甚至數化時的比例尺及元資料（metadata）。因為GML具有方便傳遞且容易擴充的特性，所以適合網路GIS的開發與應用，並逐漸成為地理資訊產業中的新興資料格式。

第三節、網格資料模式

一、網格資料內涵

　　網格（raster）是一種GIS常見的資料模式，它的概念是將空間以行（row）與列（column）劃分為規則的格網（grid），並預設格網中的每一個單元（cell）屬性為均質，透過賦予起始單元（多位於格網的左上角或左下角）坐標值，就可藉由該單元在格網中的順序來推算得知其坐標（圖4-10）。這樣的方式能讓我們有系統地記錄大面積的地表狀況，例如：衛星影像（satellite image）的每一個網格就是記錄地表的波譜反射值。

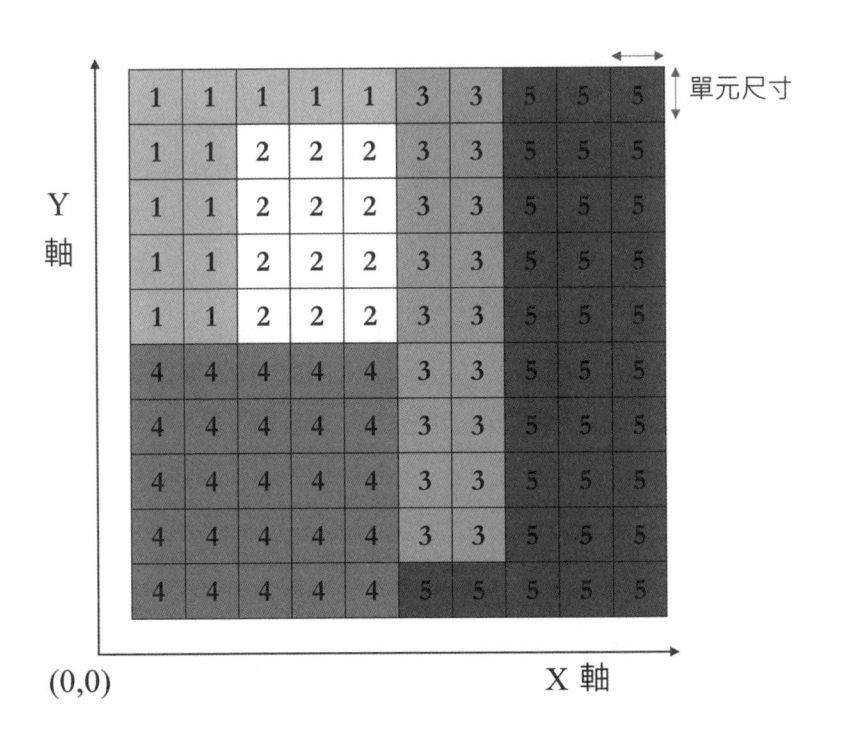

圖 4-10

網格資料的記錄方法

　　一般而言，網格資料中的單元都是規則的幾何單元，常見的有：三角形、正方形、六角形甚至是八邊形等型態（圖4-11）。此外，正方形是最常被使用的幾何型態，因為它便於運用矩陣及遞迴的方法進行運算。

圖 4-11

常用的網格形狀

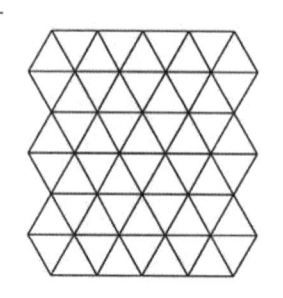

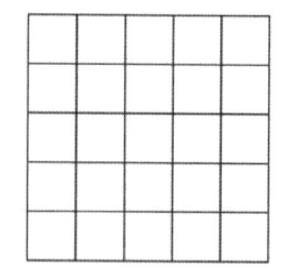

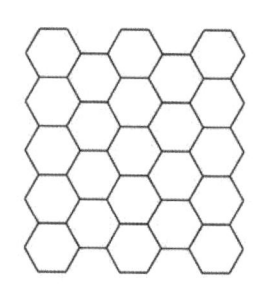

資料來源：Pingel（2018）。

二、網格資料結構

　　網格資料以規則的幾何單元記錄地物特徵，且每一個單元都會依照其內涵的地物屬性，被賦予一個紀錄數值（也包括0），但若該單元是無數值（null）狀態時，我們則會給定一個易於識別的值（例如：-9999 或是 NA〔no data〕），去代表這個未知的狀況，以避免後續計算／分析時的偏誤。此外，由於網格資料中的每一個單元只能記錄一個數值，所以同一區域中的各項屬性類別都需要單獨儲存成一個網格資料層，從而讓資料儲存空間需倍數成長，並讓 GIS 的運算負擔大增；為了在有限的儲存空間中，有效地儲存數量眾多的網格資料，我們會利用：完全網格編碼法（cell-by-cell encoding method）、區段長度編碼法（run-length encoding method）、區域四元樹編碼法（regional quadtree method）等方法，將格網中的重複資料進行壓縮，希望能減輕資料存儲與系統運算的負擔。

　　一般而言，完全網格編碼法（圖4-12）多是以直接將屬性／數值記錄在單元中，適用於表達具有連續性的資料，例如數值高程模型（digital elevation model, DEM）。而區段長度編碼法（圖4-13）則是將「具有相同屬性且鄰近」的單元合併成為一個區段，並重新以數字編碼，以讓資料庫能以更簡潔的方式存儲。區域四元樹編碼法（圖4-14），則是利用階層

式的資料結構將單元切分成四個更小的區塊，直到每個區塊內的屬性一致時，即停止劃分。藉此，資料庫便可以針對各區塊重新排定順序或空間索引（spatial indexing），有效減低資料儲存所需占用的空間，甚至提升分析時的效率。

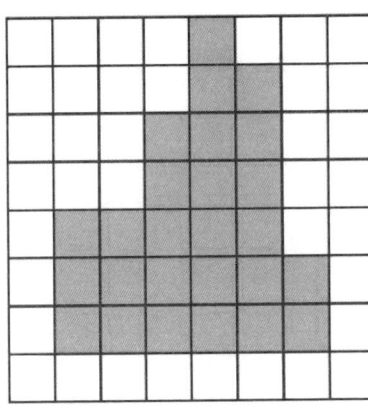

Row 1: 00001000
Row 2: 00001100
Row 3: 00011100
Row 4: 00011100
Row 5: 01111100
Row 6: 01111110
Row 7: 01111110
Row 8: 00000000

資料來源：Saylor Academy（2012）。

圖 4-12

完全網格編碼法

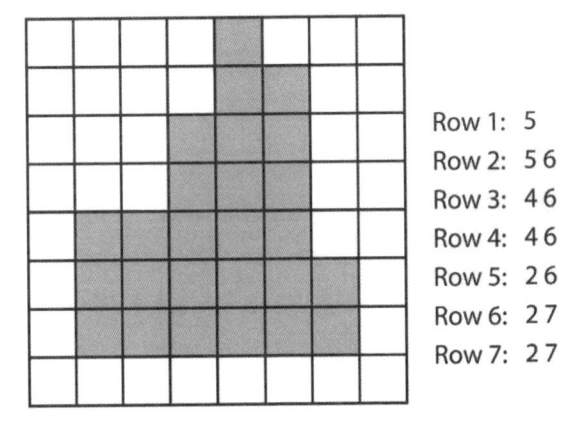

Row 1: 5
Row 2: 5 6
Row 3: 4 6
Row 4: 4 6
Row 5: 2 6
Row 6: 2 7
Row 7: 2 7

資料來源：Saylor Academy（2012）。

圖 4-13

區段長度編碼法

圖 4-14

區域四元樹編碼法

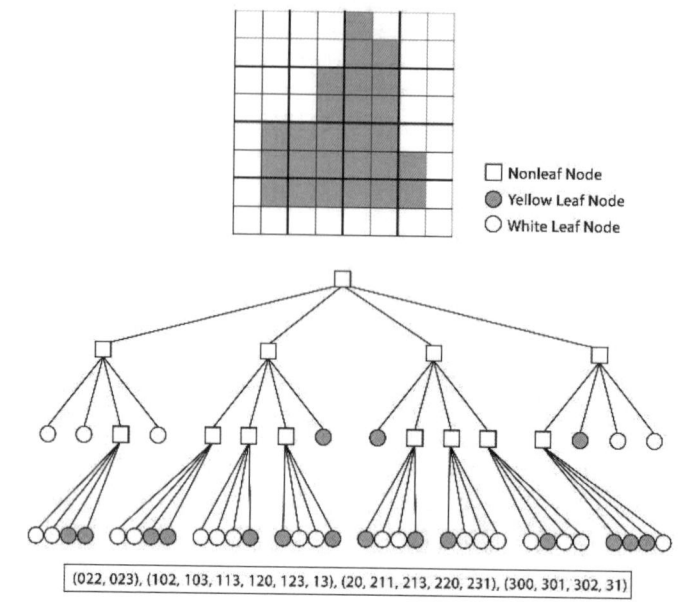

資料來源：Saylor Academy（2012）。

近年來，隨著GIS儲存格式的進步，部分格式的網格資料中（例如：ESRI Grid），亦參考地理關聯資料的作法，利用網格的識別碼（identifier number, ID）來連接延伸屬性表（external database），以使網格資料能記錄多重的屬性欄位，進而擴充空間分析時的使用彈性（圖4-15）。

圖 4-15

網格資料與延伸屬性表的關係

數值	數量	名稱	面積（平方公尺）	代碼
1	9	農地	900	AG01
2	11	林地	11000	FR01
3	6	建地	600	BU01
4	9	荒地	900	WL01

無資料

此外，網格資料的內涵，也正如「第二節、屬性資料」的小節內容所述，可用以表達地表現象的離散（discrete）或是連續（continuous）等

特性。同時，網格資料中的每一個像元大小都是均質的，而屬性資料則以正負整數（integer）或浮點數（floating）等數值（value），記錄在像元中。這些數值可以用來表現類別（nominal），例如：土地利用中的建物、農地或森林；級序（ordinal），例如：某特定區域的重要性、適宜性、敏感度的評等結果；間距（interval），例如：溫度或年分等數值，其特色就是前後的數值的間格相等且沒有倍數關係，可用來做數值的加減；比例（ratio），例如：價格、年齡、高度或絕對溫度（K），其特色就是原始點位置（數值）固定，且能用以加減乘除四則運算。

三、網格資料的幾何特性與誤差來源

整體而言，向量跟網格都是GIS常使用到的資料模式，且其目的都是以記錄地表現象為主，所以兩個資料模式間存有相互轉換的可能。然而，因為網格資料是以固定大小的網格記錄地表特徵，所以在記錄地表時，亦會容易出現partial and whole的狀況。因為在網格內的地表特徵並非是均質，各種地物可能均占有一定的百分比，所以如何決定以哪一種地表特徵來代表整個網格的屬性，就成為了一個容易發生偏差的狀況。所以，whole指的是網格邊界內的地表特徵均質，而partial則是網格邊界內具有多種地表特徵（圖4-16）。

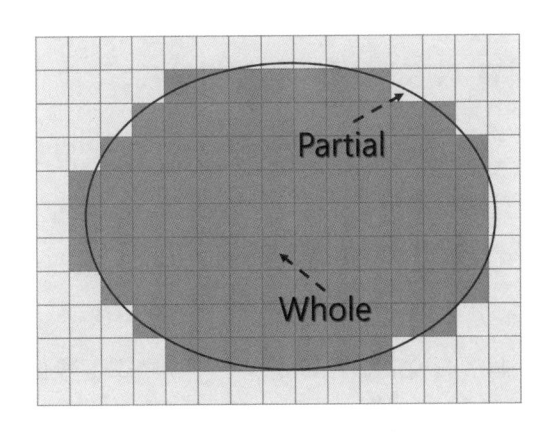

圖 4-16

以網格記錄地表特徵時容易發生的partial and whole 狀況

一般而言，越細緻的網格解析度，能更細緻地記錄地表特徵，也更能減少partial and whole的影響，以圖4-17為例，都是在空間上記錄某一個湖的範圍，但是向量資料可以較為細緻地表達邊界的變化曲線，而網格資料則是以湖面有觸及到的網格作為依據，從而記錄湖面範圍。通常，GIS軟體會依據（一）湖面是否有觸及網格的中心點；或是（二）湖面所占的比例是否超過網格面積的50%，作為轉換時的判斷依據；當然，若是有部分湖面都無法滿足前兩項條件，則其在網格化的過程中，就會被忽略，從而造成失真。

圖 4-17

不同網格尺寸對於空間資料失真的影響

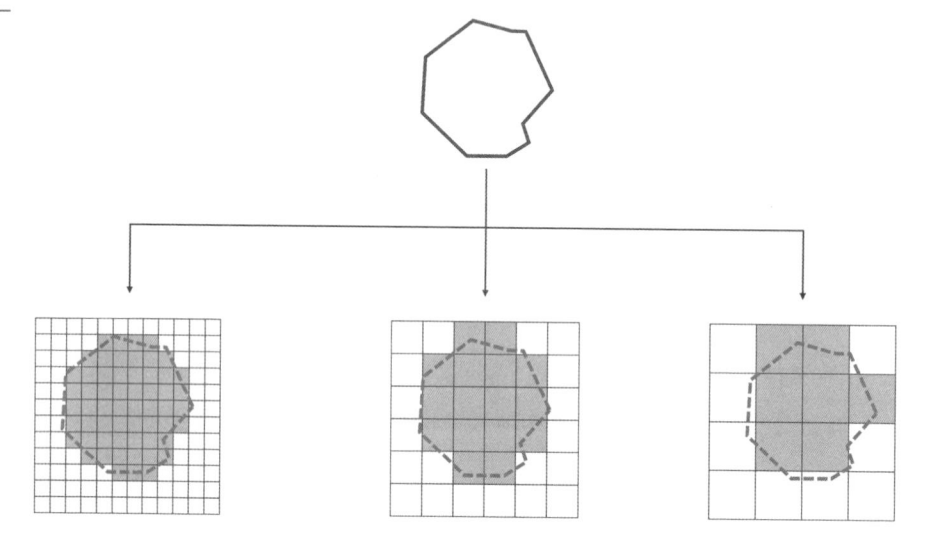

四、網格資料在 GIS 應用時的優缺點

網格資料以二元矩陣的模式記錄地表空間，它的優點在於：（一）資料結構相對簡單且易於維護；（二）利於儲存全面性的分布現象；（三）規格化的紀錄模式，有助於資料處理效率；（四）能在空間上以多元方式定義鄰居，並以高效率表現空間變異性；（五）可快速且彈性地調整網格解析度。然而，網格資料的缺點則是：（一）精準度較低、（二）資料量

龐大、（三）無法記錄位相關係、（四）界線不明確，無法區分點、線、面等特徵，以致視覺上不易判讀；而且，（五）網格資料的輸出圖形的邊緣常為鋸齒狀、不平滑，較不美觀。此外，相對於前述資料結構的優缺點，網格資料也不適用於某些類型的空間分析。例如：當我們嘗試套疊和分析不同比例尺和解析度的光譜圖形時，會因為資料的尺度規模相差太遠，以至於無法得出有意義和／或可解釋的結論。

參考文獻

DBE blog: Digital built environment 2013. (n.d.) *Speaker—Borce Dimeski. Geographic information systems.* Retrieved from https://kenjii2013.wordpress.com/week-2-speaker-1-borce-dimeski-gis/

Pingel, T. (2018). *The raster data model.* Retrieved from http://doi.org/10.22224/gistbok/2018.3.11

Saylor Academy. (2012). Raster data models. In Saylor Academy (Ed.), *Essentials of geographic information systems.* Retrieved from https://saylordotorg.github.io/text_essentials-of-geographic-information-systems/s08-01-raster-data-models.html

臺北大眾捷運股份有限公司（2022，4月13日）。**路網圖、各站資訊及時刻表**。資料引自 https://www.metro.taipei/cp.aspx?n=91974F2B13D997F1

Chapter 5
建立地理資訊系統基本資料——

瞭解地理資訊系統（geographic information system, GIS）的基本知識後，在決定採用某種資料模式來描述空間以建立並應用GIS之前，必須先建立空間基本資料庫，而這正是建立一個GIS最費時也最耗費資源的一個部分，但是拜先進的測繪技術與網路科技發展，以及網路上的協作風潮所賜，這一部分的工作已經較從前簡化許多。這一章裡主要讓讀者瞭解有哪些可以利用的空間資料來源（如圖5-1所示），以及要如何獲得、清理、轉化資料以建立可以讓GIS使用的基本地理資料庫。

第一節、空間資料來源

正如前所述，人類使用空間資料來協助進行各項重要決策並非始於今日，地圖是自古至今處理空間資料的重要工具，所以目前存在的傳統地圖就是一項重要的空間資料來源，但是這些描繪在圖紙上的地圖（analog maps）必須經由數位化成為數位地圖（digital maps）後才能被納入GIS中。在GIS發展之前，一般的電腦應用已經普遍進入人類的社會及生活之中，經年累月的電子資料處理應用加上政府於施行電子治理時所建立的人口與社經活動登記、車輛與建物監理等制度，這些數位化的電子表帳與資料庫，稍經處理也可以轉化成具有空間屬性的地理資料庫，臺灣常見的門牌地址資料庫就是一個很好的例子。再者近代包括航測、遙測及衛星、全球衛星導航系統（Global Navigation Satellite System, GNSS）等蓬勃發展的測繪技術也是提供空間資料的重要來源。

圖 5-1

建立 GIS 資料庫之空間資料來源

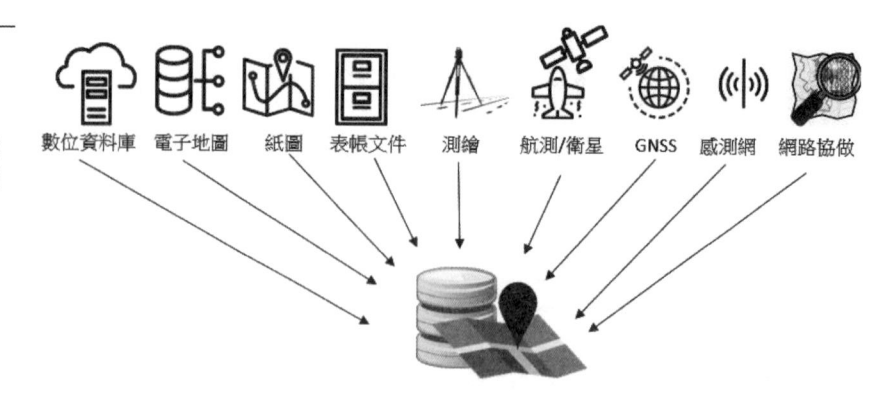

數位資料庫　電子地圖　紙圖　表帳文件　測繪　航測/衛星　GNSS　感測網　網路協做

除了上述的各種資料來源外，由於隨身個人數位處理設備以及具有空間定位與環境感測功能的穿戴裝置的普及，大量的感測器形成一個感測網（sensor web），透過網際網路形成日漸蓬勃發展的物聯網（Internet of things, IoT），無所不在的感測器也隨時在產生大量具有位置的資料。此外，透過網路協作也可以產生大量可供 GIS 運用的空間資料，例如開放街圖（OpenStreetMap, OSM）就在 2010 年海地發生規模 7.0 的大震災且缺乏地圖資訊的窘境下，透過世界各地 OSM 使用者的網路協作，快速建立了救災所需的相關圖資。此外如手機的定位資料也在無時無刻產生大量的空間動態資料，雖然有個人隱私保護的問題還需要研究討論，但這些資料明顯具有在日常生活、救災、防疫等應用上的巨大潛力。

電腦輔助繪圖（computer aided drawing, CAD）、道路及基礎設施的管理圖資（auto mapping/facility management, AM/FM）以及建物資訊管理系統（building information modeling, BIM）等也是一類重要的空間資料來源，這些過去建立的數位資料在經過適當的資料轉換後，也可以成為重要的地理資訊，這類建物內部以及公共管線等資料在救災應變等關鍵時刻尤其具有重要的地位。

資料一般可分為初級資料（primary data）和次級資料（secondary data）兩大類，所謂初級資料是表示由研究者本身利用例如田野調查、測

量、GNSS等生產的原始資料所建立的空間圖資；次級資料是經由彙整、轉換前述已經存在的資料所產生的，例如將已經存在的紙圖數化產生的電子地圖。初級資料因為可以充分掌握生產方法及過程，比較有可能具有較高的資料準確度；反之，次級資料就可能繼承甚至擴大所引用資料已經存在的原始錯誤，所以比較不容易掌握資料的準確度，例如一張紙圖可能會累積多次的反覆描繪、複製、重製，過程中所產生的誤差可能會變得越來越大。但是因為空間資料的來源越來越多元，資料的處理技術也越來越進步，初級與次級資料兩者之間的界線日漸模糊，勉強去區分已經沒有太大的實質意義，這裡介紹初級與次級資料的目的是希望讓讀者瞭解不同來源的資料具有不同程度的可能誤差與未確定性，會對後續的資料處理與資訊產出產生影響。

一般GIS裡的初級資料多來自測繪所產生，所謂測繪一般包括傳統地面測量、航空及衛星測量、GNSS等三大類。測量是對地表上下具空間分布特性的地理資料進行蒐集、分析、計算、加值、整合、管理等處理，並加以描繪製作成地圖，藉此呈現地貌或地物的空間分布概況。航空攝影測量及遙感探測是藉由探測儀器由遠距離（如空中、水中或太空）透過如光波、電磁波、雷達波、聲波或震波等不同方式取得測量資訊。

GNSS是利用覆蓋全球且能夠自主執行空間定位的衛星系統，透過接受器確定所在的經緯度與高度位置。目前運行的導航系統有美國的全球定位系統（Global Positioning System, GPS）、俄羅斯的格洛納斯系統（Globalnaya Navigatsionnaya Sputnikovaya Sistema, GLONASS）、歐盟的伽利略衛星（Galileo）系統以及中國的北斗衛星導航系統（BeiDou Navigation Satellite System, BDS）。

測繪是一門獨立的學門，由傳統的大地測量發展到現今的航空與衛星測量，測繪相關的技術討論並不屬於本書的討論範圍，本章將介紹已經存在的資料的收集、共享與格式轉換等方式。

第二節、自行建立

除了透過資料共享或付費取得地理資料外，使用者可以依自己的需要產製地理資料，本節就介紹幾種常見的地理資料產製方法。

一、紙圖數化

如果在建立地理資料庫時有一些早期研究留下來的地圖資料，由於這些資料並非與政府施政相關，很難在政府所提供的地理資料庫中找到，在這種狀況下必須由使用者利用紙圖自行數化產製數位化的圖資。例如《臺南市街＝臺灣家屋建築規則施行ノ件認可》中收錄的日治初期臺南市的計畫道路圖，如果需要將這類的古地圖和現今的道路在GIS中做套疊分析，則勢必需要自行數化。

早期要將紙圖製成數位化的圖資通常得如圖5-2所示利用數位板（digitizer）進行數化，數位板數化是將紙圖固定在數位板上，使用所附的游標尺（cursor）進行描繪，將圖紙上的坐標及相關位置資料，透過繪圖版內的電子訊號轉換輸入電腦，由於高精度的數位板價格偏高，再由於電腦軟硬體技術的快速發展，早期使用的數位板逐漸被螢幕數化（on-screen digitization）取代。

螢幕數化又被稱作抬頭顯示數化（heads-up digitizing），事先將要數化的紙圖先行掃描成影像並顯示在電腦螢幕上，藉由數化軟體的協助直接在螢幕上描繪數化。因為不需要另置價格昂貴的設備，只需要使用一般的個人電腦即可進行，且藉由軟體的協助可以進行圖資的局部放大，可以提高數化的精度，也可以即時在螢幕上發現數化錯誤並修正，因此目前大多已放棄使用數位板數化的傳統方法。但不論是使用數位板或是螢幕上直接數化，圖紙或掃描後的紙圖影像都必須要透過紙圖上預先選定的參考點，並使用選用的坐標系統進行空間定位，否則數化完成的圖資未來使用時會出現無法適當定位的錯誤。

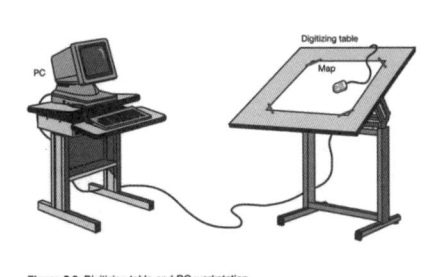

圖 5-2

利用數位板數化紙圖

資料來源：Heywood、Cornelius 與 Carver（2003）。

二、透過門牌地址對位系統建立圖資

由於大部分的社會經濟人口資料都使用門牌地址作為登記的依據，行政院內政部於1998年起陸續補助各縣市政府分年分期建置該縣市之門牌位置資料庫暨查詢系統，並已於2009年建置完成全國約800萬筆的門牌位置資料，可協助民政、警政、工務、消防、都計、稅捐等單位之業務，並在「地理資訊圖資雲服務平台」（Taiwan Geospatial One Stop, TGOS）上提供全國門牌地址定位服務，除了單筆地址的互動式即時對位，也可使用批次性服務來進行多筆地址的對位（平台網址：https://www.tgos.tw/tgos/Web/Address/TGOS_Address.aspx）。

有了地址對位這項利器，使用者就可以非常快速地利用相關的管理資訊系統（management information system, MIS）裡的資料庫資料來建立空間地理圖資，因為管理資料庫中如商店、學校、機關、醫院等社經服務設施資料大多具有住址欄位，經由地址對位取得空間位置後馬上可以轉換成為GIS裡的點圖層。這類名冊資料很容易可以在各管理機構、公司或公會網頁上取得，如圖5-3所示即是由胖老爹美式炸雞連鎖店的官網上所取

得的門市據點資料，在經過門牌地址定位後很快的可以建立如圖5-4的胖老爹美式炸雞的營業據點圖。

圖 5-3

胖老爹美式炸雞服務據點地址資料網頁

資料來源：胖老爹美式炸雞（2018）。

圖 5-4

利用地址資料建立點圖層

資料來源：Google（n.d.）。

78　地理資訊系統基本原理

第三節、自發性與參與式空間資料

　　由於網際網路可及性涵蓋率的普遍提升，以及衛星定位技術及設備、行動穿戴式裝置等的普及，每一個人的日常生活活動也都可能產生大量的空間資料，也都可以成為地理資料的創建者。目前可以說每一個人隨身都會攜帶具有衛星定位的手機，所以透過手機的位置資料就可以非常準確地判斷高速公路上的交通流暢度。這部分空間資料就是所謂的自發性（volunteered）或參與式（participation）地理資訊，也是非常重要的地理資訊資料來源之一。

一、自發性地理資訊

　　自發性地理資訊（volunteered geographic information, VGI）是指使用者提供位置資訊與個人認知的空間或地理訊息，透過網路協作的方式進行地理資訊的建立、編輯、管理、維護等作業，共同建置可以供公眾利用的地理資訊。VGI是由Micheal Goodchild於2006～2007年間首度提出，不僅在網路上被大量討論，並藉由Web 2.0及社群網絡（social network）的風行而快速興起。Web 2.0是一項重要的網路技術革新，使網路使用者不僅僅是資訊消費者，更能成為資訊提供者，維基百科（Wikipedia）的產生與壯大是目前最有名最成功的案例。OSM可以類比Wikipedia，是VGI著名的成功案例，經由2010年海地震災一役成名，從幾乎沒有任何地圖可供救災使用的窘境下，在短短一週內，全球製圖者就完成首都太子港的地圖資料供給救災行動使用。一開始VGI資訊的正確性經常遭到質疑，但是隨著資料量的大幅增加，以及透過使用者之間不斷地相互修改，整體的資料趨勢將會趨近於正確。2005年美國紐奧良的卡翠納颶風（Hurricane Katrina）造成的巨災及2014年高雄氣爆事故中都有民眾在網路上提供最新的災情範圍、傷患與醫療訊息等，幫助政府有效地進行應變及救援。

另外因為具備GPS功能的個人數位裝置的普及，也有部分的應用藉由使用者自發性加入並提供分享個人的位置資訊，即可提供如交通路況、夜間人群聚集地點等的時空分布資料，也是VGI的一種應用類型。

二、公眾參與地理資訊系統

公眾參與地理資訊系統（public participation GIS, PPGIS）是使用GIS技術透過公眾參與，藉由培力在地民眾，在社區範圍或更寬廣的尺度上建立相關的地理資訊。所以PPGIS可以說是運用GIS技術與參與的概念，利用GIS作為公眾參與的平台，提供社區民眾對社區公共議題認知、對話、辯證、妥協的環境，以達到溝通、合作、協調、整合的目的。PPGIS在應用GIS的資訊技術與社群互動過程探討培力（empowerment）、參與（participation）與空間認知（spatial epistemology）等議題，進行社區規劃與經營治理。經由當地民眾的參與，PPGIS常在歷史地圖的繪製、屬性資料的建立、主題地圖的展示等議題上發揮很大的功用，原住民傳統領域劃設就是PPGIS成功的應用例子。

三、社群媒體

近年來由與網路與手機的普遍應用，如Facebook、Instagram等社群媒體的使用已經變成日常生活的一部分，使用者在發表意見或張貼分享照片時，也在不自覺（unconsciously）中參與了空間資料的建立，例如在Facebook上打卡、上傳照片，其實也同時標註了該地點的空間資料，已經有許多研究者利用網路爬蟲的方式收集這類的空間資料，對人的活動進行分析。

第四節、資料共享

除了以測繪技術自行生產的第一手資料，一般 GIS 使用者最主要的資料來源就是政府及各級公務單位與私人資料提供者的現存資料。私人的資料公司的服務因為是有償提供，所以其所供應的資料之即時可用性（包括資料格式與準確性）相對較高，其他公部門與非營利單位的資料通常會使用通用的標準格式提供，使用者取得資料後必須依自己的需求對資料做進一步的清理、格式轉換或必要的資料校正。

早期的資料共享通常是透過如紙圖、相片、光碟或磁片等實體的資料媒介流通供應，在網際網路軟硬體技術高度發展後，透過網路傳遞甚或提供資料分析服務日漸普遍，不管是以實體或是透過網路服務來流通供應資料，一般有資料的搜尋與資料的標準等兩個問題必須解決。

在資料氾濫的今日，如何在浩瀚的資料汪洋中找尋到相關有用的資訊是一項重要的議題，例如 Google 提供效能優異的搜尋引擎就是資料可以有效流通應用的關鍵。在第一章中已經介紹過空間資料的搜尋和一般文數字資料的搜尋並不相同，如何搜尋到適當的空間圖資是必須進一步研討的議題。一般在地理資訊資料庫建置過程中會產生許多不同主題的空間圖資（請參考第八章），這些圖資會散落在不同的地點，如果沒有適當的機制，使用者有可能找不到或根本不知道有某些圖資的存在。建立詮釋資料（metadata）、資料倉儲（data clearinghouse）與資料標準（data standard）就是為了讓各單位生產的空間圖資得到最大流通利用的必要措施。

一、詮釋資料

詮釋資料有時被稱作「描述資料的資料」（data about data），主要關於一個資料集相關性質的描述與說明，包括其內容、格式、使用說明、

空間範圍、資料品質、精度、更新頻率、最後更新日期、資料產製方法、資料權責單位與聯繫資料等等，建立詮釋資料的權責在於資料生產／供應者，其主要目的在加強數值圖籍資料之品質描述及流通服務，促進圖籍資料之合理使用；使用者也可藉由詮釋資料掌握資料的特質、判釋適用性及得知取得的途徑，加速搜尋資料的效率並減少資料被誤用。

我國內政部參酌美國聯邦地理資料委員會（Federal Geographic Data Committee）所訂定之「數位空間資料詮釋資料標準格式」（Content Standards for Digital Geospatial Metadata），並依國內資料特性及填寫習慣，訂定「國土資訊系統相關數值資訊詮釋資料製作須知」，共涵蓋：

（一）識別資訊（identification information）：包括名稱與涵蓋之空間範圍等。

（二）資料品質資訊（data quality information）：資料的精度、完整性、一致性、資料來源、產製方法等。

（三）空間資料組織資訊（spatial data organization information）：資料採用的資料模式（向量或網格）類型及資料物件數量等。

（四）空間參考組織資訊（spatial reference organization information）：資料（集）的坐標系統、基準以及投影參數等。

（五）實體與屬性資訊（entity and attribute information）：空間資料庫相關屬性資料的描述與說明。

（六）資料提供方式（distribution information）：說明如何取得資料的方式

（七）詮釋資料的參考資訊（metadata reference information）：說明資料的權責單位以及聯絡資訊等。

（八）引用資訊（citation information）：資料之引用資訊說明。

（九）資料的時段資訊（time period of content information）：資料產製與更新的時間。

（十）聯絡資訊（contact information）。

（十一）額外資訊（extra information）。

以上11個大項共計300多個子項，並開發「詮釋資料編輯系統」協助詮釋資料之建檔與維護，該系統並將詮釋資料項目分成必要性及常用性兩類，以方便使用者依照需要選填內容。

二、資料倉儲

資料建置後需進行維護更新以確保資料的正確性，並加強流通加值以提升資料的運用價值。一般公部門的空間資料多散落於各業務轄管的政府單位，在經由各個權責單位進行數化建立電子化的空間資料庫後，因為資料數量龐雜且大多分散在各單位各自管理，如果沒有適當的資料管理架構，使用者需要時，面對分散各處的資料進行搜尋將相當困難且沒有效率，資料倉儲就是因應這樣的資料管理與使用需求所建立的資料管理架構與系統。

我國為促進地理資料的流通應用，首先推動建立「地理資訊目錄檢索及流通交換系統」以便利資料搜尋、查詢與取用，繼而架構「國土資訊系統資料倉儲及流通中心」整合各單位分散建置的國土資訊系統資料庫，建立資料檢索供應及應用諮詢服務窗口。後續並研擬建立資料標準、共通平台、資料交換運作方式等，同時考量法規體系等配合因素，建立完整國土資訊系統資料倉儲及流通中心，以加速國土資訊系統資料流通供應，促進資料加值應用服務發展。

TGOS（圖5-5）是國土資訊系統資料倉儲與網路服務平台，為全國性地理空間資料及網路服務搜尋、取用、瀏覽、查詢與加值媒合之入口，擁有最完整的地理資料與網路服務查詢目錄與詮釋資料庫。透過TGOS單一窗口可查詢政府部門發布的各項GIS資料，並依資料供應情況獲取相關取用資訊或網路服務（web-services）。

圖 5-5

TGOS 資訊圖資雲服務平台

資料來源：內政部資訊中心（2020）。

TGOS 所建立的資料庫包含有實體圖資（physical geo-data）及詮釋資料二類；實體圖資包括了基礎圖資及將其加值的圖資，詮釋資料則提供所有政府發布的地理資料庫之搜尋所需，據此而架構出倉儲中心的整體運作架構與功能。

三、資料標準

詮釋資料、資料倉儲的建立能夠協助使用者搜尋、瞭解地理資料，但是後續需要建立適當的資料標準才能進行資料的交換、整合與流通，資料生產者也可以依據資料標準訂定的屬性與格式建置資料。國家發展委員會已發布《領域資料標準訂定流程參考指引》協助各機關單位能夠據以訂定資料標準以利於資料流通與交換，並於「政府資料標準平臺」（https://schema.gov.tw）上羅列不同領域的資料標準，健全建立資料流通的基礎環境，便利各界檢索政府訂定的資料標準。

我國國土資訊系統標準制度為考慮與國際接軌，參考國際標準組織（International Organization for Standardization, ISO）之ISO19100系列標準及開放式地理資訊協會（Open Geospatial Consortium）的系列標準，規劃設計符合我國需求的資料標準的架構，可以不受特定商業軟體格式的限制，直接於支援標準的軟體環境中運作。

　　目前多以地理標記語言（Geography Markup Language, GML）建立資料標準的建立依據，GML是以可擴充標記語言（eXtensible Markup Language, XML）語言為基礎設計，是針對地理資料各類特性描述而設計的標記語言，提供各類特性的配套描述類別。資料供應時會提供以XML格式記錄的地理資料檔案，以及該檔案所對應的XML綱要檔案，兩者皆為文字形式，為公開的格式資料標準文件。

第五節、資料格式轉換

　　雖然已經有資料標準，但是因為GIS有不同的資料模式，使用者由不同資料來源所取得的地理資料還是可能以不同的資料格式呈現，如果取得的資料和使用者目前的使用需求不同，則需要進行資料的格式轉換，這裡就以向量和網格兩個最常見的資料模式之間的格式轉換做例子。

　　如第二章所述，依應用的特性與需要可以選擇用向量式資料模式與網格式資料模式來描述實體空間，向量式資料模式是以點、線、面等元件來模擬實體空間內如學校、商店、道路、管線、地籍、建物等明顯邊界的不連續地理特徵；網格式資料則是將平面分割成均一大小的網格單元，並假設每一個網格內是均質的，依序記錄每個網格單元內地理特徵分類、量測或判釋的結果，適合應用於如溫度、高程等在空間呈現連續性變化的地理現象。如圖5-6(A)是記錄空間中的商店、道路與湖泊的形狀與位置的向量資料，圖5-6(B)則是以網格式資料描述同一空間的物件分布。

圖 5-6

向量式資料與網格式資料

(A) 向量式資料
(點表商店、線段表道路、面表湖泊)

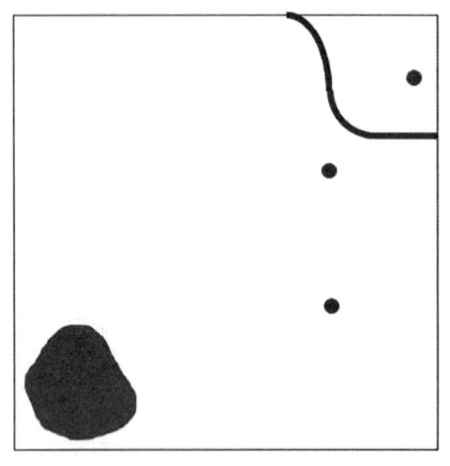

(B) 網格式資料
(1表商店、2表道路、3表湖泊、0表無)

0	0	0	0	0	0	2	2	0	0
0	0	0	0	0	0	0	2	0	1
0	0	0	0	0	0	0	2	2	2
0	0	0	0	0	0	0	1	0	0
0	0	0	0	0	0	0	0	0	0
0	0	0	0	0	0	0	0	0	0
0	0	0	0	0	0	0	1	0	0
3	3	3	0	0	0	0	0	0	0
3	3	3	0	0	0	0	0	0	0
3	3	3	0	0	0	0	0	0	0

一、向量轉網格

要將向量地理資料轉換成網格格式（vector to raster, V2R），可以想像用一張和向量圖層一樣尺寸的布，在布上面標上選定解析度的網格然後鋪放在向量資圖上面，然後逐一檢視每一個格子內是否有向量資料，如果沒有就會標示「無資料」，如果格子內有向量資料存在，那就會依下列的原則來標示該網格，即可將向量圖資轉換成網格圖資，這有一點像將手寫的文字或手繪的向量式漫畫利用掃描的方式轉成網格式圖檔。

因為網格資料模式中規定一個網格內的資料是均一的，所以每一個網格只能標示一個數值或類別，如果一個網格內有超過一種以上的地理現象存在時（這種情形在低解析度時因網格太大非常容易出現），可以如圖5-7所示，選定一種方法來標註該網格。

如果在資料中有一個非常重要的資料項，就會以該項資料為主，只要有該類資料出現，即使有其他資料混雜在同一網格內也可以被忽略，如圖5-7(A)就是以標示水體為主，只要格子裡有一點點水體出現的跡象就會被標示為W（水）；圖5-7(B)也一樣，只是這時是以「地」為主要資料項，這

時只有左上的兩個格子因為全都是水所以沒被標示為G（地）；圖5-7(C)是不分個別資料的重要性，而是以占多數的資料項作為標示，也可稱作贏者全拿（winner dominant）的方式；第三種如圖5-7(D)所示，是為有資料混雜的格子新增另一特別的類別作為標示，如圖5-7(D)中的E（邊）。這三種方式都相當好理解，雖然圖5-7中只有水和土兩類資料，但是對多類別資料的狀況也可以適用。但若向量圖層中的資料不是類別而是數值資料，則可能需要透過內差方式處理。

圖 5-7

網格內資料的記錄取捨方式

(A) Water Dominant (B) Ground Dominant (C) Winner Dominant (D) Edge Separate

W	W	G
W	W	G
W	W	G

W	G	G
W	G	G
G	G	G

W	G	G
W	W	G
W	G	G

W	E	G
W	E	G
E	E	G

資料來源：Hart（n.d.）。

　　這種資料轉換過程會因選取的網格大小而產生不同程度的資訊損失，如圖5-7中各種方法轉換後所得到的水體、土地的面積和原始資料均會有相同程度的誤差，而且這種失真是不可逆的，也就是在將向量資料轉換成網格後，單憑轉換後的網格資料是無法完全回覆到原始向量格式資料的精度的。

如圖5-8(A)中向量式的土地利用資料在轉換成圖5-8(B)的網格資料後，可以很明顯看到資料失真的情形，比較明顯的是平滑的多邊形邊界出現鋸齒狀凹凸，道路除了會出現鋸齒狀外甚或可能會出現斷點。

圖 5-8

向量式資料轉換成網格式資料（以土地利用為例）

(A) 土地利用圖（向量式）　　(B) 土地利用圖（網格式）

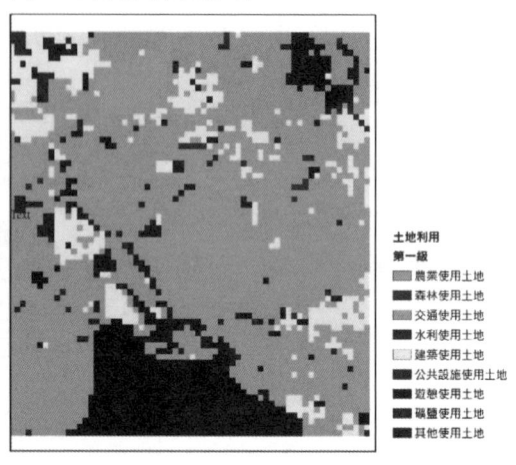

土地利用
第一級
■ 農業使用土地
■ 森林使用土地
■ 交通使用土地
■ 水利使用土地
□ 建築使用土地
■ 公共設施使用土地
■ 遊憩使用土地
■ 礦鹽使用土地
■ 其他使用土地

註：彩圖請見附錄彩頁，頁245。

二、網格式轉向量式

網格格式資料要轉向量格式（raster to vector, R2V）比上一節的V2R要複雜得多，之前把V2R比喻成用掃描機掃描漫畫，但反過來R2V就像要將一張相片（網格資料）轉成漫畫，其困難程度與技術性都相對提高不少了。

其中一種比較簡單的方法是描邊（outline vectorization），如果要轉換的網格式資料是如圖5-9(A)所示，可以在視覺上分出不同都市計畫分區的範圍，則用描邊的方式可以比較快速簡單地將其轉換成如圖5-9(B)的多邊形的向量格式資料。

如果遇到複雜性較高的網格資料要轉成向量，情況就比較複雜，比較常見的例子是要將傳統的紙圖轉成向量式的數位化圖資。傳統的紙圖其實是採用向量式的資料格式來繪製的，因為圖面上基本上是以點、線、面來繪製，要將其數位化時，最簡單的方式是將紙圖掃描，雖然肉眼還是可以

在掃描的成果上分辨出點、線、面，但是掃描的結果其實是一個網格式的影像資料，所以無法在其上進行一些向量資料的空間分析，例如無法在這一張掃描的地圖上規劃行車路徑。

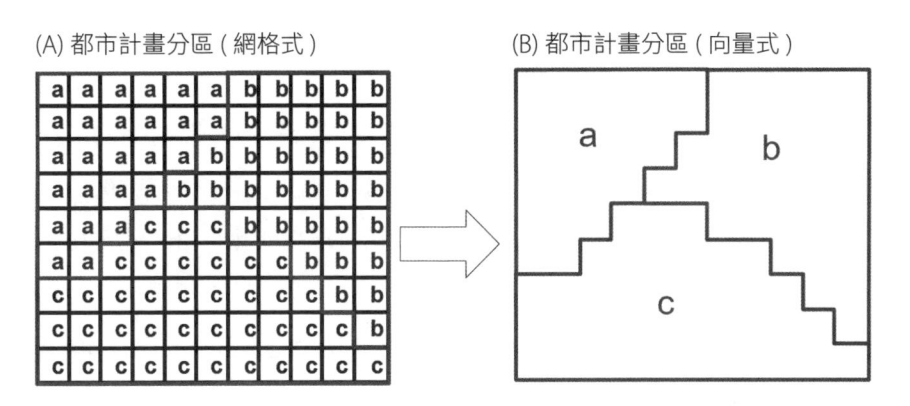

(A) 都市計畫分區（網格式）   (B) 都市計畫分區（向量式）

圖 5-9

網格式資料轉換成向量式資料（都市計劃分區為例）

如果要將其轉換成向量資料，那採用前段所敘述的描邊方式並不適用，這時可以採用另外一種骨架式向量化（skeleton vectorization）或又稱為中心線向量化法（centerline vectorization method），就是如圖5-10所示，先將網格資料分成不同類別的多邊形，再以中心線的方式繪出該區域的骨架，這種轉換方式必須將點、線、面等向量物件分開進行。這種過程有一點像將雜誌掃描後，經過光學字元判識（optical character recognition）將掃描後的影像（網格資料）轉換成類似向量物件可以被文書軟體編輯的字元資料。

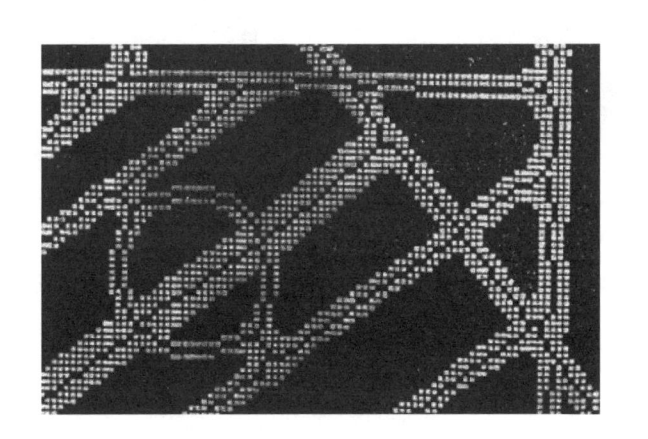

圖 5-10

中心線向量化法

三、網格式資料重新取樣

有時因資料安全或資料分析的考量需要改變網格資料的解析度，這種資料轉換又稱為網格資料的重新取樣（raster re-sampling）。例如臺灣因原由行政院農業委員會林務局農林航空測量所採用航測配合解析立體測圖儀建立的 40 公尺解析度數值地形模式（digital terrain model, DTM）已不敷使用，近年來由內政部重測建立解析度與精度均大幅精進的 5 公尺 DTM，但考慮到國家國防安全，所以將 5 公尺的解析度降解為 20 公尺後以政府開放資料的方式提供給一般民眾或私人機構使用（https://data.gov.tw/dataset/35430），由 5 公尺轉換成 20 公尺的過程就是重新採樣的過程。圖 5-11 所示就是將原本 10 公尺解析度的土地利用圖（圖 5-11(A)）轉換成 20 公尺（圖 5-11(B)）的結果，因為轉換後的網格變大，造成不可回復的資料損失是必然的結果。

圖 5-11

網格式資料重取樣解析度 10 公尺降至 20 公尺

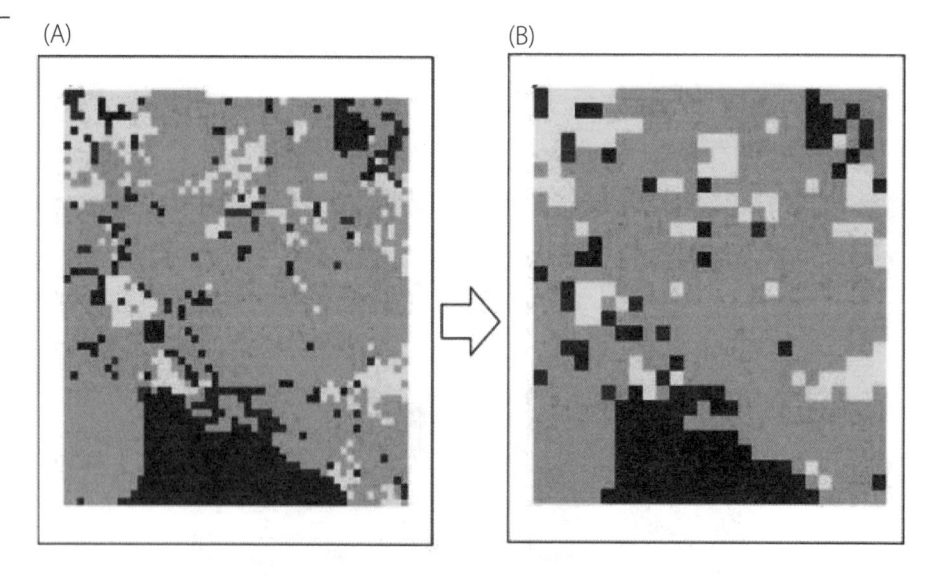

(A)　(B)

當然也可以利用再取樣的技術，把低解析度的資料轉換成高解析度的（例如 20 公尺轉成 10 公尺），但是如此的轉換只會提高解析度，也就是把

一個20公尺的網格分成四個10公尺的網格，但是這四個10公尺的網格和原本的20公尺網格具有完全一樣的資料，並無法比原本的資料增加資料精度。

由於一般的GIS會由不同的來源取得資料，資料格式轉換在資料整合應用上有時很難避免，使用者必須注意資料轉換過程可能造成的資料損失及其對整體分析應用的影響。

第六節、資料的品質

空間資料當然是作為決策支援非常重要的資料，相較於傳統的地圖，有了將大量龐雜的空間資料整合在一起的GIS資料庫更是如虎添翼，但是如果系統內的資料不正確，可能造成比沒有資料更嚴重的錯誤決策，本節就討論有關地理資料庫的資料品質的一些問題。

一、精確度與準確度

一般對於資料的品質可以精確度（precision）與準確度（accuracy）來評估，精確度是表示資料的重現性，即對同一現象作多次量測所得數據的一致性；準確度是指量測所得的資料與真值的差異。這兩者的差異可以用圖5-12來說明，如果對一個箭靶連續射5枝箭，可能出現如圖中的幾種可能結果，圖5-12(A)是最差的一組結果，不只射不準，5次都沒射中中心，而且5次的落點七零八落，就是所謂的「不精確也不準確」；圖5-12(B)雖然5枝箭都沒射到中心，但是5枝箭的著點非常接近，所以是「精確但不準確」；圖5-12(C)中5枝箭著點雖然很分散，但是多落在中心附近，可以說是「準確但不精確」；只有圖5-12(D)中5枝箭相差很近的距離而且都射在中心內，是最好的「既精確又準確」的結果。

圖 5-12
資料的精確度與準確度的區別

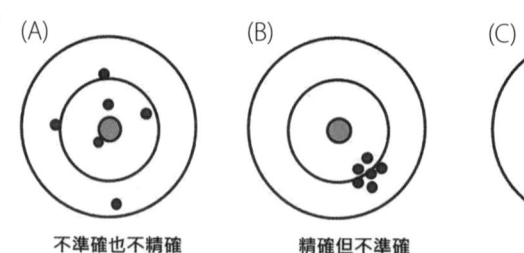

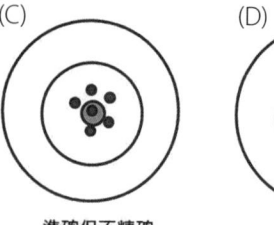

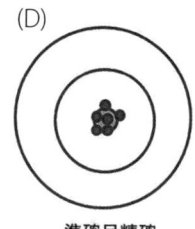

(A) 不準確也不精確　(B) 精確但不準確　(C) 準確但不精確　(D) 準確且精確

以地圖而言，前面談過地圖的比例尺其實是資料品質的指標，在大比例尺地圖上量測一個道路交叉點的坐標，所得結果和實際位置坐標的差異，會比在小比例尺的地圖上做同一量測所產生的誤差要小，也可以說大比例尺地圖比較準確，在大比例尺上進行資料的量測產生的誤差會比較小，所以攸關人民財物的地籍圖都是採用大比例尺繪製。

至於精確度多用來作為儀器的品質的指標，例如電腦系統常用的滑鼠，使用高精度（如2,400 dpi）的滑鼠，在螢幕上的地圖多次讀取一個道路交叉點所得的坐標的差異會比低精度滑鼠所產生的差異要小，所謂dpi（dot per inch）是解析度的單位，2,400 dpi的滑鼠可以量測1/2,400英吋的精度。

二、內容的正確性

地理圖資的內容可能會因為許多不同的因素產生錯誤，最常見的是屬性資料與空間圖徵的錯置，例如在土地利用圖裡把玉米田的屬性標成大豆的標示錯誤；另外一類常見的內容錯誤是空間物件的位置誤差，例如商店或河道的位置偏離等。另外也有可能因為將在不同時間點或使用不同比例尺建立的資料混雜在同一張圖內，或是因圖資長期未維護更新導致偏離實際現況等等，都是常見的內容性的錯誤。

第七節、國內可以取得的空間資料

臺灣自 1990 年起在國土資訊系統推動小組統籌推動下開始建立國土地理資料庫，歷經基礎環境建設計畫下九大資料庫分組多年來的努力，已經建立涵蓋全國包括自然環境、生態資源、環境品質、社會經濟、交通網路、地籍、國土規劃、公共管線與基本地形圖等圖資，成為國土規劃、監測以及防救災應用的基石。

但由於資料產生單位眾多且分散，為使資料需求者可在同一平台上獲得不同單位即時且完整的空間資訊，內政部參考國外經驗建立「國土資訊圖資服務平臺」（Taiwan Map Service）作為空間資料流通供應的單一窗口，達到空間資料共享機制。後因圖資集中化後對於儲存空間的需求快速擴大，因此於 2013 年導入雲端架構建立「地理資訊圖資雲」（TGOS Cloud）彙整各單位圖資，並發布共用性的網路地圖服務應用程式介面（TGOS map application programming interface），提供各政府單位、民眾及私人機構使用。

除了可以透過 TGOS 平台搜尋、取得政府部門提供的空間資料外，臺灣也有許多私人的資訊公司代理國外的衛星影像機構，提供相關影像資料的有償服務。此外透過網路也可以搜尋取得由國際非政府組織、聯合國組織及部分其他國家的政府單位所發布的圖資，這些圖資的涵蓋範圍大多是全球性的，以下為部分常見的資料來源。

一、OpenStreetMap (OSM)　　https://www.openstreetmap.org
二、NASA EARTH DATA　　https://earthdata.nasa.gov/
三、UN Geospatial Section　　https://www.un.org/geospatial/
四、NASA SEDAC (Socioeconomic Data and Applications Center)
　　　https://sedac.ciesin.columbia.edu/

五、Gridded Population of the World (GPW)/Global Rural-Urban Mapping Project (GRUMP)　https://sedac.ciesin.columbia.edu/data/collection/grump-v1/about-us

六、US Open data　https://www.data.gov/

參考文獻

Google. (n.d.). [Google Maps]. Retrieved from May 9, 2021, https://www.google.com.tw/maps

Hart, A. (n.d.). *Spatial Data Models Raster uses individual cells in a matrix, or grid, format to represent real world entities Vector uses coordinates to store the shape* [PowerPoint slides]. Retrieved from https://slideplayer.com/slide/14155332/ (Slide #14/26) David Tenenbaum - GEOG 070 -UNC-CH Spring 2005

Heywood, I., Cornelius, S., & Carver, S. (2003). *An Introduction to geographical information systems* (2nd ed.). Harlow, UK: Pearson.

內政部資訊中心（2020）。**地理資訊圖資雲服務平台**。資料引自https://www.tgos.tw/TGOS/Web/TGOS_Home.aspx

胖老爹美式炸雞（2018）。**門市據點**。資料引自https://www.fatdfc.com/store

Chapter 6
製圖與資料展示──

　　地圖是表達各種空間資料及其分布狀態最有效的工具，對人們的社會、經濟、軍事等活動均十分重要，在《論語・鄉黨》中孔子提及：「式負版者」，就是遇見背負國家圖籍的人便俯伏在車前橫木上以示敬意；蘇轍在《元祐會計錄・序》中也提及：「臣聞漢祖入關，蕭何收秦圖籍，周知四方盈虛強弱之實，漢祖賴之以并天下」，可見有了地圖便掌握了相關的空間資訊的重要性。

第一節、什麼是地圖

　　在維基百科（Wikipedia）上對地圖（map）的定義是："A map is a symbolic depiction emphasizing relationships between elements of some space, such as objects, regions, or themes."（Map, n.d.）這個定義比較廣泛，這裡的空間（space）可以是各種有形與無形的，除了我們一般認知描述地理空間的「地圖」外，其他諸如心智圖（mind map）、基因圖譜（DNA map）、網路拓撲（network topology map）也都可以符合這個定義。因此對於描述地理空間的地圖，可以縮減定義為："A two-dimensional representation of the surface of the world."就是描述我們生存的地理空間中各項物件的位置與相對空間關係的二維圖籍。

一、地圖的種類

（一）依據製圖媒介與技術分

傳統上的地圖是以手繪在皮革或紙張等媒介上，如圖6-1所示，這種紙圖（paper maps）不僅攜帶、使用與保存受到很大的限制，如果有兩張同一地區不同內容的地圖也很難套疊整合使用，而且因為紙張圖幅的限制，要不就是在一張地圖上能繪製的範圍有限，或是只能用較小的比例尺繪製而失去地圖的精細與準確度。在引入電子資料處理技術後，目前隨處可見電子地圖（electronic maps）克服了上述問題，當今人人熟悉的Google Maps就是最好的代表，電子地圖的即時性、易用性已成為現代生活的一部分了。

圖 6-1

荷蘭人1640年所繪福爾摩沙——臺灣

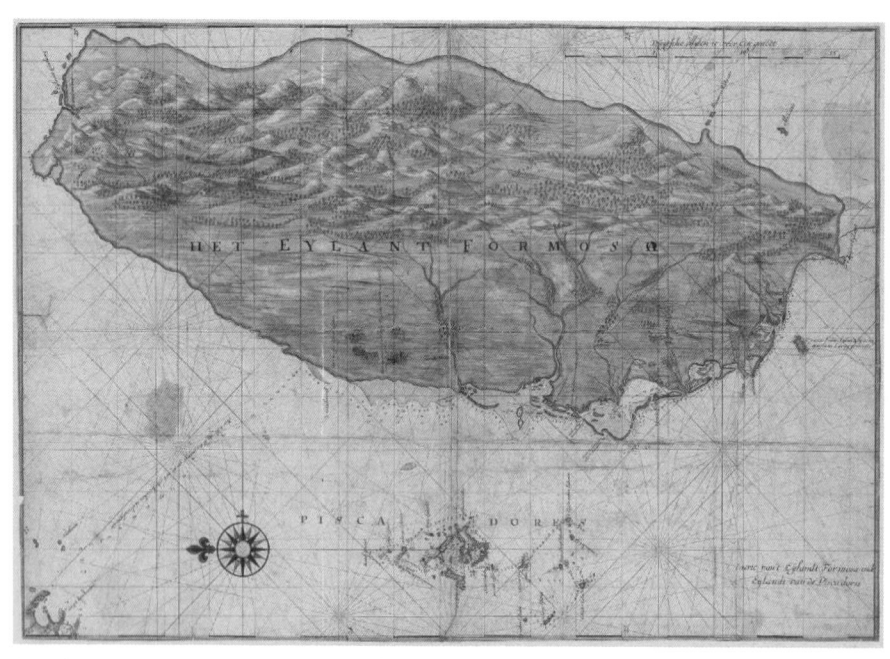

資料來源：Wikimedia Commons（2016）。

（二）依據製圖目的分

如圖6-2，地圖依照製圖的特定標的或使用目的可以分主題地圖（thematic map）與通用性地圖（general-purpose map）兩類，所謂的主題地圖是針對區域中內某一特定標的（主題）的空間分布型態所繪製的地圖，所謂的主題包括如建物、人口等可視的，或溫度、慢性疾病等不可視的空間標的，圖6-2(A)即是針對外省人口比例這一個主題所繪製的主題圖。

而通用地圖（也稱作參考地圖〔reference map〕）是針對一般使用目的製作的地圖，通常會包括人為的行政邊界、都市聚落、鐵公路等，以及如海岸線、山岳、湖泊與河流等自然特徵，也可能會結合某一特定主題繪製如觀光使用的通用性地圖，一般常用的Google Maps（圖6-2(B)）就屬於通用性地圖。

（三）依據時變性分

依據地圖內容是否會隨時間動態更新可以分為靜態（static）與動態（dynamic）地圖，一般傳統的地圖（不論是紙圖或電子圖）屬於靜態地圖，但是如果電子地圖配合網路上的即時資訊更新地圖內容則屬於動態地圖，例如臺北市即時交通資訊網（https://its.taipei.gov.tw/）透過網路連結更新，提供道路速率、停車場資訊、交通管制等即時資訊（如圖6-3所示）。另外有一個有趣的動態地圖是在《哈利波特》電影裡的劫盜地圖（Marauder's map），雖然不是實際存在的例子，但是對小孩子來說，如果能夠擁有這種動態地圖該是多麼風光的事情。

二、地圖的組成要素

地圖是為了記錄地理特徵在空間上的位置以及不同地理物件之間的空間關係的製圖方式，如圖6-4所示，一般地圖是由以下幾個主要的部分組成：

圖 6-2

主題地圖與
通用性地圖

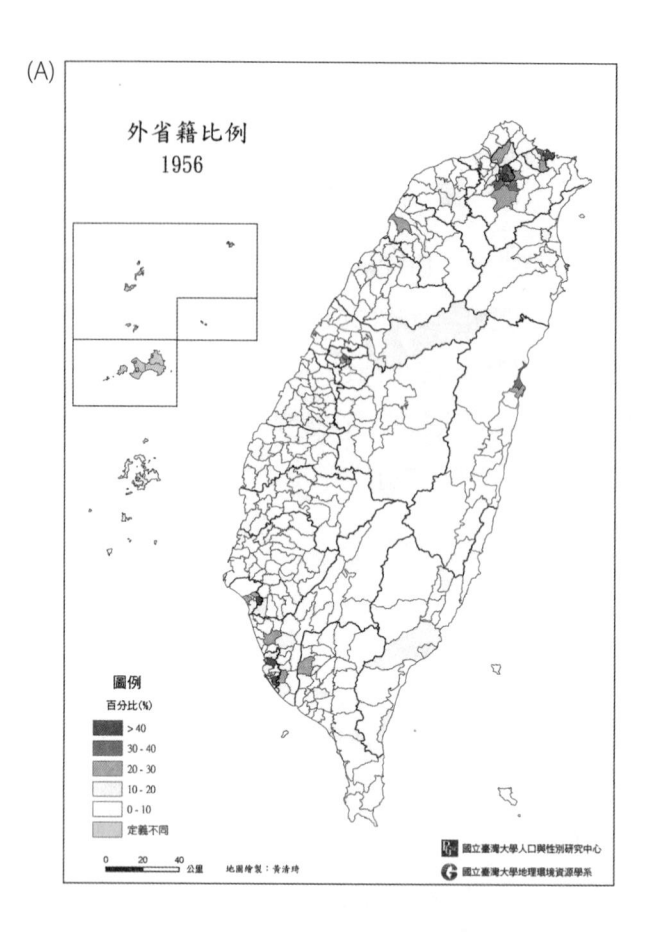

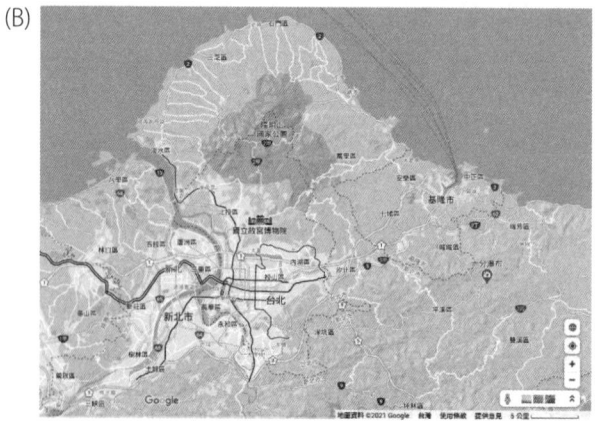

(A) 外省籍比例 1956

圖例
百分比(%)
> 40
30 - 40
20 - 30
10 - 20
0 - 10
定義不同

(B)

資料來源：(A) 葉高華（2016）；(B) Google（n.d.）。

98　地理資訊系統基本原理

圖 6-3

臺北市即時交通資訊地圖

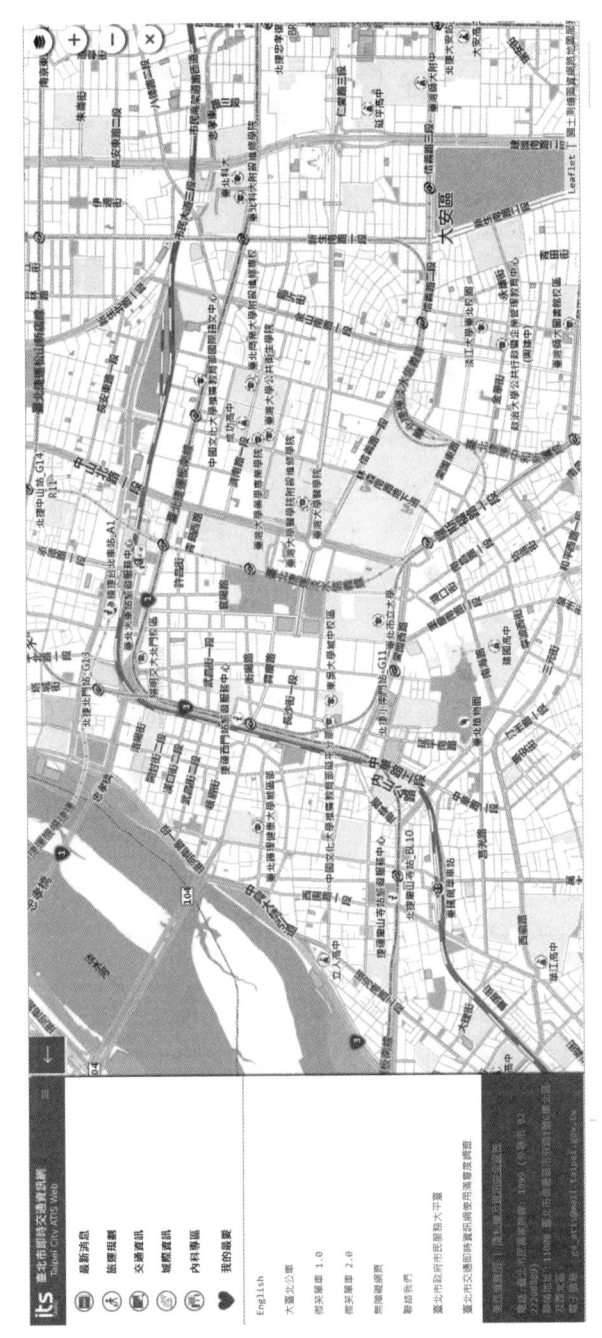

資料來源：臺北市政府交通局（無日期）。
註：彩圖請見附錄彩頁，頁 245。

Chapter 6　製圖與資料展示

圖 6-4

地圖的組成要素

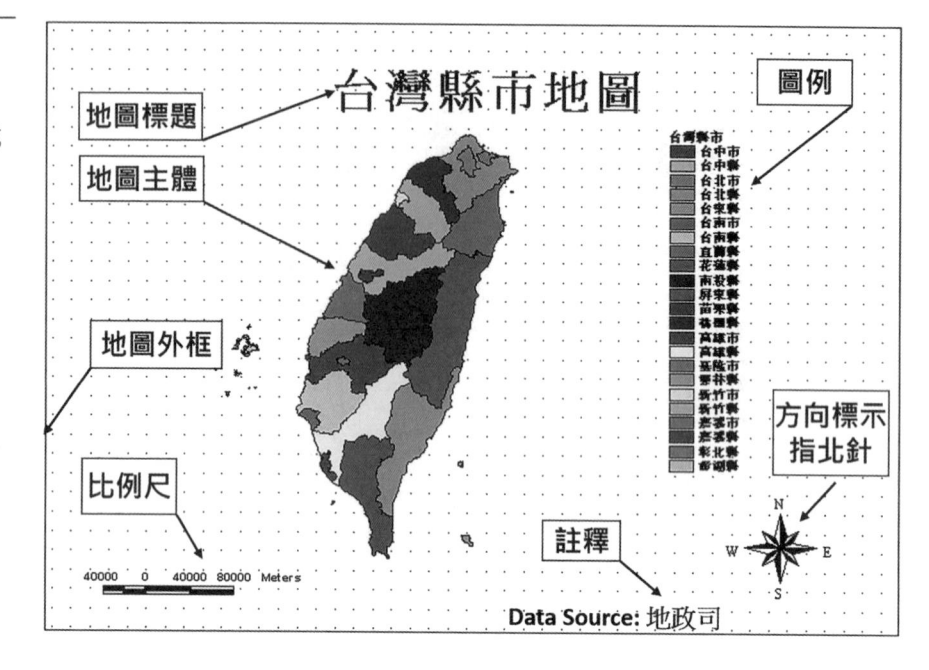

（一）地圖主體（map body）

地圖主體是地圖上顯示主要地理資料的部分，是一張地圖中重要的中心，因此通常會放置在地圖的中央部位。

（二）索引圖（index map）

索引圖一般繪製在主要地圖邊緣的區域，顯示地圖的某個小區域相對於較大區域的位置，通常作為較大比例尺的地圖在整體大區域範圍內的相對位置，例如一張南投縣交通路網地圖，可以在地圖旁設一小框繪出南投縣在臺灣的位置，這類資訊對不是在地的地圖使用者非常重要。

（三）標題（title）

標題是用來表示一張地圖的內容和主要目的，例如：「臺北市捷運路網圖」或「高雄市行政區劃圖」。

（四）圖例（legend）

一張地圖上通常會包含許多如地形、水系、鐵公路等不同類別的資料，為了增加地圖的易讀性，一般會使用不同形狀、顏色、粗細、大小的符號或文字來表示不同的地理物件，這類符號與文字就是「圖例」。

（五）比例尺（scale）

雖然地圖是用來表示實體世界的地理特性，但一般都必須要做適度的縮小以便在圖紙上容納適當的空間範圍。比例尺用來表示地圖上某個長度的線段與這條線段所代表的地表上實際的長度之間的比例，有時候也稱作縮尺，有了地圖上所標示的比例尺才能推算出地圖上某個範圍的實際的長度與面積。

一般比例尺有大小之分，小比例尺表示地圖被縮小的程度越大（例如25萬分之1），相對的一張地圖可以涵蓋的範圍也就越大，但是地圖的細緻度就會比較差，像是步道、建物等比較小的地體特徵就會被忽略掉，例如世界地圖或臺灣地圖就是小比例尺的地圖。反過來大比例尺表示地圖被縮小的程度較小（例如1千分之1），一張大比例尺地圖所能涵蓋的範圍較小，但是地圖的細緻度較佳，空間誤差也較小，可以顯示比較細緻與正確的空間特徵。所以必須依需要來選擇適當的比例尺，例如與財產相關的地籍圖就必須使大比例尺，但如世界地圖就只能使用小比例尺來呈現了。

比例尺可以用數字法或是圖示法來表示，數字法是以文數字來說明比例尺的大小，如5千分之1或1：5,000；圖示法是在地圖上以標尺繪出單位長度在實際地表上所代表的距離。因為現在許多地圖都是電子地圖，很容易可以進行放大縮小，圖示法會比數字法更適當，因為圖示比例尺會隨著電子地圖的縮放做等比例變化。

比例尺其實也是地圖精度的指標，尤其在地理資訊系統（geographic information system, GIS）日益普及之下，常會因為可以隨意縮放地圖而發

生對地圖精度的錯誤認知，例如在放大的世界地圖上去量測臺灣極北點到極南點間的距離或是澎湖小白沙嶼的面積都是錯誤的動作。

（六）方向標示（direction indicator）

方向標示是為了供地圖使用者做定向以確定與正北相關的地圖方向，因為除了一些特殊例外，大多數的地圖多使正北朝向圖面上方，所以一般是使用不同型態的指北標誌（north arrow）來做方向標示。

（七）註釋（citation）

這部分放置有關資料來源、量測單位系統、投影、製作與更新日期及所有警告或解釋性說明的資料，又稱作詮釋資料（metadata）。

第二節、地理資訊系統常見製圖方式

作為一個資訊系統，資料的展現當然是重要的功能之一，因此 GIS 中會提供各種不同的製圖方式，讓使用者可以依其需要適當地將系統內的空間資料或是經過空間分析以後的成果展現出來，作為後續應用或相關決策的參考，以下就舉例說明常見的 GIS 中的地圖製作方式。

一、主題圖

之前已經介紹過主題地圖是針對區域中內某一特定標的（主題）的空間分布型態所繪製的地圖，但是依照所要呈現的主題與內容的特性，可以選擇不同的方式來製圖，以下就是一些常見的製圖方式。

（一）點子地圖

點子地圖（dot map）是呈現面資料的一種方式，所謂「面資料」是指在空間上某個範圍內的資料統計，例如各鄉鎮內的人口數或某種慢性病的

病例數等。點子圖是透過用相同大小的點的密度來展示各不同區域範圍內數值的大小，例如圖6-5(A)就是以各縣市人口數繪製的點子圖，圖中1點代表10,000個人。必須注意的是點子圖上的點是將多邊形的人口數換算成點數，然後隨機畫在該多邊形的範圍內，並不是代表人口在空間的實際位置，點子圖的用途是用來表示各多邊形標的資料（如本例中的人口）的密度，由圖6-5(A)中可以看到，如果有一個縣市的人口多而面積相對較小（如圖中的臺北市），則會出現密集的點子來展現該區域內的高人口密度；相對的，臺中縣的人口密度也可以由該範圍內稀疏的點數展現出來。

圖6-5(B)是以相同的方式來呈現各鄉鎮內的人口密度，由兩個圖的比較可以看出，以不同大小的空間單元來展示同一項人口密度資料，在空間上呈現出來的型態略有不同，這就是地理學上經常被討論的「可調整空間單元問題」（modifiable areal unit problem），這個在以後的章節會有更詳細的討論。簡單的說，如果比較圖6-5內左右兩個圖，可以看到縣市人口密度圖中在中央山脈區域仍然有相當多的點子出現，這和我們瞭解的臺灣人口分布是不符合的；但是如果以鄉鎮作為空間單元來展示人口密度，那在顯示出來的中央山脈區域內的人口密度就比較符合事實的狀況。

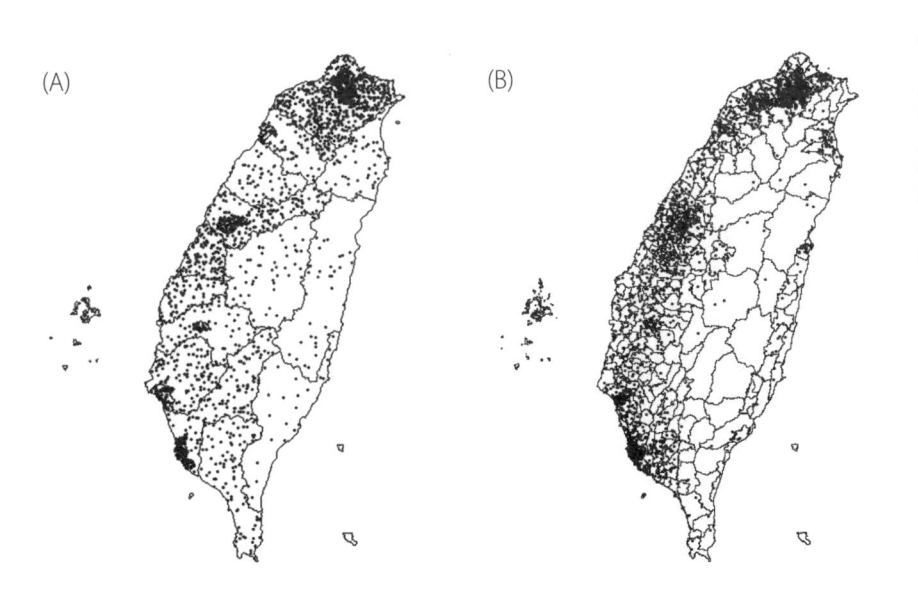

(A)   (B)

圖 6-5

臺灣縣市與鄉鎮人口點子圖
(1 dot = 10,000 people)

Chapter 6 　製圖與資料展示　103

但是使用鄉鎮來畫人口點子圖也會有另外一個問題，在圖中可以發現有一些山區的鄉鎮，整個鄉鎮裡沒有一個點子，這並不是因為該鄉鎮的人口是零（這當然不可能），原因是這些鄉鎮的人口數少於1萬人，而我們採用1個點代表1萬人的方式來製圖，所以會出現有些鄉鎮沒有半個點子的現象，解決的方法很簡單，就是降低1個點子代表的人口數，例如採用1點代表5,000人，狀況就會大幅改善。這引伸出點子地圖的另一個問題，就是1個點代表多大的數量的選擇是相當重要的，否則會出現讀者誤解（例如之前代表數量太大，而出現沒有點子的問題），或是因1個點代表的數量太小，而使得畫出來的圖密密麻麻無法有效判讀的窘況。至於1個點代表多大數量才是合適的並沒有通用的標準，需要依靠經驗或製圖時多方嘗試來決定。

（二）面量圖

面量圖（choropleth map）是另外一種呈現面資料的地圖，是依據統計的方法，把各面單元的資料分群（或分級），再以不同的顏色來對應各層級塗到各個面物件（polygon）上，主要是用來呈現每一個多邊形內數值的大小。如圖6-6內所示，將臺灣各縣市人口數依大小分成五級，並以不同深淺的灰色（一般顏色越深代表數量越大）來繪製臺灣各縣市人口的分布狀況。面量圖有時也被稱作「分層設色圖」或「分級著色圖」。

（三）斑點圖

如圖6-7所示，斑點圖（point map）是用來繪製例如設施（商店、公車站牌）或事件（犯罪、病例）等在空間上以點位（point）代表的物件，斑點圖的目的在展現該資料的位置以及在地圖上展現這類資料在哪裡比較密集，在哪裡比較稀疏等空間上的分布型態。

圖 6-6

臺灣縣市人口面量圖

人口數
00002-200004
200004-5600055
560055-1107205
1107205-1762063
1762063-2504029

圖 6-7

臺北微笑單車站點資訊斑點圖

資料來源：微笑單車（2021）。

Chapter 6　製圖與資料展示　105

有些點資料具有如醫院的病床數、旅館的房間數等數量大小的特性，遇到這種情況也可以以不同大小的圖徵符號來表示不同斑點數量上的差異。除了大小之外，點資料可能有其他的特性差異，例如犯罪資料可能會分為嚴重刑案、竊盜、毒品、騷擾等等，這種情況可以用不同顏色的點，或不同形狀的符號來代表不同類別的資料。

一張斑點圖也可能展現兩種以上不同但相關的主題資料，例如消防隊位置與火災位置的斑點圖，可以展現這兩類資料在空間中的關係，並可進行研討兩類資料在空間上是否有呈現互相影響的趨勢等等分析。

（四）流量圖

流量圖（flow map）是以線段或網路展現數量流動狀況的主題圖，常見的具有數量流動狀況的資料有如水流量、電流量、車流量、人流量、數據流量等等。如圖6-8所示，流量圖一般是以線段的粗細來代表流量的大小，有時候也會將流量統計到網路節點，用點的大小來代表該節點的入出流量。有時流量具有時變性與方向性，如圖6-9所示透過3號國道上電子道路收費系統（electronic toll collection）的資料，以不同的顏色及寬度繪製南北兩向的車流量狀況。

圖 6-8

臺北捷運各站人流量視覺化地圖

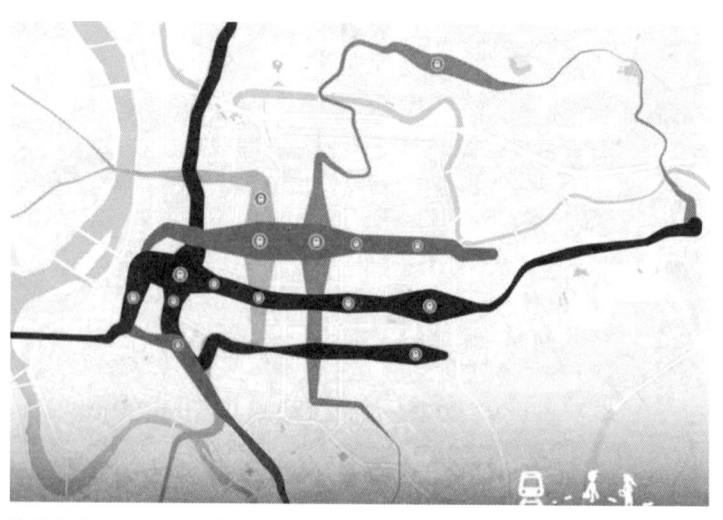

資料來源：瑞竣科技（2018）。

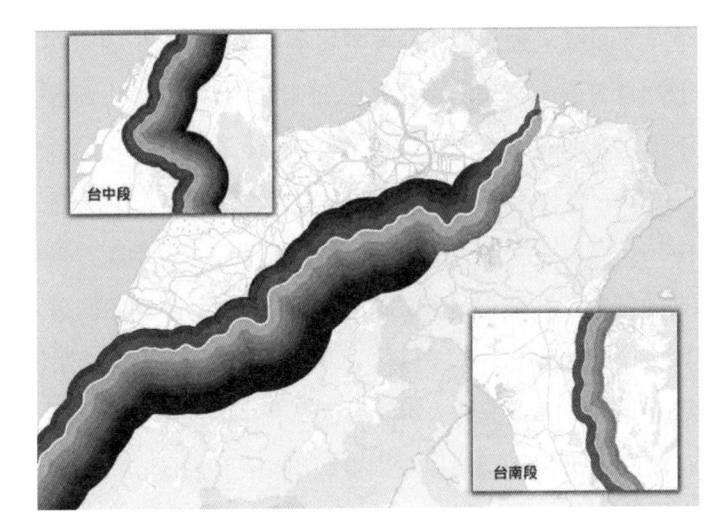

圖 6-9

國道 3 號南北向車流量

資料來源：瑞竣科技（2018）。

（五）變形地圖

　　世界各國的地圖都有一個特性，就是會把地圖劃分成形狀大小不同的次單元，這些單元一般作為政府進行行政治理的單位，因此單元的劃設會以人口數為依據，而且具有如省、縣市、鄉鎮的階層性，為方便行政運作，同一階層的各單元的人口數基本上相當，所以如果在同一層級內的行政單元面積越大，表示該區域內的人口密度越低。因為在視覺上符號、圖徵、面積的大小是最容易當作判斷大小、強弱的依據，這種單元面積越大、人口密度越低的趨勢會在製作面量圖時出現問題。例如一些偏鄉的犯罪案件並不多，但因為單元面積大，在製作面量圖時如果顏色選擇或是數量的分級不當，會在視覺上強化了大面積相對低密度單元的視覺效應的潛在錯誤。

　　有一種特別的空間視覺展示的方式叫做變形地圖（cartogram map/anamorphic map）或數量—區域圖（value-area map），可以處理上述的潛在視覺誤判的風險。一般常見的地圖基本上是依據地球表面經過投影後繪製在地圖上，但是變形地圖為了將特定的統計量資料（例如人口或犯罪率等）直接用畫面中的大小來進行量的呈現，而強制將面的形狀依據統計量

Chapter 6　製圖與資料展示　107

數量來調整面的面積，因此會在地理空間本身發生巨幅扭曲，與一般看到的當地的地圖會有很大的差別，這是一種相當特別也比較抽象的主題圖，有時甚至不稱它為地圖而僅稱之為示意製圖（cartogram）。簡單來說，其結果所呈現的圖，是以面積大小來反映數量的多寡或數值的高低。

圖6-10所示為依各縣市人口數製作的臺灣人口示意地圖，圖中臺北市及花蓮縣來做例子說明變形地圖的功能，圖6-10(A)中顯示的是正常的面量圖，花蓮人口不到臺北市的5分之1，但花蓮的面積卻超過臺北市17倍以上，不熟悉臺灣社經狀況的人可能會因為花蓮的面積產生人口分布的錯覺；在圖6-10(B)的變形地圖可以看到臺北市和花蓮縣的空間單元適度地反映了當地人口的多寡，對臺灣本地人可能會不習慣這種奇怪的變形，但是對於不熟悉臺灣的人，一眼就可以分辨東部是人口較少的區域。

圖6-10
依各縣市人口數製作的臺灣人口示意地圖

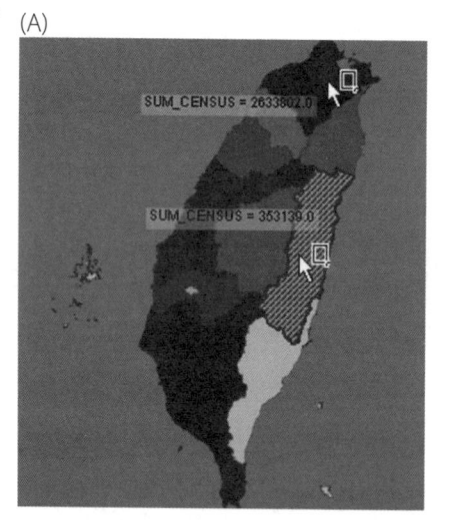

註：SUM_CENSUS 為縣市人口普查統計數。

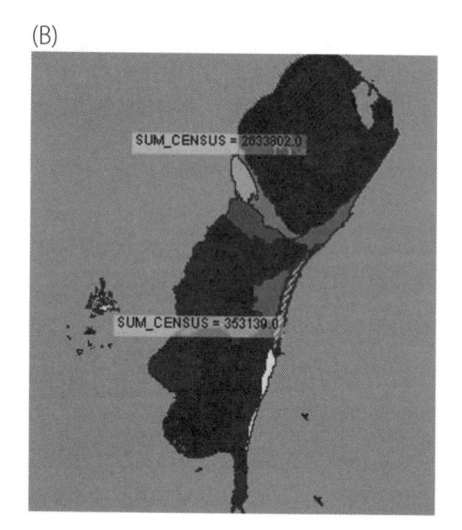

（六）等值線圖

等值線圖（isarithmic map）是一種比較特殊的主題地圖，和前述的幾種主題圖多用於展現非連續性的點、線、面資料不同，他主要用於連續性

面量資料的地圖繪製，是使用線來連接具有相同數值位置以形成所謂的等值線，最常見的例子就是等高線（iso-height 或 contour），除了區域地形、高程資料以外，其他常見的有區域內的水質與空氣品質等連續變化的面量資料也是常見的等值線圖應用場域。圖 6-11 所示為某一區域的高程地形分布，圖 6-11(A) 顯示的是針對每一個網格的高程數值，以類似面量圖繪製的方式分級配色所繪製的高程暈染圖，圖 6-11(B) 是在高程暈染圖上套繪等高線地圖，這種高程的製圖方式經常使用在一般的地形圖繪製上。

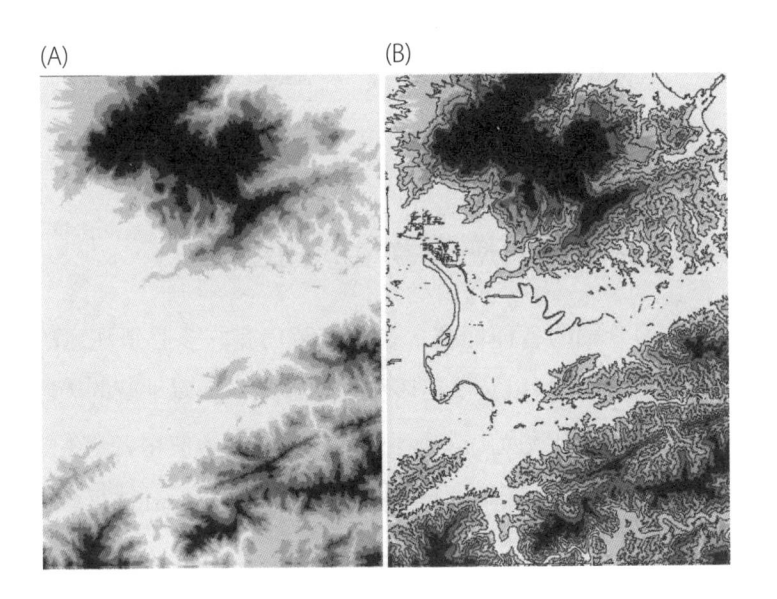

圖 6-11

地形高程暈染圖與等高線地圖

二、統計地圖

除了前述各類主題地圖以外，GIS 還提供以餅狀圖（pie chart）或直條圖（bar chart）的統計圖的方式在地圖上表示數值的變化與分布，這類地圖有時被稱作統計地圖（chart map），如圖 6-12 所示，這類特殊的地圖和面量圖有點類似，但是和面量圖只能表示一類資料不同的是，這種統計地圖可以同時表示多種數值，不僅可以如面量圖展現不同空間單元內的數量變化，更可以展現在同一空間單元內不同類別的比較。

圖 6-12

臺灣各縣市男女人口分布統計地圖

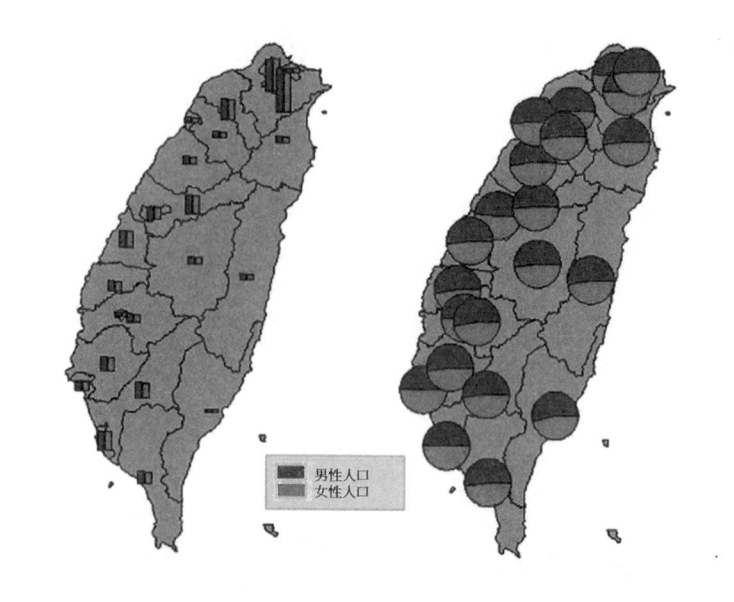

第三節、地圖製作時應該考量的問題

對於前一節介紹的各種地圖,在製作時仍有許多必須注意的設計細節,由於GIS軟體的進步以及使用親和性的提升,使得地圖的設計變得相對容易,但是這常常導致產出許多不美觀或可能誤導使用者產生錯誤判讀的地圖,本節內將討論有關地圖設計各項細節,如果設計得宜會提升地圖的可讀性同時減少地圖的錯誤判讀。

一、說明文字

地圖的主要的用途是記錄並展示地理特徵的資訊,但空間資料所包含的資訊相當龐雜,僅依靠地圖上的符號或圖示可能會顯得力不從心,所以常會在符號與圖示之外再加上文字註記,以加強地圖展現地理資訊的能力。以下說明有關在地圖上加註說明文字必須注意使用文字的字體(typeface)、字形(font)、展示層次(display hierarchy)、擺放位置(placement)等等問題。

（一）字體／字型

字體是指每個字特有的字重（weight）、風格（style）、寬度（width）、傾斜度（slant）、裝飾（ornamentation）等特性，表 6-1 中所列為常見的中英文字體設定，可以依情況適度採用。

表 6-1　中英文字體常見的設定

設定名稱	中文	英文
粗體（bold）	**粗體** / 非粗體	**Bold** / Non-bold
斜體（italic）	*斜體* / 非斜體	*Italic* / Non-italic
字型（font）	細明 / **黑體** / 標楷…	Serif / Sans-serif
顏色（color）	紅色 / 藍色	Red / Blue
大小（size）	大字 / 小字	Large / Small
間距（space）	正常 / 加寬間距	Normal / S p a c e
上下標（upper/lower cases）	字^{上標} / 字$_{下標}$	Upper / Lower

註：本書採灰階印刷，故未實際呈現紅色及藍色，「顏色」一列僅以文字說明。

其中比較需要進一步說明的是有關字型，所謂的字型本是指在傳統印刷業中某一整套具有同樣樣式、字重和尺碼的字形，但是現在電腦都使用「向量字型」可隨意縮放大小，所以「字型」與「字體」之間的界限日漸模糊，因此這裡把字型放在字體的設定項裡，分別對中英文的字型作簡單的討論與介紹。

常用的中文字型有楷體、明體和黑體：「楷體」又稱活體，其特點是字型端正筆跡秀麗，筆法接近與手寫楷書，常用於青少年讀物和通俗讀物等，在地圖上比較少使用。「明體」字型方正規整，筆劃豎粗橫細棱角分明，結構嚴謹整齊均勻，是應用最廣的漢字印刷字體，適合排印長篇正文，在很小的尺寸也有很高的辨識度，所以常在地圖標示或圖例中使用。「黑體」字面呈正方形，筆劃橫平豎直等粗，粗壯醒目結構緊密，適用於作標題或重點但不宜排印正文。

英文的字型繁多，但主要可以分成無襯線體（sans-serif）和襯線體（serif）兩大類，「襯線體」是一種有襯線的字體又俗稱白體字，襯線是字形筆畫的起始段與末端的裝飾細節部分，例如英文的"Times New Roman"或中文的「明體」，字體縱粗橫細，在線段邊緣也會有細部的裝飾或中文書法裡一撇一捺的變化等等；相對的沒有襯線的字體則被稱為「無襯線體」，例如英文裡的"Arial"或中文裡的「黑體」，縱橫線段都等粗細，在線段末端也沒有裝飾或變化。

（二）標示位置

地圖裡的文字標示除了字體／字型的選擇外，還需要注意文字擺放的位置，一般對於「點」的標示會放在點的右上角的位置；「線」的標示會和線平行，如果是河川等有方向特性的線則會順著流動的方向擺放；「多邊形」的標示則會儘量標示在多邊形的內部，如果遇到多邊形太小無法容納標示的文字，不得已必須放在多邊形的外面，且在有可能因標示不清產生混淆時，則可以用帶箭頭的標示線由標示文字指向標示的多邊形。

其他有一些傳統地圖標示的通則也必須注意遵守，例如河川水體的標示用斜體、行政區名用英文大寫等，如果地理物件有如行政區的縣市、鄉鎮的階層性的關係，則必須如圖6-13注意依階層性選擇字體的大小。

二、地圖符號

地圖符號（map symbol）是在地圖上標示地理特徵的圖形符號，一般利用形狀、大小、顏色等不同視覺效果和其他相關圖形變量來設計，圖6-14中列出有關點、線、多邊形相關地圖符號的圖形變量，包括：大小、密度、顏色、形狀、質地、方向等以及其範例，依需要使用在點、線、多邊形的標示上，除了標示該地理現象的存在事實外，還展示位置、範圍等各種地理現象的相關信息。

圖 6-13

對具有階層特性的地理物件更需要注意字體的選擇

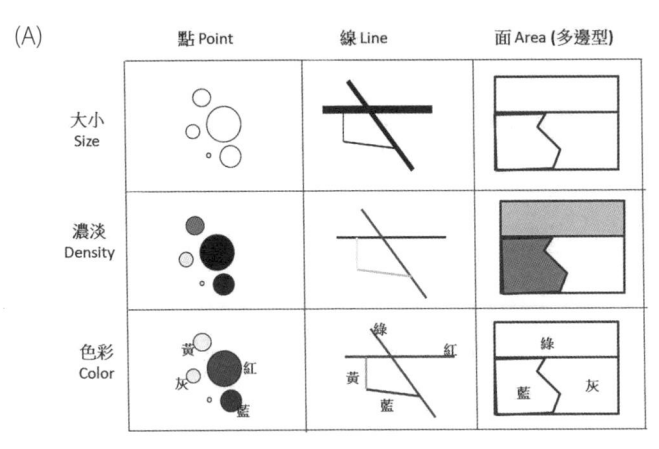

圖 6-14

各類地圖符號的圖形變量

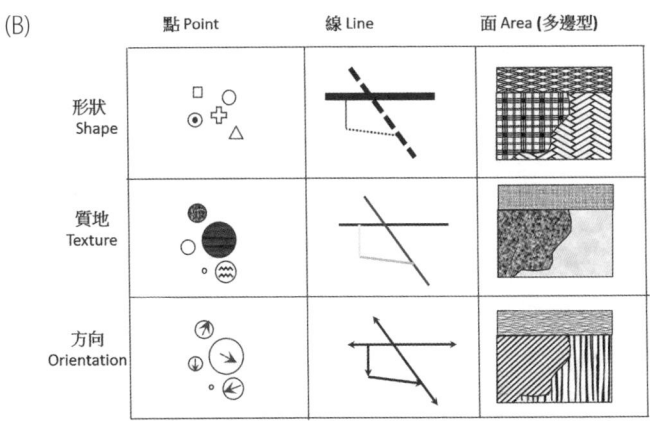

註：本書採灰階印刷，「色彩」一列僅以文字說明。

Chapter 6　製圖與資料展示　113

三、地圖配色

地圖配色（map coloring）是地圖上不同的物件選擇不同的顏色分配，包括選擇代表點的符號或圖徵以及線的顏色，和填滿多邊形的色彩。在GIS裡挑選顏色並不像從一般的水彩盒裡挑顏色那麼單純，電子資料處理系統對色彩是以色彩的三要素（如圖6-15所示）：色相、亮度、彩度來定義。

圖 6-15

色彩三要素：色相、亮度、彩度

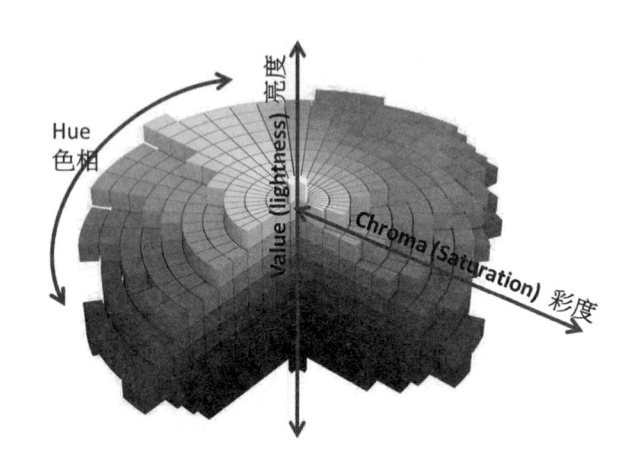

註：彩圖請見附錄彩頁，頁245。

「色相」（hue）有時也稱色調，用來區分不同的色彩，如紅、綠、紫、藍等不同的顏色；「亮度」（value or lightness）表示一種顏色的明亮程度，例如添加不同程度白色或黑色到紅色調裡就會呈現淡紅到深紅，一般在地圖上顏色越深表示越重要或越嚴重。「色度」（chroma）有時也稱作彩度、飽和度，用來區分色彩的鮮豔度。就一個色相而言，彩度最高時即為純色（完全不含黑白色的成分），純色若混入黑色或白色則會降低彩度。

依據顯示卡的解析度，電腦可以辨識高達1,600萬種顏色，只要構成一種顏色的三要素的數值稍有不同，對電腦而言就是不一樣的顏色。面對這麼多種顏色，要對不同的地理物件選擇適當、易讀且不致產生誤解的色彩配置其實不是一件容易的事，一個沒有經驗又沒有美感的製圖者，常常會畫出一張好像拳擊賽落敗者滿臉烏青的臉一樣難看的地圖。初學者可以

參考一些配色的原則，首先是顏色的數量不宜過多，如果採用同一種顏色的不同亮度或彩度，大多數人只能區分一種顏色的5～8種不同的陰影（shade）；可以嘗試選用多種不同的顏色，但是也必須控制在3～5種顏色以內，避免使讀者眼花撩亂無法接收有用的重要資訊。另外也要注意顏色間的協調，這對沒有學過色彩學又缺乏美感天分的人是相當困難的任務，還好大多數GIS軟體多有一些預設的配色方案（color scheme）可供選利用，使顏色的選擇變得容易一些。

以下是幾種GIS系統內常見的配色選擇。

（一）單色調（single hue）

如圖6-16所示，以一種顏色的不同亮度／彩度來搭配，很適合用在具數值大小的地理特性（例如人口數），可以顏色的深淺來表示數值的多寡或強弱。

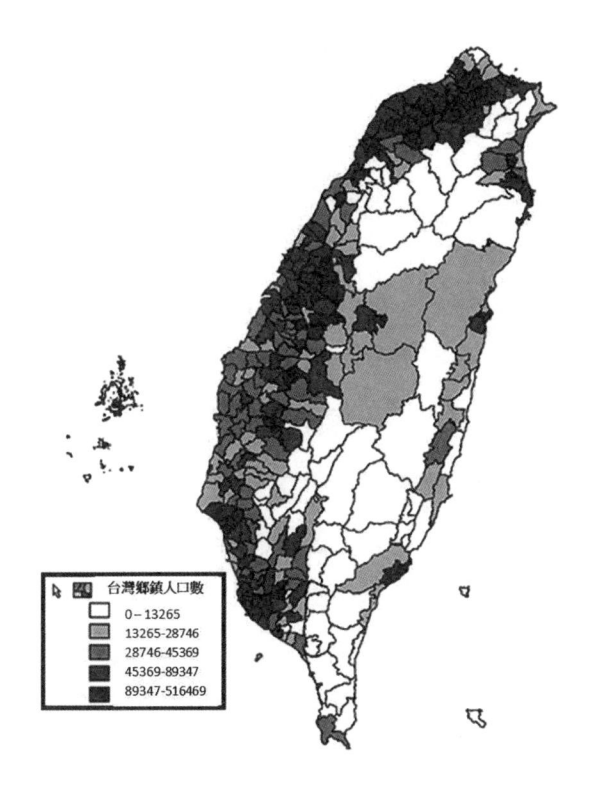

圖 6-16

單色調面量圖

（二）雙色相配色（double-ended）

以兩種對比色的不同亮度／彩度表示一類數值的大小分布，兩種顏色分別代表高於或低於某預設的門檻值（一般是平均值），例如圖6-17所示，紅色表示高於平均值，顏色越紅表示高出平均值越多，反過來藍色表示低於平均值，顏色越藍表示低於平均值越多。

圖 6-17

雙色相面量圖

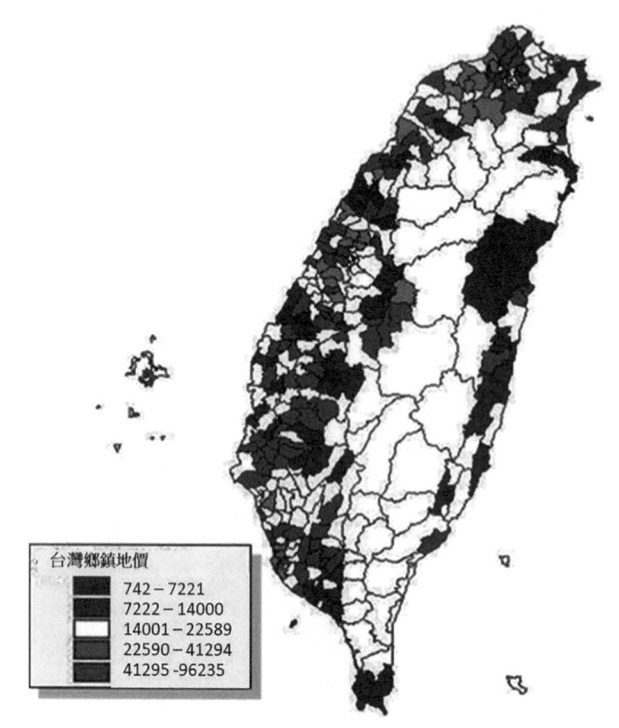

台灣鄉鎮地價
742 – 7221
7222 – 14000
14001 – 22589
22590 – 41294
41295 – 96235

註：彩圖請見附錄彩頁，頁 246。

（三）光譜配色（full spectral）

如果某種地理分布量的數量分級數非常多的情況，則可以由顏色光譜中擷取一段或全部作為配色，全光譜可以以多重的色調與亮度的組合提供多種配色選擇需求，如圖6-18所示，臺灣中央氣象局對累積降雨量的數量分級多達16級，官網上就使採用全光譜的配色方式。

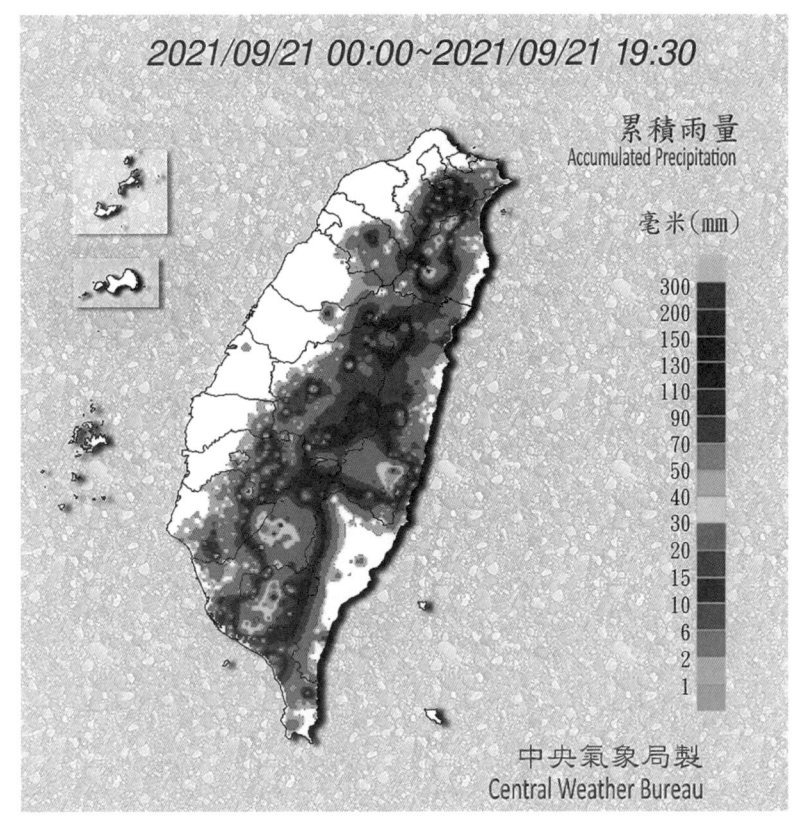

圖 6-18

全光譜配色面量圖

資料來源：交通部中央氣象局（無日期）。
註：彩圖請見附錄彩頁，頁 246。

四、設計易讀且不易誤解的地圖

除了前述一些設計地圖的基本事項外，要設計一張易懂且不易造成誤解的地圖仍需要豐富的經驗，GIS雖然是非常容易使用的地圖製圖工具，但也因此很容易產生不適當的甚至錯誤的地圖。

本節就介紹一些地圖設計上的小技巧及容易造成地圖判讀誤解的錯誤，供讀者參考。

（一）多類別的點圖層

如果遇到多類別的點圖層，一般可以選擇不同形狀或不同顏色的圖徵

來代表不同類別的點資料，經驗上，如果點的數量非常多而密集，採用不同顏色的同一種符號來代表不同類別的點，會比採用不同形狀的符號更容易判讀。以圖 6-19 為例，圖中的點是代表嘉南水利會灌區中各種水利控制結構物的分布圖，由於構造物種類及數量繁多，如果如圖 6-19(B)採用同一顏色但不同形狀（圓點、三角、四方、星號等）的符號來代表水門、量水設施、渡槽等等不同類別的構造物，很難用眼睛區別不同構造物的分布情況。但是如果如圖 6-19(A)使用不同顏色的同一種符號（圓點），反而更容易呈現不同類別的點在空間的分布型態。不過如果是線圖層，則採用不同粗細會比採用不同顏色更容易判讀。當然也可以搭配不同顏色和形狀，但也可能會產生雜亂混淆的視覺感受。

圖 6-19

多類別密集點資料圖層不同圖徵選擇的比較

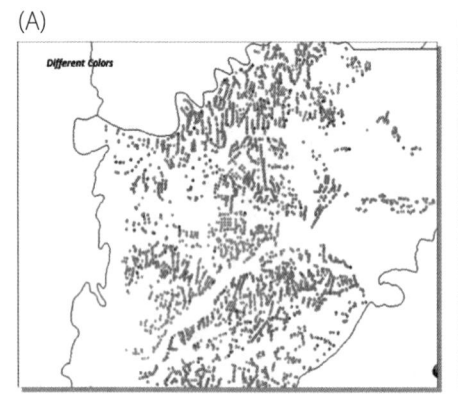

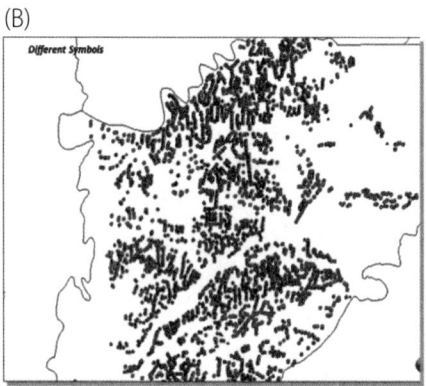

註：彩圖請見附錄彩頁，頁 246。

（二）視覺上的簡化與強調

一張地圖常常必須展現複雜的地理分布特性，有時候因為過多類別的圖徵需要以較複雜的顏色來展現，如圖 6-20 裡的土地利用調查圖，在圖 6-20(A)裡用了非常複雜的棕色色階來代表不同的建築用地類別，因為土地裡用的分類有階層性，所以圖中使用同一顏色的不同色階來表示以提升一致性，例如圖中以不同亮度的棕色來代表不同密度的住宅活動，亮度越淺

表示居住密度越低。但是如果只是要區分區域內的住宅與農作等其他土地利用，則可以將分類簡化，如圖6-20(B)所示把所有不同居住密度的住宅歸成一類，則更容易判讀。除了類別數量的整合簡化，有些情況可以進行地理圖徵的簡化，例如以點來代表小面積的建物，或是以線來代表寬度較窄的道路或河川，一些較小的支流或巷道也可考慮概略不繪。

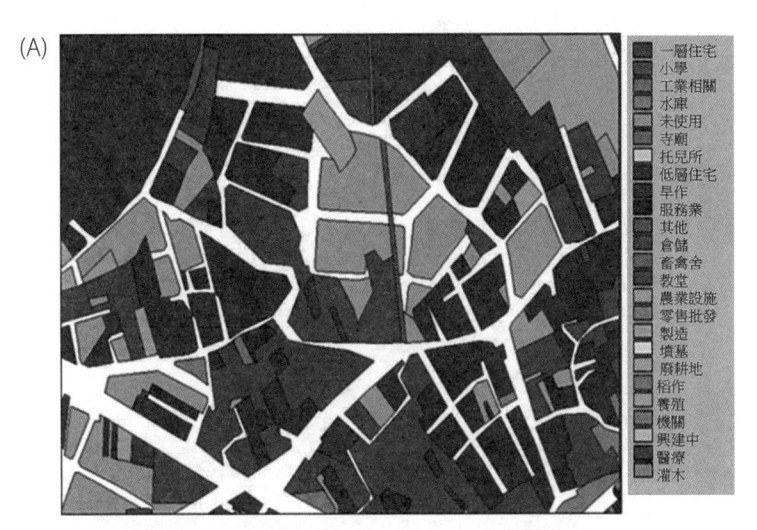

圖 6-20

整合地圖的圖徵類別加強視覺上的簡化

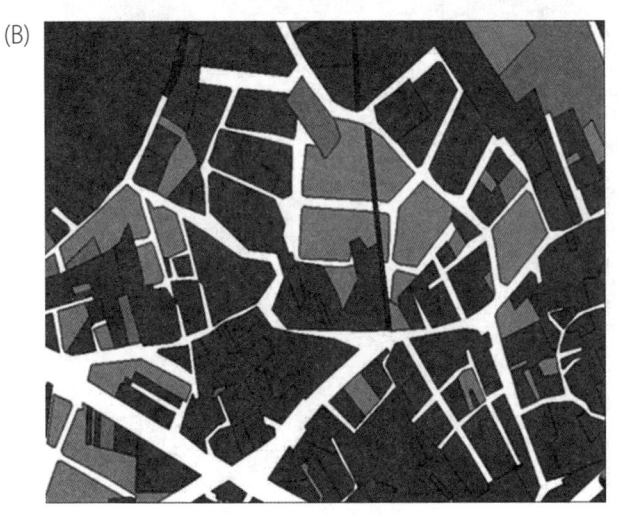

註：彩圖請見附錄彩頁，頁247。

相對於簡化的另外一種處理就是強調，如圖6-21中所示，針對我們有興趣的標的做顏色的強調，或是對我們比較沒興趣的部分淡化其顏色的彩度，都可以讓讀者一眼就聚焦在製圖者想要表現的重點上。

圖 6-21

利用顏色彩度或亮度的淡化或強化來凸顯主要的標的

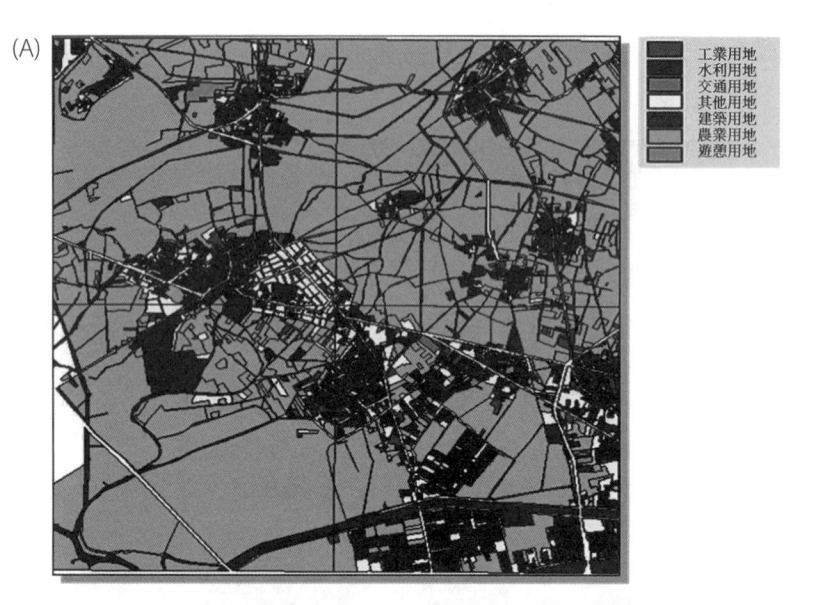

(A)

(B)

註：彩圖請見附錄彩頁，頁247。

（三）避免視覺上的混淆

除了使用顏色之外，在地圖上也常使用不同的質地圖案或不同疏密的斜線來區分不同性質的多邊形，如圖6-22所示，在圖6-22(A)中使用了不同方向的斜線來區隔兩個互相重疊的範圍，這類互相重疊的多邊形在地圖上可以代表某些特定的現象，例如不同時間下的淹水或火災範圍，重疊的部分表示同時遭受兩次發生在不同時間災害侵襲的區域。但是如果如圖6-22(A)的表示方式，在視覺感知（perceive visibility）上容易讓使用者以為中間重疊的區域是另一類特性的區域，雖然這種認知嚴格說起來也沒錯，但是錯失了第三類（重疊的部分）是由前兩類合成的結果，而不是單獨新的類別。這種潛在的視覺認知錯誤如果以圖6-22(B)的方式來處理，就可以很清楚的表示，中間的第三類是源自於前兩類重疊或重複發生導致的效果，而非僅是與前兩類不相干的單獨一類。

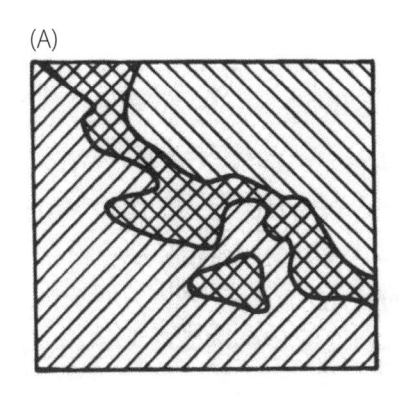

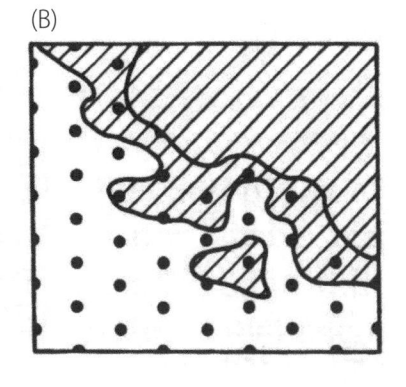

圖 6-22

避免錯誤的視覺認知

（四）階層性關係的展現

經由人類社經活動所產生的地理空間資料經常具有階層（hierarchy）的特性，例如行政區的省市、鄉鎮、村里，交通路網的國道、省道、縣道，醫療設施的教學中心、區域醫院、診所等等，這類社經性質上的階層性也必須在地圖上適度的保留與展現，這種視覺上的階層性（visual hierarchy）效果可以使用不同大小的註記文字（如圖6-13）、不同大小的符號、強弱深淺的顏色（如圖6-23所示）等等來處理。

圖 6-23

視覺上的階層性

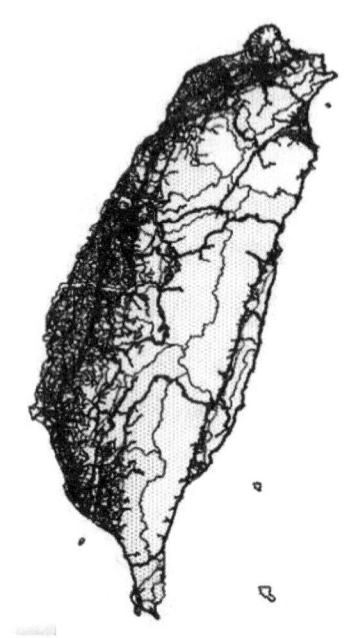

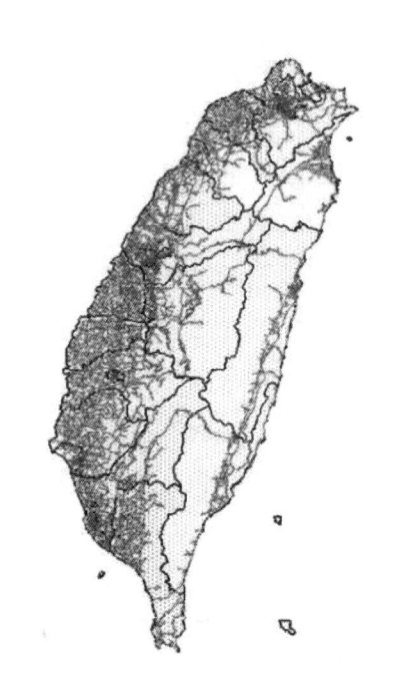

註：彩圖請見附錄彩頁，頁247。

（五）資料分群的不確定性

在製作主題地圖時，常需要對具有數量特性的地理活動進行分級以表示大小與強弱。資料如何分級是統計上非常重要的問題，本書不討論統計上的相關細節，僅就幾種常見的分級方式在地圖上呈現的視覺效果來說明其特性，供讀者在後續製圖實務上的參考。圖6-24內顯示的是臺灣各村里內家戶數的資料分布圖，雖然圖6-24內的三張圖有明顯的視覺差異，但其實都是代表同一組資料，只是採用不同的統計分級來呈現而已。

圖6-24(B)中的圖示採用天然斷點（natural break）來分級，天然斷點分級是一種統計的分群方法，在統計裡資料是依據其統計特性來分級或分

群,性質類似的資料會被分在同一群,不同群之間的資料差異會顯著的大於同一群內的資料差異,也就是依據「群間差異」大於「群內差異」的原則來分群。天然斷點就是在資料分布上有一些相對明顯的資料分布斷點,有時候這些斷點會明顯到在資料分布直方圖(histogram)中用肉眼判識出來,所以採用這種方式來做資料分群相當符合統計裡的分群理論。

　　圖6-24(A)是採用等距分類(equal interval)來繪製的,等距分類就是將數據依據其大小範圍(range)分為數個相同等分大小的分類,例如如果資料的範圍是0～100,那分成五類時每一類別的間距就是20:0～20、20～40、40～60、60～80、80～100。

　　圖6-24(C)是採用等量分類(equal area/count 或 quantile)來繪製的,等量分類就是使每一類的資料個數或是資料所涵蓋的面積一樣。等量分類適合用於比如排名的線性分布的資料。

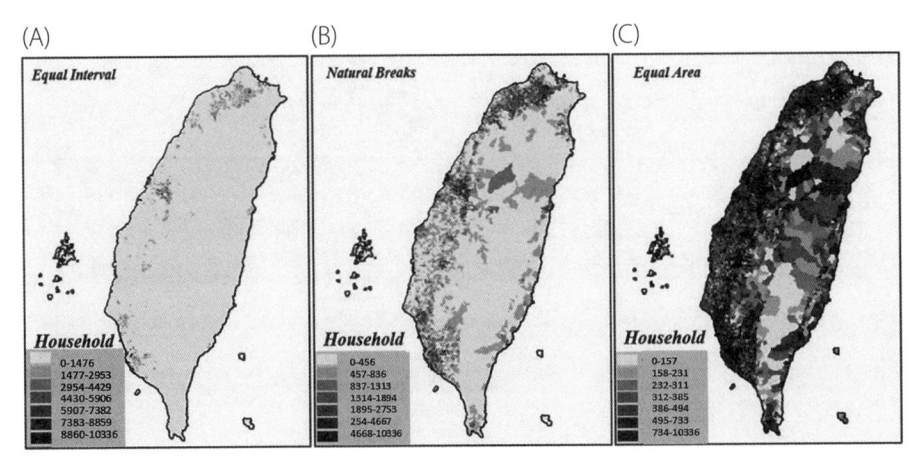

圖 6-24

不同分級方式對同一組資料產生的視覺差異

　　這三種分類方式各有其特點與適用情形,首先「等距分類」較適用於如溫度、身高、成績等資料,因為資料範圍為人所熟知,且分類方式簡明易懂,十分易於與資料受眾溝通。但是這種分類法可能會出現某一類別裡完全沒有資料的「空類」現象。另外一個更特殊的現象是來自於資料的

自然分布特性，一般的社經或自然界的資料都有接近常態分布的特性，就是在平均值附近的資料明顯多於兩端極大或極小值的數量，強行以等間距來分類，因為在極值（extreme）區域的類別資料量太少，使得極大與極小的資料在視覺上被弱化（如圖6-24(A)）。

「天然斷點分類」雖然比較符合資料的統計特性，不容易造成視覺上的偏差，但是因為每一組資料的天然斷點不盡相同，會造成兩組資料繪出的地圖要做比較時，面臨資料分級不一致的困擾。

「等量分類」因為只考慮資料數量而不考慮數值大小，很可能將兩個性質不同的資料分到同一類別，也可能性質相近的資料分在不同的類中。而且也會因為在極值區域的資料比較少，但為了滿足各類別資料數量或涵蓋面積相等的規則造成強化極值的效果（如圖6-24(C)）。

參考文獻

Google. (n.d.). [Google Maps]. Retrieved May 9, 2021, from https://www.google.com.tw/maps

Map. (n.d.). In *Wikipadia*. Retrieved May 9, 2021, from https://en.wikipedia.org/wiki/Map

Wikimedia Commons. (2016, October 11). *File:1640 map of Formosa-Taiwan by Dutch*. Retrieved from https://commons.wikimedia.org/wiki/File:1640_Map_of_Formosa-Taiwan_by_Dutch_%E8%8D%B7%E8%98%AD%E4%BA%BA%E6%89%80%E7%B9%AA%E7%A6%8F%E7%88%BE%E6%91%A9%E6%B2%99-%E8%87%BA%E7%81%A3.jpg

交通部中央氣象局（無日期）。**日累積圖**。資料引自 https://www.cwb.gov.tw/V8/C/P/Rainfall/Rainfall_QZJ.html

微笑單車（2021）。**站點地圖**。資料引自 https://taipei.youbike.com.tw/station/map

瑞竣科技（2018，4月23日）。**【瑞竣電子報】No.0156 交通流量地圖視覺化經驗分享**。資料引自 https://www.richitech.com.tw/9468/%e4%ba%a4%e9%80%9a%e6%b5%81%e9%87%8f%e5%9c%b0%e5%9c%96%e8%a6%96%e8%a6%ba%e5%8c%96%e7%b6%93%e9%a9%97%e5%88%86%e4%ba%ab

葉高華（2016，4月30日）。**外省人在哪裡？** 資料引自 https://www.mplus.com.tw/article/1138

臺北市政府交通局（無日期）。**臺北市即時交通資訊地圖**。資料引自 https://its.taipei.gov.tw

Chapter 7
視覺化與資料探索──

　　地理資料庫中常以空間與屬性來分別記錄地理事實的空間特徵與內容，以公車站牌為例，可以使用點的形式來記錄站牌的空間位置，再以對應的屬性資料表來記錄站牌上的公車號碼、發車時間距、經過站點等等。在地理資訊系統（geographic information system, GIS）普遍應用之前，空間資料與屬性資料是分開處理的，空間資料一般是以傳統的地圖來展現，而相關的屬性則是以表格、台帳或管理資訊系統（management information system, MIS）來處理。將空間資料與屬性資料同時納入單一系統中處理使得GIS與其他資訊系統有了差異，因為空間資料的加入，讓傳統的MIS運用多了空間面向，可透過位相關係進行探索與分析。

第一節、資料查詢

　　不論是使用MIS或GIS，建立資訊系統的目的在管理日益龐雜的資料，一開始的應用當然是從茫茫的資料海洋中找到需要的資料，也就是一般所謂的資料查詢（query）。所謂的資料查詢也可以看作是資料篩選，就是以訂定的搜尋條件建立一個篩子，將符合查詢條件的資料篩選出來。例如我們要將博士班學生的資料從包括大學部、研究所碩博士班的所有男女學生的學生資料庫中「撈」出來，就可以先以「博士班」為條件建立一個篩子，讓所有的學生資料經過這個篩子，符合查詢條件的資料就會被留在篩子中。
　　除前述的簡單查詢外，可以利用各種邏輯運算建立更複雜、更多樣化的查詢，常用的邏輯運算有「且」（AND）、「或」（OR）及「非」（NOT），

例如女性博士生（AND）、戶籍在臺南的女性博士生（AND）、收入低於基本工資或撫養超過四人（OR）、非本國籍生（NOT）等。為了方便使用者更有效率的建立查詢條件，一般MIS會提供建立查詢條件的工具，最常見的是結構式查詢語法（structured query language, SQL）。

因為有了資料的空間面向（例如位置、形狀、大小、長短、方向等），GIS可以比MIS進行更複雜的資料查詢，並可以更有效的將查詢的結果展示在空間圖面上，一般的空間查詢可以分成：「文查圖」及「圖查文」兩大類，所謂的文查圖就是查詢某項資料在空間的位置，也就是 "query by attribute"，例如要查詢湖山水庫在地圖上的位置；而所謂的圖查文則是要查詢地圖上某個物件（建物、道路等）的相關名稱與屬性，又稱作 "query by location"，例如圖上的某一個封閉水體到底是什麼水庫或什麼湖。「圖查文」和「文查圖」也是在使用傳統的紙地圖時常做的資料查詢方式。在GIS中，資訊系統利用一個物件編號將空間的物件（點、線或面）和存在資料庫中的屬性資料連結在一起（圖7-1），當使用者選定空間中的某特定物件，也許是捷運站（點）、捷運路線（線）或行政區域（面），如圖7-2所示，系統可以很快的將相對應的屬性資料展現出來。

圖 7-1

空間與屬性資料的連結

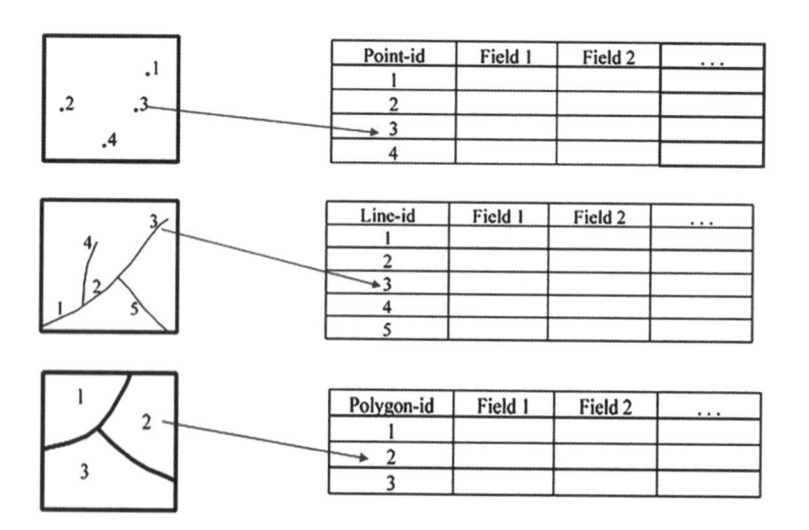

圖 7-2

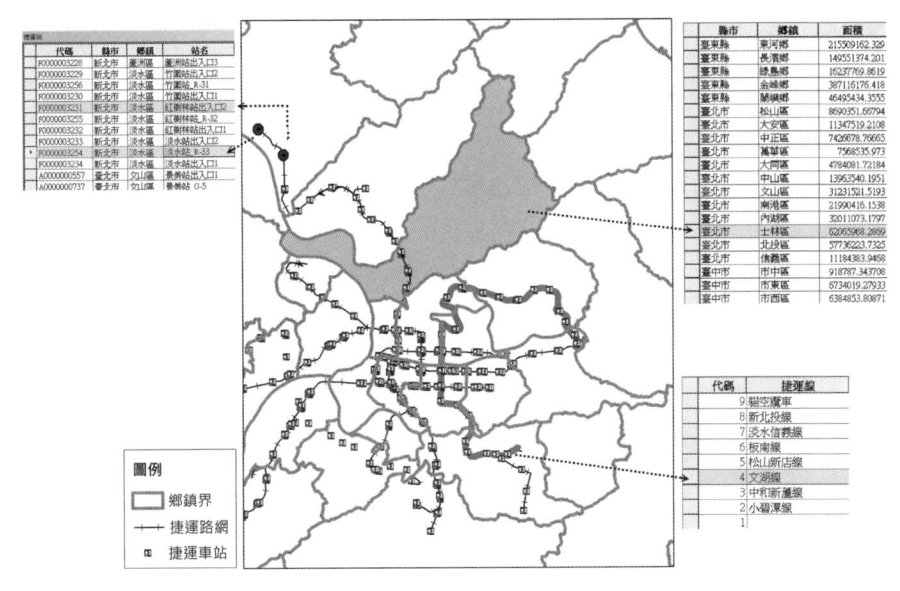

空間資料查詢（圖查文）

一、屬性查詢

　　至於「文查圖」則與前述的例子相反，使用者輸入要尋找的空間物件屬性，由系統在空間上將位置標示出來。使用傳統紙地圖進行的文查圖通常只能局限於非常簡單的單一物件查詢，例如查詢某某戲院、某某道路或地址、某某公園等的位置，但是在GIS中，我們不僅可以如上述進行單一物件的簡單查詢，更可以建立更複雜的查詢條件，透過屬性資料查詢（attribute query）在龐大的地理資料中找到我們需要的資料，例如可以查詢有哪些鄉鎮市區內大於65歲的人口總數超過2,000人等等。利用屬性表進行查詢與一般的資料庫查詢相似，但是因為屬性表上的每一筆紀錄會與空間上的某個地理物件產生關聯，如上例每一個查詢出來的鄉鎮市區都有其位置與相對關係。

　　除了使用如大於、小於、等於或不等於等關係運算子（relational operator）來建立查詢條件外，如再配合利用如交集（AND）、聯集（OR）、互斥（XOR）與差集（NOT）等邏輯運算子（logical operator）就能建立更

Chapter 7　視覺化與資料探索　129

複雜的複查詢。例如前述例子中選出老年人口數大於2,000人的鄉鎮市區後，可以再查詢這些鄉鎮市區中有哪些是醫療量能不足的（例如以一個醫療機構服務之人口數超過1,000人作為超負荷的門檻）。這兩次的查詢(大於65歲人口超過2,000人與醫療量能不足)就可以利用AND來結合簡化成一個複查詢（圖7-3）。

圖 7-3

老齡人口多且醫療量能較低的鄉鎮

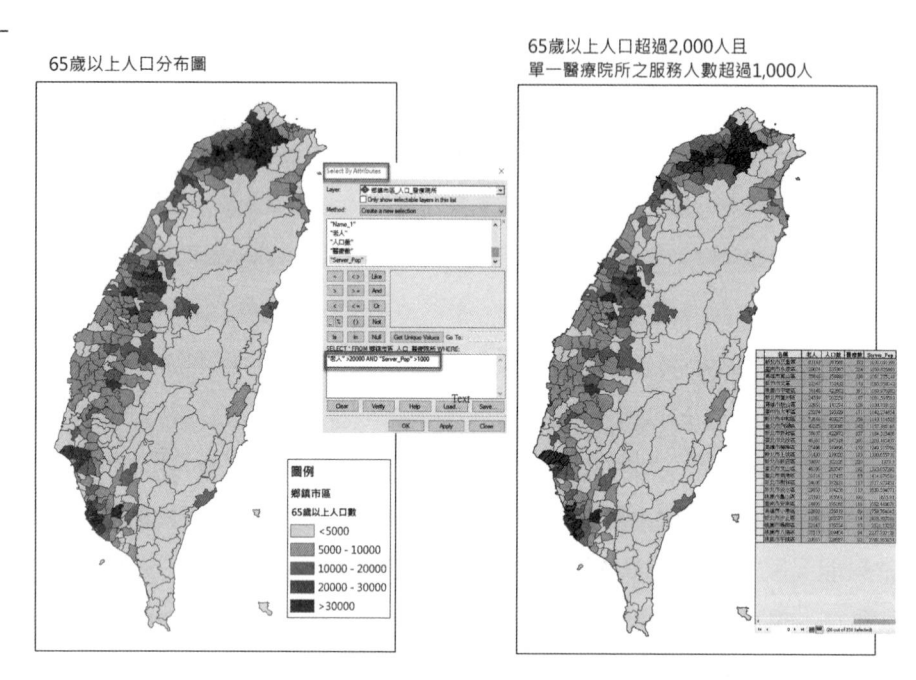

二、空間查詢

除了單純的屬性查詢之外，GIS還可以利用空間位相關係做空間查詢（spatial query），例如查詢距離車禍地點最近的醫院，不僅要查出醫院的名稱，還要知道醫院的位置，甚至後續還要進行最短路徑分析訂定送醫的路徑。空間查詢主要是依據空間的關係，如上述的例子就是利用距離來作

為查詢的依據，距離是我們應用最多的空間關係，但是除了傳統上利用距離的長短來表示關係的遠近之外，還有如「鄰近」（proximity，距離在某個距離門檻值以內）、「相鄰接」（adjacent，有共用的邊界）、「相交」（intersection，有共同的交集，例如基隆河穿越臺北市，抑或是兩次森林火災的範圍可能重疊等）、「包含於」（contain in，一個物件完全包含於另一個物件範圍內，例如大安森林公園包含在大安區內）等空間關係。

鄰近是人類一直以來非常熟悉的空間概念，在地理學第一定律（Tobler's first law of geography）就說明：「所有事物都與其他事物相關，但是近處的事物比遠處的事物更相關」，所以兩件事物之間的遠近就成為非常重要的空間關係。在古時候交通不便，所以人類習慣以距離來代表遠近，但近代交通發達之後，距離不再是表示空間鄰近的主要因素，兩點之間的旅行時間、旅行成本、安全性等等都成為兩點或兩個空間物件之間鄰近與否的評估因素。

在做空間查詢時就已有許多的空間關係可以作為查詢的基礎，例如搜尋自家附近的加油站就是鄰近的查詢。對於多邊形的空間物件，例如一片田區，除了可以查詢鄰近的（例如500公尺以內）其他田區外，還可以更進一步查詢與其相鄰接的田區，也就是有共同的邊界，它們的關係當然會更加密切，例如有共同的土壤性質或可能受到同一污染源的污染。

另外還有一種常用的空間關係就是相交，例如有高速鐵路經過的鄉鎮就是透過鄉鎮（面圖層）和高速鐵路（線圖層）之間是否有相交來判斷的，圖7-4 就是所有高鐵經過的鄉鎮。還有一種與相交類似的概念就是「包含於」，例如要查詢某一個鄉鎮範圍內的所有便利商店，就是利用鄉鎮的面圖層與便利商店的點圖層來分析所得，圖7-5 所顯示的就是位於臺北市文山區內的所有醫院與診所的查詢結果。

圖 7-4

高速鐵路行經的鄉鎮

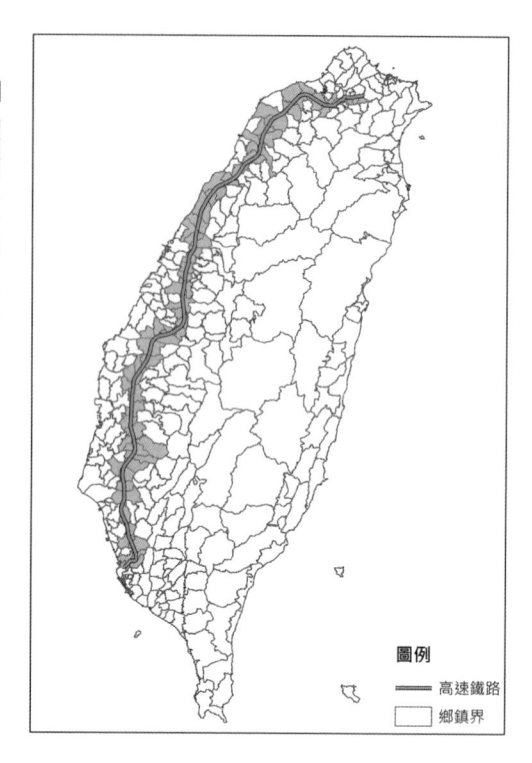

圖 7-5

查詢位於臺北市文山區內的所有醫院與診所

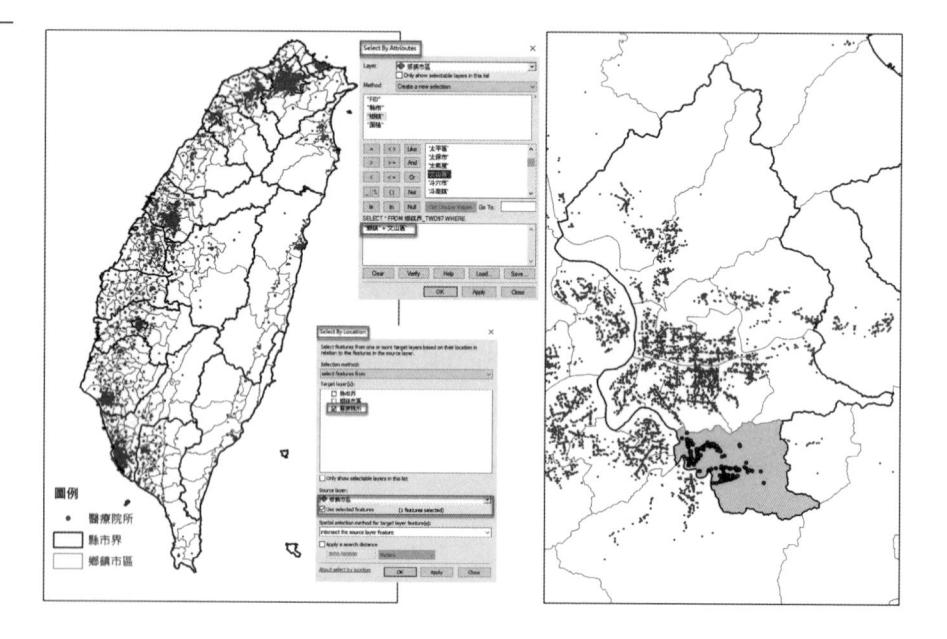

132　地理資訊系統基本原理

三、網格資料的查詢

在前一節中所提的查詢主要是針對向量式的資料,對於GIS中另一類重要的網格資料(grid data)也可以進行資料查詢。網格資料是以均勻的格子來代表空間資料的分布,每一個格子內會有一個數或文數字代表該格子的屬性,例如圖7-6內所示為新北市汐止區某次暴雨後的淹水水深分布圖,圖中使用的是解析度為200公尺的網格,每一個格子會有一個數值代表該格子的屬性(淹水深)資料,我們可以進行圖查文查詢某一個網格(也許是你所住的社區)的淹水深,或是文查圖查詢淹水深超過3公尺的網格所在的位置。也可以針對所有的網格,如圖7-6所示製作直方圖(histogram)瞭解全區域淹水水深的分布情況。

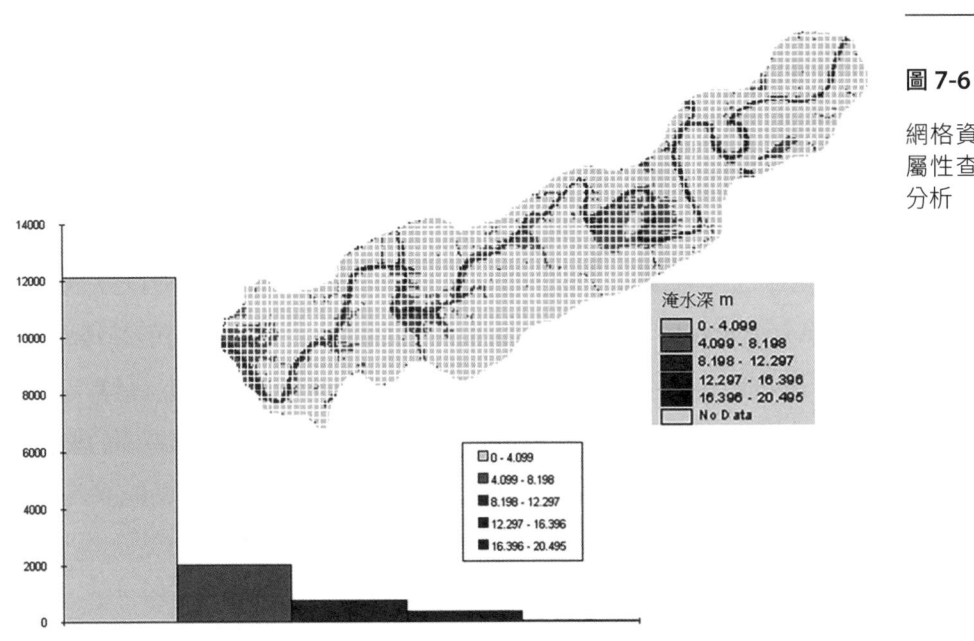

圖 7-6

網格資料的屬性查詢與分析

第二節、資料探索

探索式資料分析（exploratory data analysis, EDA）是利用基本的描述性統計（descriptive statistics）或視覺化工具做初步的資料探索（explore），以利後續更進一步對資料進行更複雜的分析。EDA可以幫助我們獲取資料的基本資訊、結構和特點，並檢查有無離群值或異常值等等。針對傳統性的資料可以利用描述性統計來做初步的探索，一組資料通常會呈現某種統計分布特性，兩類最常用的描述性統計分布特性就是資料的中間趨勢（central tendency）及分散性（dispersion）。

常見的中間趨勢統計值有平均值（mean）、中位數或中值（medium），平均值（例如大學畢業生的平均收入）是一個非常普遍用來描述一組資料的統計值，但是因為平均值會受到一些離群值的影響，例如因為有一些科技新貴所領的高薪會拉高所有大學畢業生的平均薪資。如果有明顯的離群值存在時，中位數就是一個比較適當的中間值的指標，中位數代表有一半人的薪資比中位數高，當然也就有半數的人薪資低於中位數，這樣就可以非常有效地排除少數的超高薪資的科技新貴對平均薪資產生的影響。

對於一組資料分散的瞭解也非常重要，也就是個別資料和平均值之間的變異程度，例如如果有一群學生平均身高是175公分，但是有可能所有的學生都剛好是175公分（很適合成立儀隊），但也有可能高矮不一，七爺八爺同時混雜在一起，這就需要靠分散度統計值來描述，最常用的當然是標準偏差（standard deviation），標準偏差越大表示資料間的變異也越大。除了中間趨勢與分散變異程度外，還有如偏度（skewness）、峰度（kurtosis）等等。

對於空間資料的分析和對傳統的資料並無不同，通常也會從探索性分析開始，只是對於空間資料因為增加了空間位置的屬性，因此必須建立考慮空間位置的描述性統計值，常見的還是中間趨勢與分散程度兩類。

一、中間趨勢

（一）平均中心

和傳統的平均值很類似，就是如式 7-1 所示，分別求得所有資料點的 x 坐標與 y 坐標的平均值，利用這對坐標平均值定位的點，有時又稱作重心（center of gravity）。

$$(x_{mc}, y_{mc}) = (\frac{\sum x_i}{n}, \frac{\sum y_i}{n})$$

式 7-1

其中 x_i, y_i 是每個資料點的坐標，n 是資料點的總個數，(x_{mc}, y_{mc}) 是平均中心（mean center）的坐標。

（二）加權平均中心

由於空間資料除了點的位置之外，通常還會有其他的屬性值，例如醫院的病床數、學校的學生數等等，因此如果在計算中心點的坐標時，如式 7-2 中所示，以某項屬性值作為加權因子，就可以訂出加權平均中心（weighted mean center）。

$$(x_{wmc}, y_{wmc}) = (\frac{\sum w_i x}{\sum w_i}, \frac{\sum w_i y_i}{\sum w_i})$$

式 7-2

其中 x_i, y_i 是每個資料點的坐標，w_i 為每個點的加權屬性值，(x_{wmc}, y_{wmc}) 是加權平均中心的坐標。

加權平均中心因為考慮了每一個點的權重，因此會讓中心坐標往權重高的點位移，如圖 7-7 所示，因為左下角的那一點有很高的權重值（3,000，也許是一家醫學中心）所以讓加權平均中心由原來平均中心的位置往該點偏移。

圖 7-7

空間分布加權平均中心與平均中心

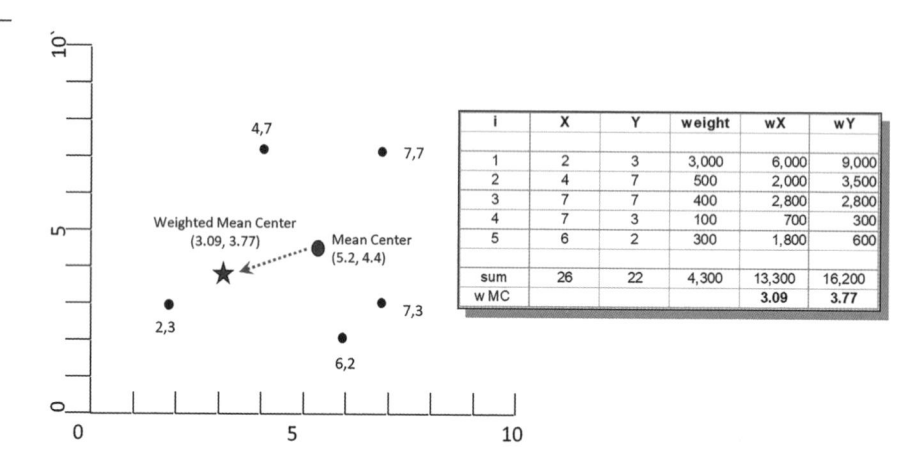

i	X	Y	weight	wX	wY
1	2	3	3,000	6,000	9,000
2	4	7	500	2,000	3,500
3	7	7	400	2,800	2,800
4	7	3	100	700	300
5	6	2	300	1,800	600
sum	26	22	4,300	13,300	16,200
wMC				3.09	3.77

（三）中位中心

和中位數一樣，在空間資料的描述統計裡也有一項中位中心（medium center），它也稱為「最低總旅行成本點」（point of minimum aggregate travel），他的定義和傳統的中位數不一樣，其位置定義是所有的資料點到這一中位中心點的距離總和為最小，中位中心點並沒有可依循的計算公式，一般是以試誤的方式來尋找，而且一組資料點可能會有超過一個以上的中位中心。如同傳統的中位數是為了降低離群值的影響一樣，如圖 7-8 所示，中位中心也是為了要降低某些離群的點所造成的影響。

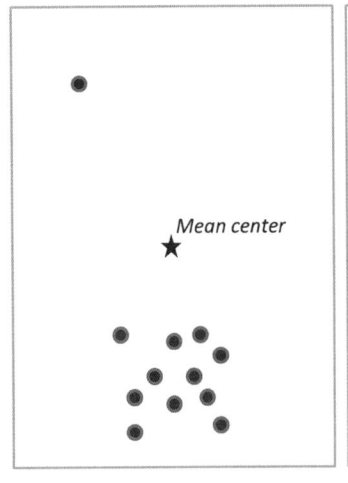

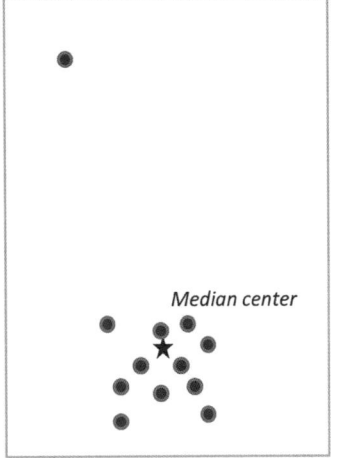

圖 7-8

空間分布平均中心與中位中心的比較

二、空間分散趨勢

（一）標準距離

　　與傳統資料的標準偏差對應，空間資料也有一個針對資料空間位置分散程度的標準距離（standard distance），這個指標主要是描述空間資料相對於平均中心的分散程度，如式 7-3 所示，其計算方式也與傳統的標準偏差類似，式中 x_i, y_i 是資料點的坐標，n 是資料點的總個數，x_{mc}, y_{mc} 是平均中心的坐標。

$$SD = \sqrt{\frac{\sum (x_i - x_{mc})^2 + \sum (y_i - y_{mc})^2}{n}}$$

式 7-3

　　如圖 7-9 所示的圓圈的半徑即為該組空間資料標準距離，圖中的資料一共有 424 個點，涵蓋在標準距離圓圈內的有 267 個點（大約 63%），如果資料的空間分布越集中，標準距離會越小。

Chapter 7　視覺化與資料探索　137

圖 7-9

空間分布標準距離

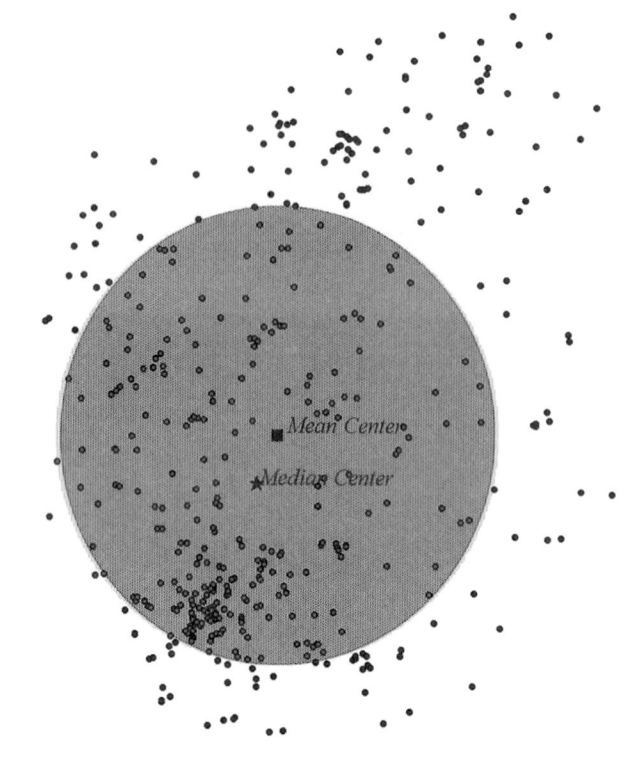

（二）標準差橢圓

　　標準距離並無法表示不同方向的分散程度，如果空間資料在不同方向的分散程度不一樣，則需要如圖7-10所示，使用標準差橢圓（standard deviational ellipse）。

　　標準差橢圓的推導與計算相當複雜，讀者可以參考網路文獻或使用適當的軟體來分析劃設，其推導的過程是先需找出分散程度最大的軸向，並訂出橢圓的旋轉角度，如圖7-10中因為臺灣的形狀關係，代表村里人口的點在東北到西南這個軸向有最大的空間分散性。接下來沿著該軸向計算資料點的標準偏差，從而算出主軸的長度，最後沿著垂直於主軸的方向計算資料點的標準偏差與短軸長度。

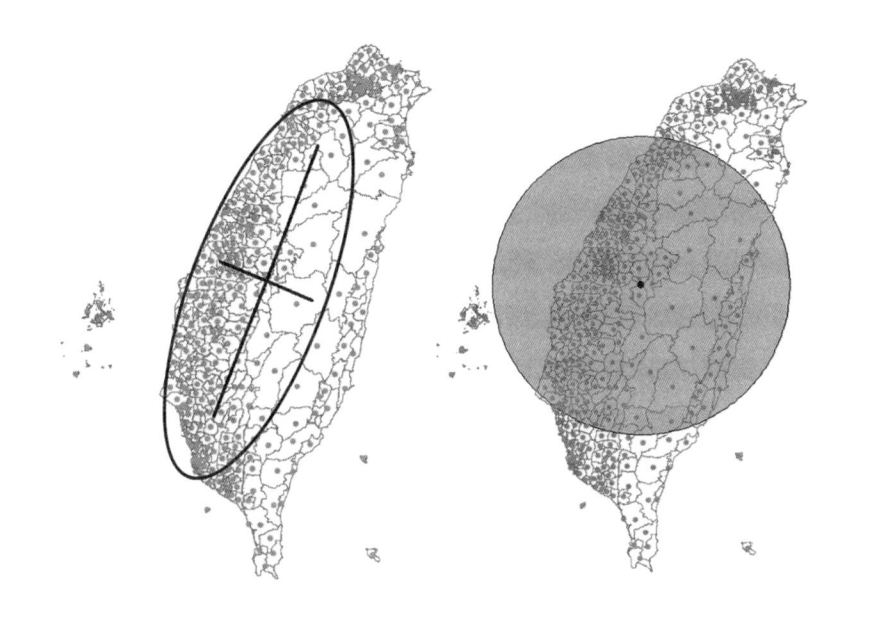

圖 7-10

標準差橢圓與標準距離圓

（三）盒鬚圖

　　盒鬚圖（box and whisker plot/boxplot）是一種對一組資料做初步描述分析的有效工具，有時又稱作箱型圖、盒式圖、盒狀圖或箱線圖，可用來顯示一組數據資料分散情況的統計圖，它能顯示出一組數據的最大值、最小值、中位數，以及上下四分位數（quartile），如果存在有離群值（outlier）也會以個別的點繪製呈現。圖7-11中所顯示的是對臺北市各村里人口數所做的盒鬚圖，圖中的長方形的上下邊各代表Q75及Q25，長方形虛線代表中位數（medium），圖的上下2條橫線代表最大及最小值，而在代表最大值橫線的點就是離群值的點。由圖中可以看出，臺北市村里人口數的中位數約為5,500人，也就是有一半的村里人口小於5,500人，另一半的人口大於5,500人。盒鬚圖在傳統的統計分析中就已常被使用，對於空間資料，可以配合對這些資料的空間分布地圖，得到更多對這些資料的瞭解，由圖7-11中也可以看到有五個村里的人口異常地多，在盒鬚圖上端的五個點（人口數介於10,900～12,100人之間），在地圖中也可以看到這五個村里的空間位置（在圖中以斜線的圖示表示）。

圖 7-11

臺北市村里人口數盒鬚圖

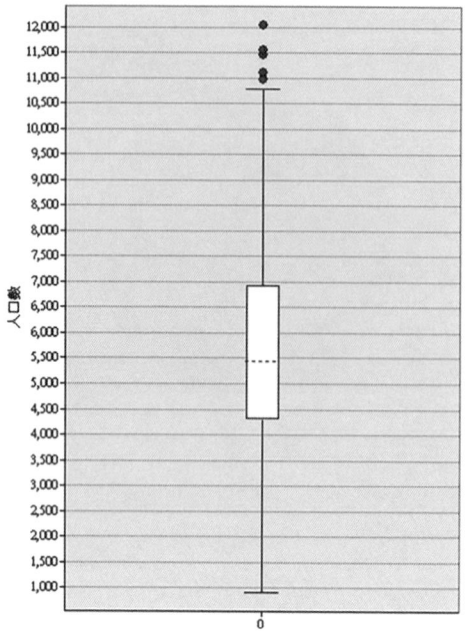

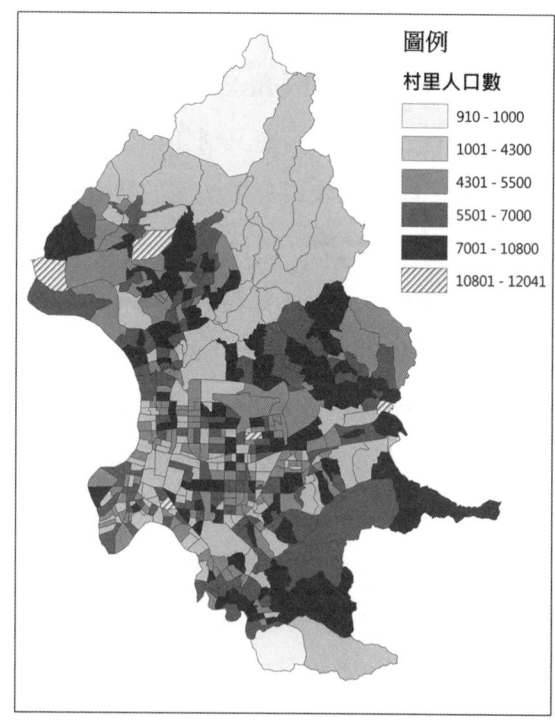

三、資料隨時間的變化

與空間分布有關的現象（例如疫情、森林火災等），其空間分布型態有時會隨著時間變化而產生變化，就是一般所謂的空間擴散（diffusion）。這種空間擴散大致可以分成兩種：一種是原地擴散，如圖7-12(A) 所示，其分布範圍擴張但中心不動的擴散；另一種是移動擴散，如圖7-12(B) 所示，不僅分布範圍擴張，中心也移動的擴散。圖7-13 就是2003 年嚴重急性呼吸道症候群（severe acute respiratory syndrome, SARS）疫情爆發期間四月與五月確診病例的空間分布，由圖中可以看到疫情明顯的擴散趨勢，但是其平均中心並沒有太大的變化。

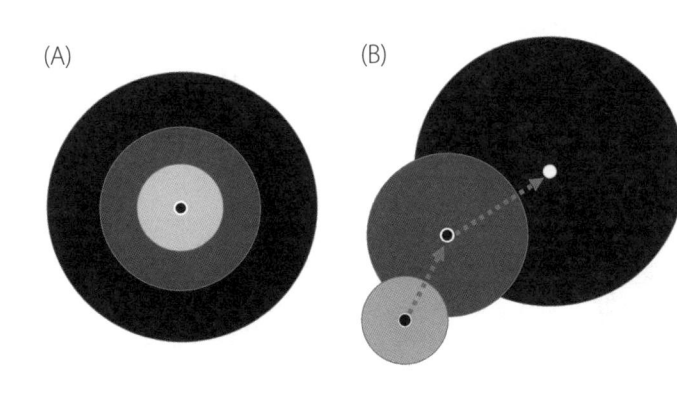

圖 7-12

事件的空間分布隨時間的變化

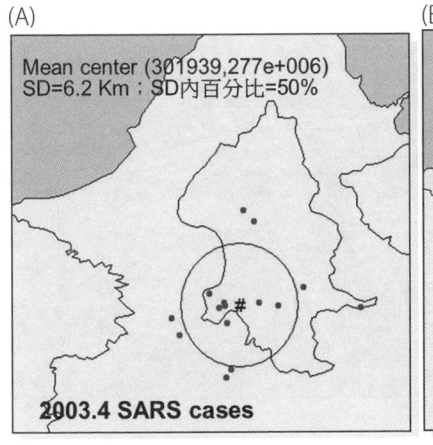

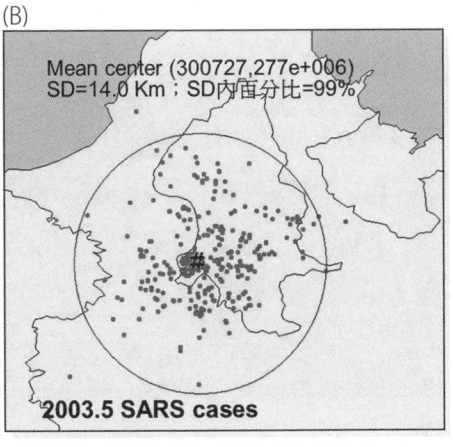

圖 7-13

2003 年 SARS 疫情的空間擴散趨勢

另外以圖 7-14 為例，圖中顯示的是臺南市未升格為院轄市之前某次爆發登革熱疫情時確診病例的空間分布圖，由圖中可以發現，有許多病例是環繞著成功國小分布，我們可以利用一些空間分析的工具來做初步的資料探索，如果我們把病例依照其發病的時間分成三個群組，並且如圖 7-15 所示建立一個以每 500 公尺為半徑的同心圓組，由圖中可以看得更清楚，病例確實是圍繞著成功國小呈現群集的現象。這種趨勢在將每一個 500 公尺如甜圈圈的環狀內的病例數繪製如圖 7-16 所示的趨勢圖中更為清楚，不僅可以看出成功國小是病例分布的中心，病例數隨著離國小的距離而遞減，更可以看到第二星期是在時序上的高峰。當然我們不能僅憑這些就斷定成功國小就是這次疫情爆發的中心，但是這就是空間資料探索的目的，從一堆看似雜亂無章的資料開始，以各種假設搭配分析與製圖工具來對資料作初步的探討，有了一些可能假說或線索之後，再進一步利用現場調查增補資料，或用各種數理統計分析工具來對資料作更一步的分析、研討。

圖 7-14

病例的空間分布圖

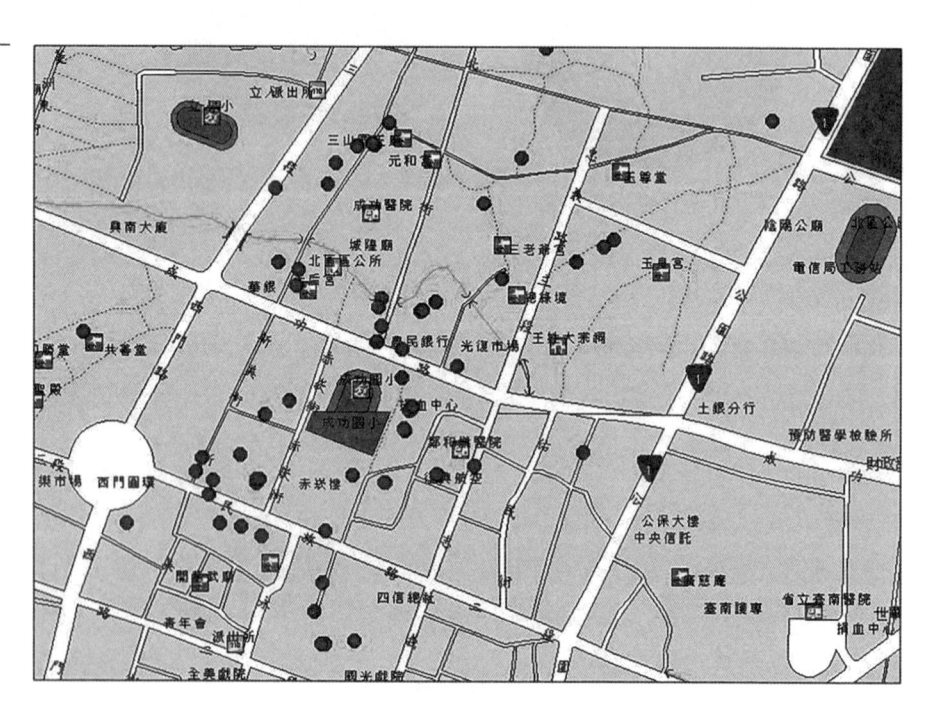

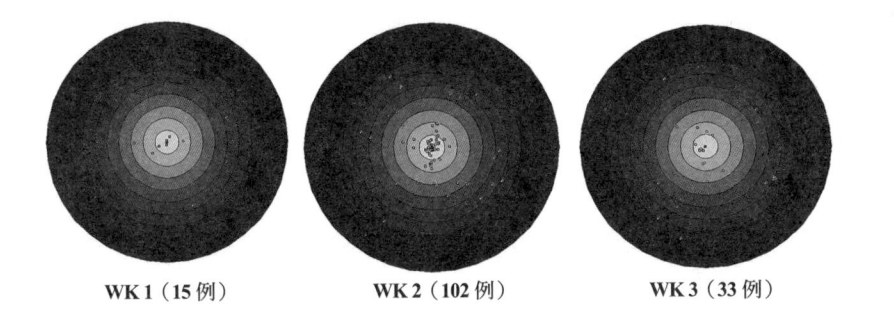

圖 7-15

不同時間病例以臺南市成功國小為中心之空間分布圖

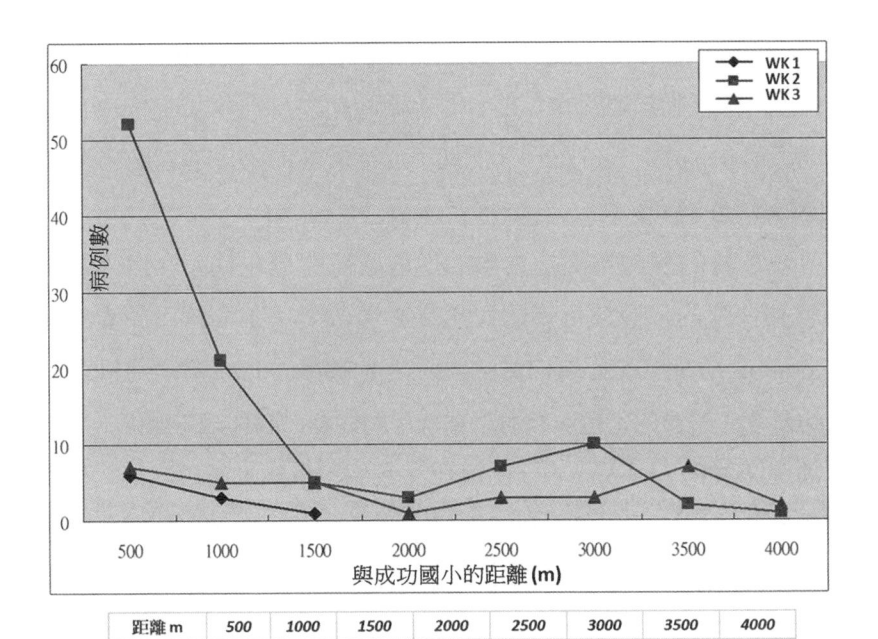

WK 1（15 例）　　WK 2（102 例）　　WK 3（33 例）

圖 7-16

不同時間病例圍繞臺南市成功國小之空間分布圖

距離 m	500	1000	1500	2000	2500	3000	3500	4000
WK 1	6	3	1	0	0	0	0	0
WK 2	52	21	5	3	7	10	2	1
WK 3	7	5	5	1	3	3	7	2

第三節、地理視覺化

所謂資訊視覺化（information visualization）是對資料以不同的方式轉換、處理與展現，進行資料探索以瞭解資料內涵並從中萃取有利於決策使用的資訊的技術與過程。視覺化的概念最早於1951年由芝加哥大學地

理學教授 Allen K. Philbrick 提出，一般熟悉的如趨勢圖、圓餅圖、條狀圖等統計繪圖均是資料視覺化的例子，這些製圖方式提供了比表列資料更多的視覺效果，讓使用者可以更進一步瞭解資料的內涵。

後來隨著資訊科技（information technology, IT）技術的發展，電腦繪圖、影像處理技術逐漸被廣泛地運用到如電腦輔助繪圖與設計、使用者介面設計、資料探索與分析上；到1980年代，法國地理學家Jacques Bertin開始將製圖設計與資訊視覺化應用到視覺化地理（geographic visualization or geovisualization）上，擺脫傳統紙繪地圖靜態展示的限制，利用動態地理資料展示與互動式地圖的方式，提升使用者對空間資訊的認知並開始發展空間思維（spatial thinking），開展了近年來空間資訊的發掘技術與空間決策支援系統的發展。

傳統紙繪的靜態地圖是最早的地理資訊視覺化展示，但因為靜態地圖很難快速的依照使用者的思維變動而改變，不太適用於資訊探索（exploration），近年來因為GIS的發展，在地圖數位化的過程中引入了資料模式的概念，豐富的地理資料可以依據不同的標的製作成主題圖，這就引入了地圖圖層化（map layer）的概念。我們可以像剝洋蔥一樣，把實體空間的資料依特性分層處理建立圖層，後續再依需要選取圖層疊合後使用，這就像製作三明治，先挑選麵包、蔬菜、肉片、起司、醬料一樣，將選定的各主題圖互相套疊在一起進行後續各種應用。

第六章內所介紹的各種基本製圖方式也是地理資料視覺化的一環，不僅如此，電子化後的地圖更可以藉由電腦繪圖功能進行放大（zoom in）或縮小（zoom out）、動態連結（dynamic link）等方式提升視覺展示的效果以及對地理資料進行探索的效能。所謂的動態連結是可以在電腦螢幕上分割視窗，或使用多個顯示螢幕，在不同視窗或螢幕上顯示同一個區域的不同圖層或圖層的組合，可以在不同視窗中進行不同的繪圖設定等處理，而當在其中一個視窗選定一樣地理物件時，其他視窗內的同一物件也會被同時標定，如果在一個視窗做放大或縮小，其他視窗也會同時連動，這種

動態連結的繪圖能力是進行地理資料探索的利器。圖7-17中所示是地理資訊分析軟體（System for Automated Geoscientific Analyses, SAGA）的應用例，在同一個畫面中展示不同型態的地圖及統計圖表（chart and list），各個子視窗的資料可以利用動態連結的技術連動，當其中一個視窗中的資料有變化時，其他的視窗均會同時連動更新。

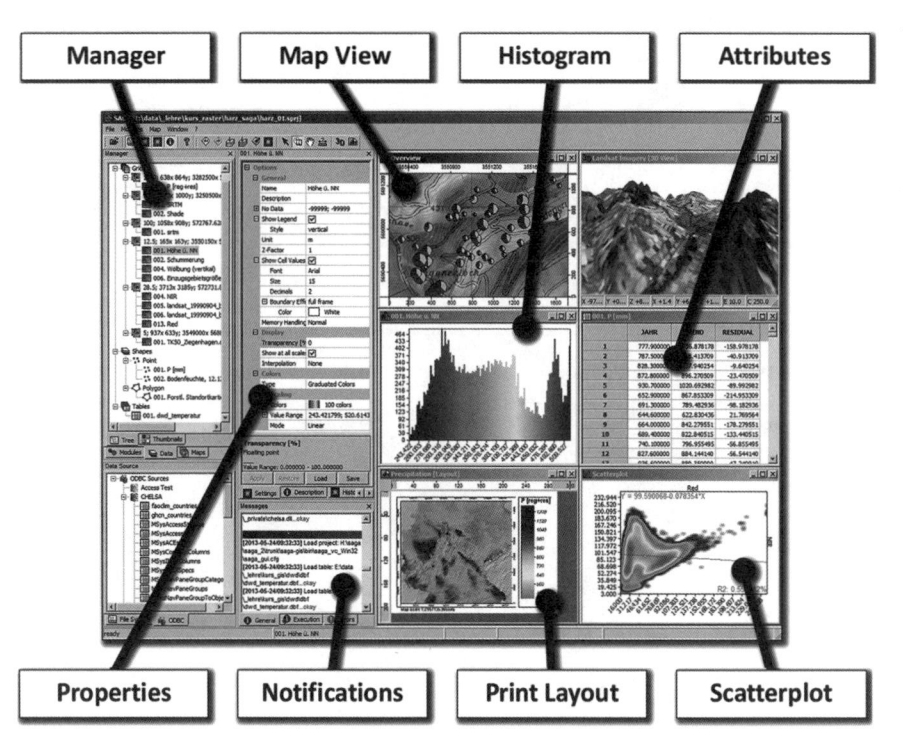

圖 7-17

動態連結應用示範例

資料來源：Conrad 等（2015）。

除了第六章所討論的比較常見的地圖繪製與展現方式外，還可以用一些不常見的地圖繪製做地理資料展現與應用，例如變形地圖（cartogram map）就是一個例子，它可以用來減少面量圖上因為面積大小引起對於數量大小的錯覺或誤讀。圖7-18(A)是依據面積比例顯示的世界地圖，而圖7-18(B)中所示的就是以各國人口統計為基礎所製作的世界變形地圖，圖

7-18(B) 中的中國、印度、日本和臺灣等地都因為相對高的人口數而比圖 7-18(A)「變胖」了，而如美國、澳洲和俄羅斯就因為相對少的人口及相對大的土地面積而顯得「清瘦」許多。

圖 7-18

以人口變形繪製的世界地圖

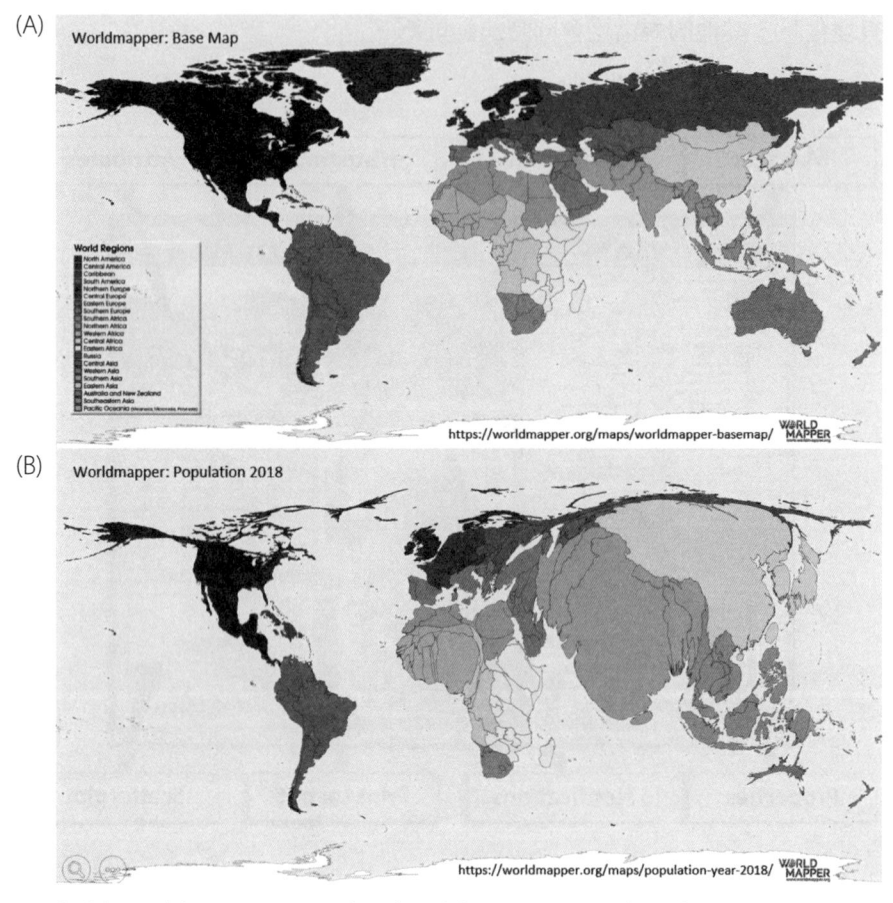

(A) Worldmapper: Base Map

(B) Worldmapper: Population 2018

資料來源：(A) World Mapper（n.d.）；(B) World Mapper（2018）。

地圖除了展現空間資料的特性外，有時也具有為政治或權力服務的目的，以世界地圖為例，不同國家製作的世界地圖會不一樣，大多會將其自己的國家放在地圖的中央位置以強化視覺的重要性，這和稱呼自己為「中」

國有異曲同工之妙，也會出現如圖7-19所示，南半球國家繪製的世界地圖將北半球區域放在地圖下方的有趣地圖。

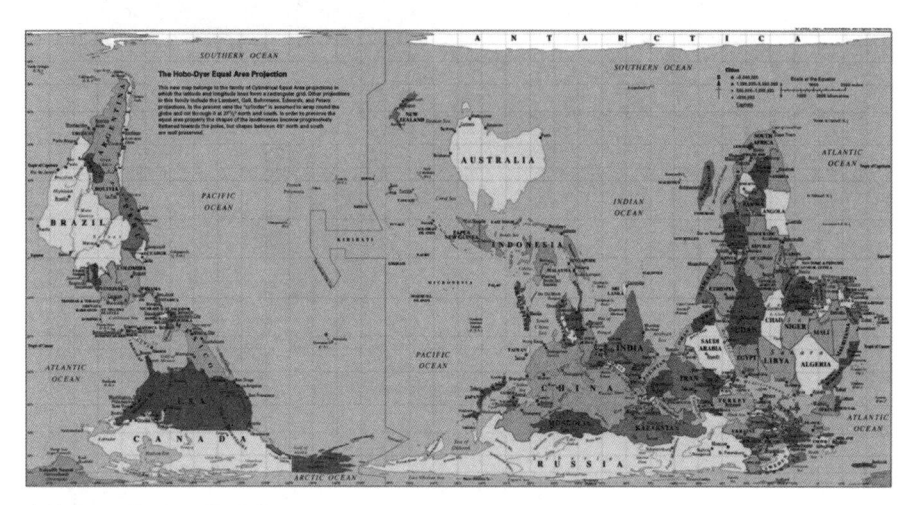

圖 7-19

南北顛倒的世界地圖

資料來源：Irving（n.d.）。

另外不同的投影方式也會產生迥然不同的視覺效果，在一般的世界地圖上，如果依據兩點間直線距離最短的幾何知識，由臺北要到洛杉磯應該是依循連結兩點的直線，也就是會朝東邊飛，但是如果你曾經搭機去美國，就會發現飛行的路線是朝北，經過日本和阿拉斯加再往南向加州飛的奇怪路徑。為什麼會這樣？這就需要回到本書的第二章去回憶一下不同的投影方式對應的地圖應用目的，如果我們將投影面與北極正切，採用正方位等距投影（azimuthal equidistant projection），則會製作出如圖7-20的特殊地圖（很像電影裡發射彈道飛彈場景裡顯示的地圖），那連接臺北和洛杉磯的直線（圖7-20上的灰色虛線）就比較符合你搭飛機去美國的飛行經驗了。

由於衛星技術的發達，衛星照片的應用已經相當普遍，其可取得性也相對容易，如圖7-21所示，在Google Maps上可以選擇將經過影像校正處理後的衛星照片與一般向量地圖疊合，展現更好的視覺效果。

圖 7-20

正方位等距投影

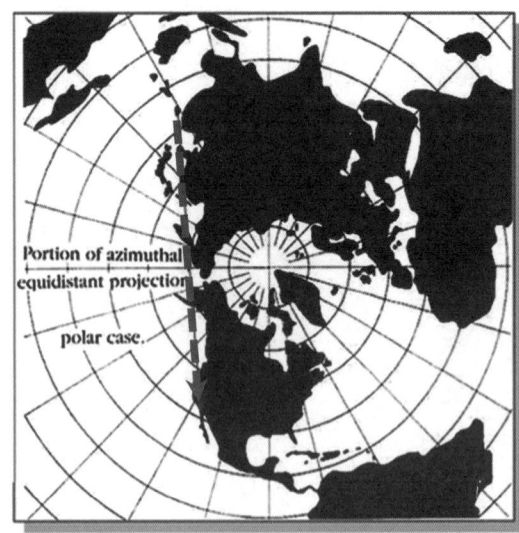

圖 7-21

衛星照片與一般向量地圖的疊合

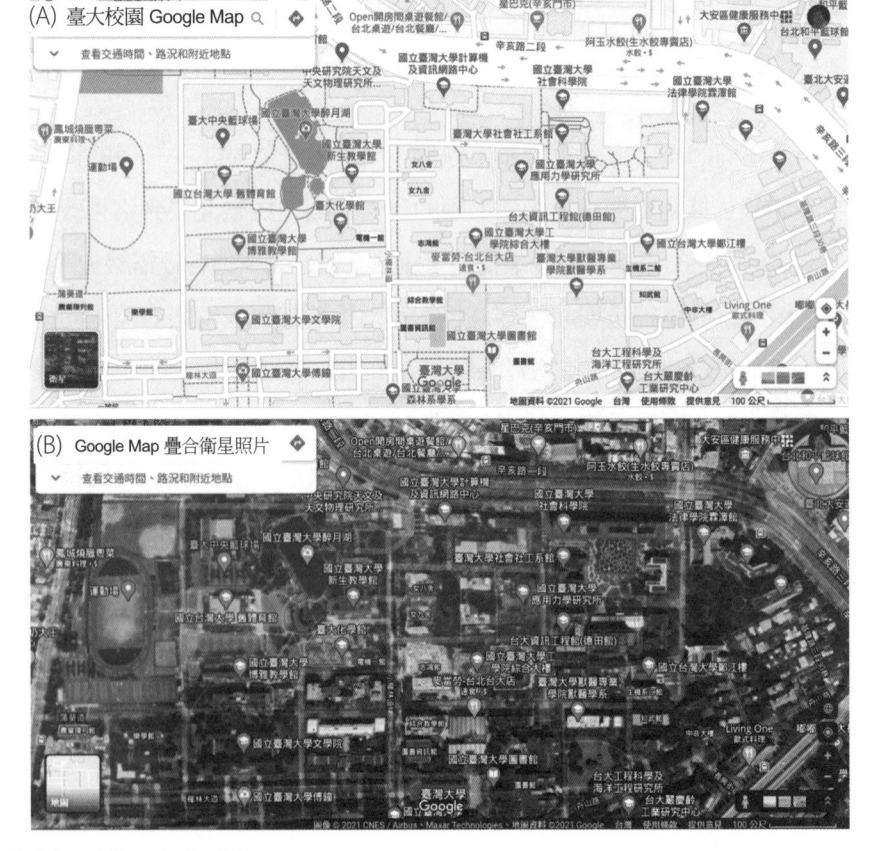

資料來源：Google（n.d.）。

148　地理資訊系統基本原理

衛星照片不僅可以和二維的底圖套疊，更可以和三維的地圖結合展現更好的視覺效果，如圖7-22所示即為利用臺灣的三維國家底圖和衛星照片疊合的視覺效果。在地理資訊的分析應用中，除了利用GIS強大的空間資料處理與分析能力外，常常也需要和特定應用的專業模式結合做資料的分析運算，例如結合降雨資料、數值地形與淹水模擬模式所進行的淹水模擬，可以展示強降雨下的淹水模擬結果（圖7-23）。

圖 7-22
臺灣三維國家底圖和衛星照片疊合展示效果例

註：彩圖請見附錄彩頁，頁248。

圖 7-23
區域排水降雨逕流與淹水模擬展示

資料來源：國立陽明交通大學防災與水環境研究中心（2014）。
註：彩圖請見附錄彩頁，頁248。

Chapter 7　視覺化與資料探索　149

參考文獻

Conrad, O., Bechtel, B., Bock, M., Dietrich, H., Fischer, E., Gerlitz, L., ... Böhner, J. (2015). System for Automated Geoscientific Analyses (SAGA) v. 2.1.4. *Geoscientific Model Development, 8*, 1991-2007. doi:10.5194/gmd-8-1991-2015

Google. (n.d.). [Google Maps]. Retrieved from May 10, 2021, https://www.google.com.tw/maps

Irving, F. (n.d.). *The upsidedown map page: It needn't be a Eurocentric world.* Retrieved from https://www.flourish.org/upsidedownmap

World Mapper. (n.d.). *Reference map.* Retrieved from https://worldmapper.org/maps/worldmapper-basemap

World Mapper. (2018). *Population year 2018.* Retrieved from https://worldmapper.org/maps/population-year-2018

國立陽明交通大學防災與水環境研究中心（2014）。**區域排水警戒雨量之訂定與應用**。資料引自 https://dpwe.nctu.edu.tw/works/D11

Chapter 8
空間分析：幾何方法——

　　在地理資訊系統中，以向量或網格的方式記錄地物的空間幾何，使得地理資訊系統有別於一般資訊系統，可以就資料的空間幾何特性進行分析，例如利用圖徵的鄰近關係進行近鄰分析（near）、環域分析（buffer）等，或者以空間關聯性進行的疊圖分析（overlay）。這些分析方法早在地理資訊系統發展之前，就已經能在紙圖上進行操作，而地理資訊系統則提供了更便捷與快速的方式，提高人們對空間資料進行分析的效率，快速地得到利用空間幾何分析的成果。如前所述，地理資訊系統常用向量或網格的資料格式建構空間資料，因此以下分別就向量式及網格式來說明如何進行空間幾何的分析。

第一節、向量式資料的空間幾何分析

　　向量式資料模式以點、線、面圖徵的方式記錄並表現事物的空間位置，點是最基礎的圖徵，由一組x, y坐標所組成，兩點連線成為線圖徵，完整閉合的線圖徵組合則成為面圖徵，相關的敘述在前面章節已經有詳細的介紹，而以點、線、面的空間幾何進行空間分析，可以透過圖徵距離的差異來計算鄰近性，或者設定距離來繪製離圖徵某距離內的範圍，並且可以透過圖徵的空間位置進行疊合分析。以下分別說明向量式資料的空間鄰近性分析及疊合分析。

一、以空間幾何的鄰近性進行分析

地理事物的鄰近性是最常被提出來的問題，例如離住家最近的便利商店是哪一家？房屋離捷運站口有多近？河流兩岸50公尺的範圍有多大？距離房屋500公尺內是否有斷層線通過？這些問題都是屬於鄰近性的空間關係。常見鄰近性的空間關係分析方法，有下幾種。

（一）近鄰分析

近鄰分析是尋找最近的目標圖徵，例如找尋離公司最近的銀行，是以兩圖徵間直線距離來判斷，找到最短直線距離的圖徵。依據圖徵類型的差異，又可以分為：

1. 點與點之間：找到直線距離最短的鄰近點（圖8-1），例如要找尋離採樣地點最近的氣象站，或者是離住家直線距離最近的便利商店。

圖 8-1

點與點的近鄰關係

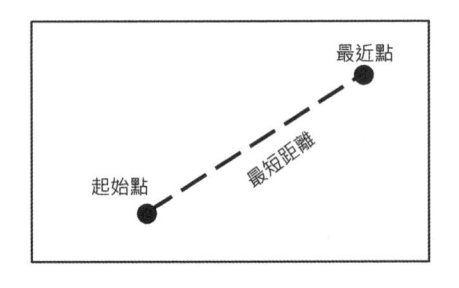

2. 點與線之間：點到線段最短處的垂線距離（圖8-2），若是無法在線段內繪製垂線，則是以到最接近的線段端點距離為最短距離。例如住家最近的河流。

圖 8-2

點與線的近鄰關係

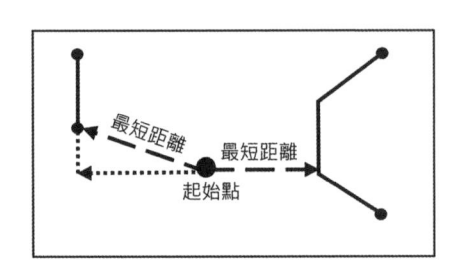

3. 點與面之間：點跟面之間的近鄰分析必須判斷點是否落在面的圖徵範圍內，落在範圍內，距離為零，若是在範圍外，則是至面邊界的垂線距離（圖8-3），例如離住家最近的工業區，若是住家在工業區內，則該工業區為最近；若是在工業區外，則是垂線距離最短的工業區為最近。

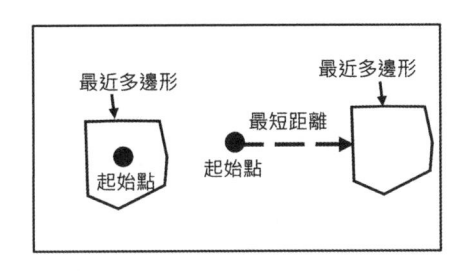

圖 8-3

點與面的近鄰關係

4. 線與線之間：兩條線圖徵之間的近鄰分析，由線的端點進行分析，從線段中的每個端點計算與鄰近線段的直線或垂線距離，如同上述點與線之間的關係（圖8-4）。

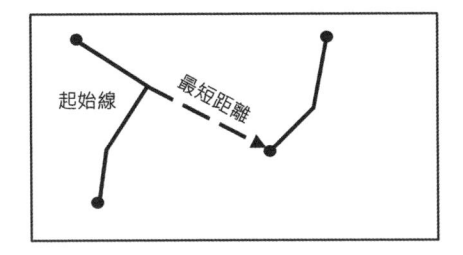

圖 8-4

線與線的近鄰關係

5. 線與面之間：由於面圖徵是由一串閉合的線段所圍繞閉合而成，所以線圖徵與面圖徵進行近鄰分析時，會如同線與線之間的關係，從起始線找到垂線最近的面邊界（圖8-5）。

圖 8-5

線與面的近鄰關係

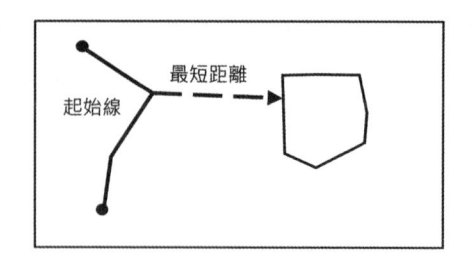

（二）環域分析

　　近鄰分析可以找到圖徵距離最近的關係，若是要求得在某個距離範圍內的關係，則可使用環域分析。例如要瞭解某一污染源的擴散區域（點環域）、斷層線附近的禁建範圍（線環域）、學校外圍禁止營業的區域（面環域）等。依據圖徵的差異分述如下：

1. 點圖徵的環域：點圖徵的環域距離就是半徑，以點為圓心，以特定距離為半徑繪製的圓範圍就是環域的範圍（圖8-6），例如焚化爐500公尺內的範圍，就是以焚化爐為圓心，半徑500公尺所圈畫出的範圍。

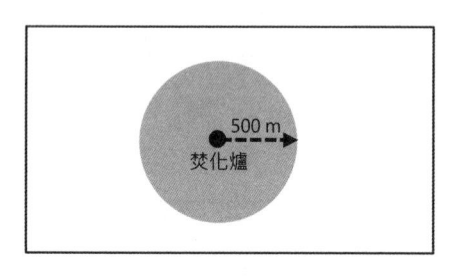

圖 8-6

點的環域

2. 線圖徵的環域：線圖徵的環域是以左右兩側垂線距離所包含的範圍，線的環域寬度有時不見得會一致，線的左右側可以是不同的距離構成環域的範圍（圖8-7），例如逆斷層或正斷層的斷層線的禁建退縮帶，上盤寬而下盤窄，就是左右不對稱距離的環域。

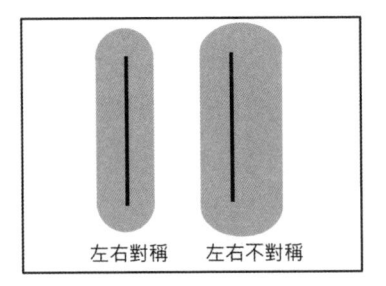

圖 8-7
線的環域

3. 面圖徵的環域：面圖徵的環域如同線圖徵一樣，是以離邊線的垂線距離來劃設，可有兩個方向的考量，除了向外劃設的環域範圍外，亦可向內進行環域的劃設（圖8-8），例如建築基地向內退縮的綠帶。

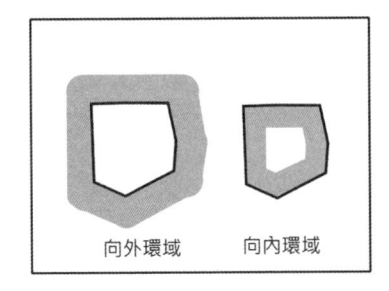

圖 8-8
面的環域

　　進行環域分析時，可以設定多重距離，形成甜甜圈式的環狀（ring）結構（圖8-9），例如要設定離焚化爐不同距離帶的補償金發放，可以設置成500公尺內、500～1,000公尺及1,000～2,000公尺，共三個環狀帶。此外，可以依據權重決定環域範圍的差異，例如不同煙囪高度、不同的道路等級等可依據數值給予權重，繪製不同大小的環域。在環域分析時，常會遇到圖徵分布密集或環域距離設定較大時，多個圖徵劃設的環域範圍可能會重疊，此時可依據是否需要每一個圖徵都維持一個環域範圍，來決定是否要融合（dissolve）重疊的部分（圖8-10）。

圖 8-9

多重距離的環域

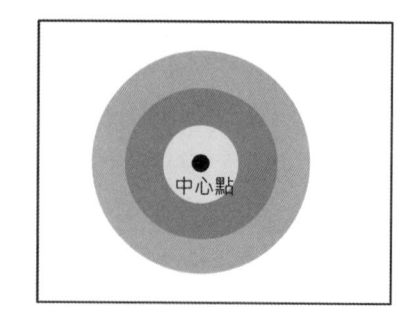

圖 8-10

環域範圍重疊的兩種處理方式

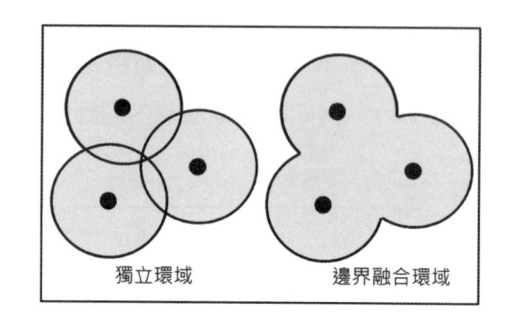

獨立環域　　　邊界融合環域

　　環域分析是地理資訊系統中常運用的功能,可用來劃設限制區或是緩衝區,例如臺北市政府規定距離學校200公尺不得設立網咖,此時便可劃設限制區域;前述的斷層線在露出線50公尺內劃設禁限建區域,也可運用環域分析來劃設;應用於緩衝區的環域,則能減緩干擾,例如工業區周圍劃設綠帶緩衝區。環域分析的結果通常會與疊圖分析一起運用,透過環域分析新生成的面圖資,套疊其他圖資,以空間關聯性來求算通過或位於其內的圖徵有哪些,進行後續的處理。

二、以空間幾何的關聯性進行分析

　　地理資訊系統的重要分析功能之一,就是疊圖分析。疊圖分析是透過數種不同主題的資料加以疊合後,找到空間幾何上的關聯性,進而選取所要的資訊。疊圖分析是空間資料整合的主要分析功能,在地理資訊系統普及前,就已經以紙圖進行人工的疊圖分析,以紙圖進行疊合常會因為各種

資料比例尺的不同,必須事先進行放大縮小的工作,導致於困難重重,而地理資訊系統處理空間資料幾何特性的能力,解決了這一項難題,大幅增進了疊圖分析的效率,然而在進行疊圖前,仍須注意空間圖層是否具有相同的投影坐標、比例尺與精度是否差異過大等問題。

疊圖分析主要是要尋找不同地理事物在空間上的關聯性,例如犯罪地點與警勤區之間的關係、鐵路軌道與地層下陷區的關係、土地利用的分布與土壤之間的關係等等,透過點與面、線與面、面與面的疊合,從圖層間的空間幾何得到彼此的關聯性。例如可以用屬性選取或空間選取的方式,從全臺的醫療院所分布資料中,選取位於臺南市的醫療院所,亦可用疊圖分析將落入臺南市空間圖徵內的醫療院所選出,且落在範圍內的醫院將繼承臺南市圖層的屬性。同樣地,線與面的空間關聯亦能利用疊圖分析進行,如分析高架道路不同路段通過的地下水管制區差異,就可以將高速公路路線與地下水管制區分級圖進行疊合,得到每個路段分屬在哪個地下水管制區分區。疊圖分析的結果,通常會是輸入圖徵繼承相同空間位置圖徵的屬性,例如點與面的疊合,輸入點圖徵若是落在目標面圖徵裡,輸出新的點圖徵,落入面圖徵範圍內的點會繼承面圖徵的屬性內容,而線與面亦同。空間的點、線、面圖徵類型可以有多種疊合的分析方法,說明如下。

(一)點的疊圖分析

點圖徵在空間上以一組坐標紀錄,點圖徵與點圖徵的疊合分析,除了在坐標完全相同的情況下,兩者才能完整疊合,然而在實務上不同資料來源的點圖徵並不容易完全相同,因此會設定容許值(tolerance)來容許點疊合分析中,坐標誤差在一定範圍內視為重合。同樣地,點與線的疊合分析,亦會設定容許值來進行,例如透過疊圖分析獲取公車站牌落在什麼公車路線上。點與面的疊合分析,則是考量點圖徵是否落在面圖徵內,落入面圖徵內的則繼承面圖徵的屬性(圖8-11)。

圖 8-11

點圖徵與其他圖徵的疊合關係

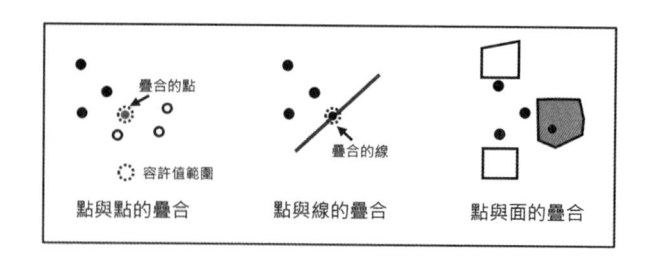

（二）線的疊圖分析

　　線圖徵與線圖徵的分析中，兩個線圖徵可在一定的容許值範圍內疊合，而線與面圖徵的疊合關係，則是線段是否落在面圖徵內來分析，若是落於面圖徵內，則該線段繼承面圖徵的屬性（圖8-12），例如長途公車路線，透過與行政區的疊圖分析，可以得到長途公車路線分屬於哪些行政區。

圖 8-12

線圖徵與其他圖徵的疊合關係

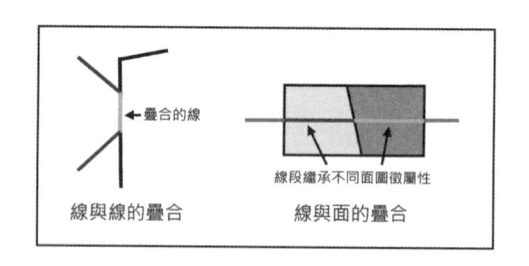

（三）面的疊圖分析

　　兩個面圖徵的疊合關係相較於點跟線圖徵更為多樣，基於布林邏輯關係的 AND、OR 或 XOR 而成，意指兩個面圖徵在空間上的交集、聯集跟差集的關係，面與面圖徵疊圖分析的關係可分為以下幾種。

1. 聯集（union）

　　空間資料圖徵的幾何聯集，包括輸入與目標圖徵的所有範圍（圖8-13）。例如以嘉南平原的灌區圖與臺南市農地圖層進行聯集，除了可得

到臺南市農地屬於嘉南平原哪個灌區外，亦包含臺南市外的灌區圖（無農地分布）。

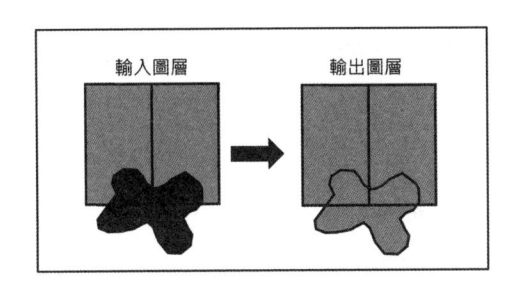

圖 8-13

面圖徵的聯集關係

2. 交集（intersect）

　　取得輸入圖徵與目標圖徵的交集，留下兩者皆位於同樣空間範圍的圖徵（圖8-14），例如嘉南平原的地下水管制區圖層與臺南市土地利用圖層進行交集，僅可得到臺南市內的圖徵，並包括土地利用與地下水管制區的分級屬性資料，與聯集（union）獲得整個區域圖徵不同。

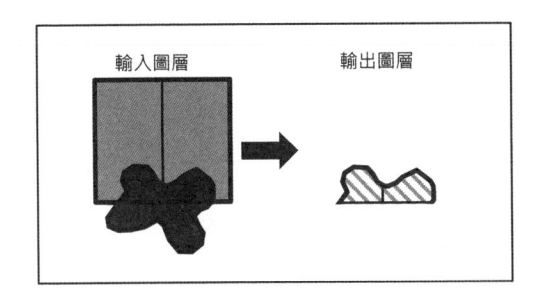

圖 8-14

面圖徵的交集關係

3. 對稱差集（symmetric difference）

　　取得僅取得輸入圖徵或目標圖徵其一的範圍，也就是布林邏輯中的差集，排出兩者皆有的圖徵範圍（圖8-15），例如要排除同時遭受空氣污染與土壤污染的地區。

圖 8-15

面圖徵的對稱差集關係

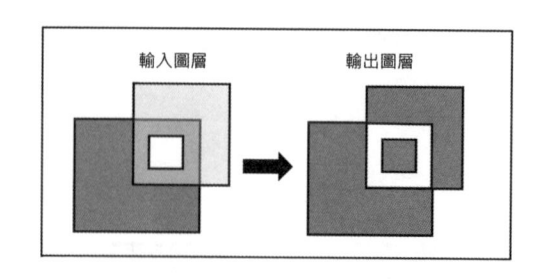

4. 裁切（clip）

僅以輸入圖徵的空間範圍為主，裁切出目標圖徵的空間資料，意味著取與輸入圖徵空間範圍交集的部分（圖8-16），但值得注意的是，裁切後的結果並不包括輸入圖徵的屬性。例如以士林區界作為範圍（輸入圖徵），從臺北市土地利用調查（目標圖徵）中，裁切出士林區的土地利用調查。

圖 8-16

面圖徵的裁切關係

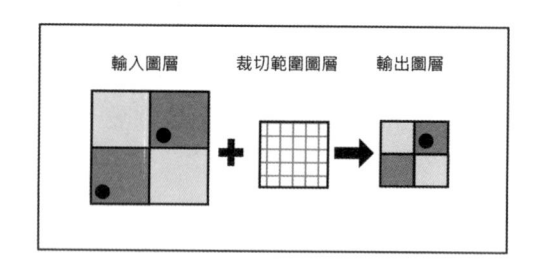

5. 除去（erase）

從目標圖徵中抹除輸入區域的內容，亦不具有輸入屬性（圖8-17），例如從土地利用資料中抹去軍事管制區的內容。

圖 8-17

面圖徵的除去關係

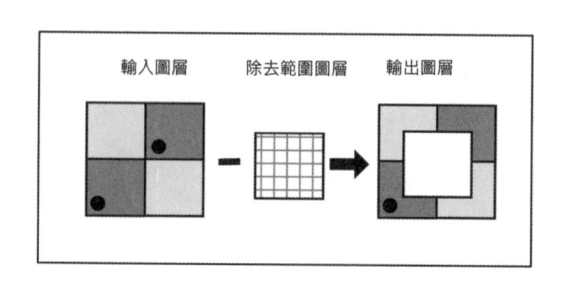

6. 分割（split）

將目標圖徵依據輸入圖徵的分類或屬性差異，分割成不同的圖徵（圖8-18），例如將全臺北市的土地利用，依據臺北市行政區界的不同行政區進行分割。

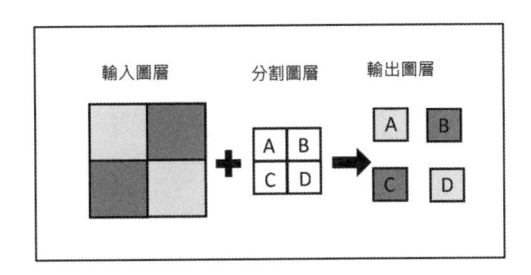

圖 8-18

面圖徵的分割關係

7. 標註（identify）

將輸入圖徵與目標圖徵進行交集，並把目標圖徵的屬性標註在輸入圖徵內（圖8-19），例如地下水管制區分級與土地使用的交集，若土地使用有在地下水管制區內，則會標註地下水管制區的分級。

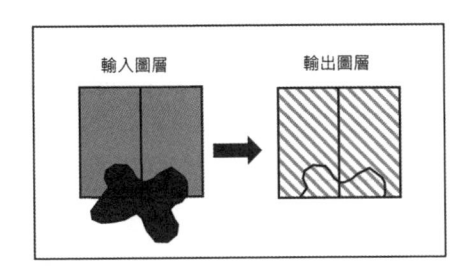

圖 8-19

面圖徵的標註關係

在地理資訊系統中，運用疊圖分析的各項運算，可以快速整合或找出不同空間關聯性，生成新的目標圖層，然而在使用上仍須注意空間資料的生產精度或對應的比例尺。此外，不同圖層的面圖徵疊合分析後，可能會因為邊界不整合，產生許多狹長的多邊型（polygon sliver）（圖8-20），處理狹長多邊形有幾種方式，一種是在地理資料庫中套用拓撲規則，讓輸入或目標圖層兩者在疊圖前相同的邊界就能夠整合。另一種方式，則是提供

設定一個容許值，面積小於該容許值的狹長多邊形，則會併入相鄰的多邊形，減少細微多邊形數量，提高系統效率，然而選擇合適的容許值是一個挑戰，如果設置太小，則無法整合大量的狹長多邊形；設得過大又容易讓有意義的狹長多邊形被整合掉，例如河流中狹長的沙洲等。

圖 8-20

狹長多邊形示意圖

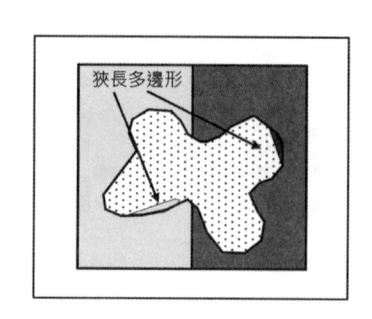

第二節、網格式資料的空間分析

　　網格資料模型，是以規則網格單元來代表空間上的事物，每個網格單元的值即是代表該網格位置及範圍內的空間特徵或景觀，例如某一土地利用的網格資料，數值3代表農地、數值7代表裸露地等，亦可像數值高程模型，以數值表示高度等。這種具有固定單元位置的網格結構，具有計算效率高的特點，也便於進行大量的資料分析，尤其適合表現連續性空間分布，在環境分析上經常運用到，例如地勢分析、水文分析等。網格資料與點、線、面圖徵的向量性空間資料相同，也可用不同的方法進行疊加分析。網格資料的空間分析，要考慮的是單一網格或是多網格的關係，且網格資料根據不同的格式，部分網格資料具有多層的結構，意指單一網格範圍具有多層的屬性值，如同遙測影像產品，在單一的網格範圍內，記錄不同波段的反射值。

在網格資料分析前，應注意分析環境的設定，特別是取得的網格資料來源不一，網格的大小亦有可能具有差異，或是網格的起始位置與大小差異導致不整合，通常輸出的網格大小設置為等於或大於輸入的所有網格中最大的網格大小，例如輸入的網格大小為 5～30 公尺，那麼輸出的大小應為 30 公尺或更大。另外，雖然網格具有運算速度快的優點，但在分析計算時，若能提前設置分析範圍（extent），將有助於加快系統進行，分析範圍的設置可以直接以目標網格的大小做設定，也可以用向量的圖層範圍作為分析的遮罩（mask），將演算局限在遮罩內。

由於網格資料結構的特性，以網格資料進行疊合分析時，所關聯到的網格數來區分為幾個類型如下。

（一）局部分析

局部分析（local operations）主要是單一網格的演算，輸出的網格值由單一個輸入網格決定，是針對某一網格進行算術運算、對數運算等，例如將網格數值加上另一網格的數值（圖8-21）。在多個網格圖層的情況下，進行疊合（overlying）或合成（compositing）運算時，每個單一網格會在相對應的位置進行網格的運算，若網格的屬性屬於數值（numeric）類型，可以運用數值分析常用的各種方式進行分析，例如敘述統計的平均數、中位數、標準差、最大值、最小值等，這裡求得的數值僅代表該網格位置在不同圖層中數值的運算結果，例如計算10年降雨量平均時，某一網格求得該格10年的平均數，並非指整個區域的所有網格的10年平均數。若是網格資料為類別型的資料，則可統計類別出現的次數，尋找最多、最少或是單一的類別，亦可計算多樣性或某種類別出現的頻率。

圖 8-21

網格局部分析示意圖

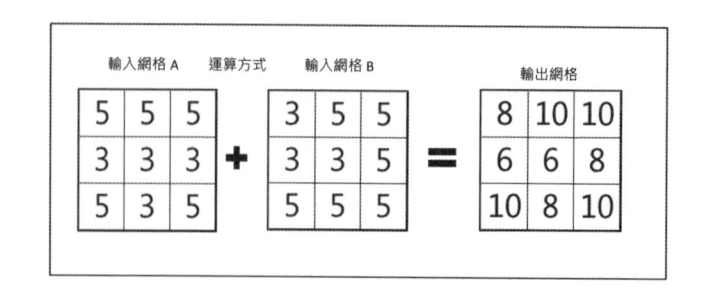

（二）鄰域分析

網格的鄰域分析（focal operations）則是每個網格位置的數值取決於輸入值及周圍指定鄰域網格的數值，在這個指定範圍內的網格均會對目標網格數值產生影響，像是一個隨著網格移動的移動窗（moving window），例如典型的鄰域類型為 3 × 3 的網格數目，包括目標網格及最鄰近的八個網格，目標網格輸出的最終數值，受到鄰近八個網格及自身數值的影響。

鄰域分析的運算，可以顯示傳統的敘述統計量，如最大值、最小值、範圍、平均數、中位數及總和等；類別型的資料則可得到多數、少數、多樣性或是某類型的頻率等。此分析運算僅局限在單一圖層中，也就是鄰域分析僅考慮同圖層鄰近網格的數值，例如圖中輸入網格的某格數值為 5，採 3 × 3 範圍的鄰域距離，加總後輸出該格數值就成為鄰近數值與自身的總和（圖 8-22）。

圖 8-22

鄰域分析示意圖

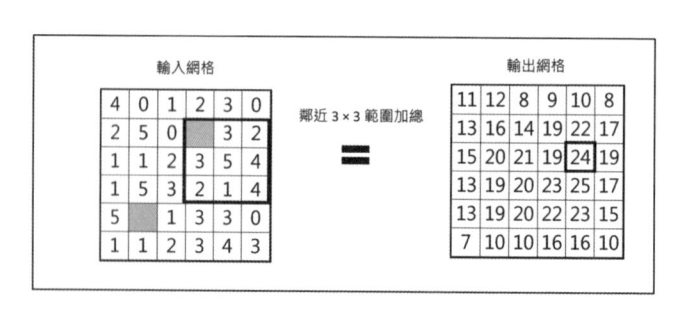

164　地理資訊系統基本原理

在鄰域分析時，設定鄰域的大小可以是矩形、圓形、環形或是楔形，然大部分仍是以對稱性的矩形存在，也就是假定 3×3 或 5×5 的網格作為鄰域界定的範圍；少部分的鄰域分析會採用距離來定義，給定離目標網格中心的距離，從中心畫圓圈選到中心的網格作為鄰域的範圍。

鄰域的網格分析應用相當的多樣，一個重要的應用就是資料平滑化，利用 3×3 或 5×5 的矩形網格作為鄰域範圍。當中心網格移動時，重新計算鄰域內的平均值賦予中心網格，形成網格的移動平均。因此，鄰域分析的操作在遙測圖像處理上很常見，進行影像的過濾（filtering）、卷積（convolution）等，例如可以找出鄰域內的值落差範圍，若是數值差異大，則表示有邊界存在，可以進行邊界增強，而相反的就是前述的移動平均的平滑化。另一個重要的鄰域分析應用則是地形分析，一個網格的坡度、坡向及地表曲率是由鄰近網格所計算而來（通常為 3×3 網格）。

（三）分區分析

分區分析（zonal operator）則是以不同的區域（zone）來決定網格數值輸出的內容，給定輸入網格和一個分區網格，進行分區分析會輸出一個網格，該輸出網格依據給定條件綜合了分區內的數值，包括面積、最小值、最大值、總和、平均數、標準差等，例如圖 8-23 中數值 3 在反白區域中，與輸入網格相加後，其他非反白區域中的數值不進行運算。雖然分區分析與鄰域分析均會受到鄰近網格影響，不同在於分區決定的網格屬於區域性的結構，可以是不規則形狀與大小且離散分布，而非鄰域均勻的移動窗。分區分析中的個別的網格數值，由相同區域內的所有輸入值決定，例如不同集水區內的平均高度，集水區為不同的區域，而同一集水區內的高度值進行平均，得到的平均值成為這個集水區內每個網格的單一數值。

圖 8-23

分區分析示意圖

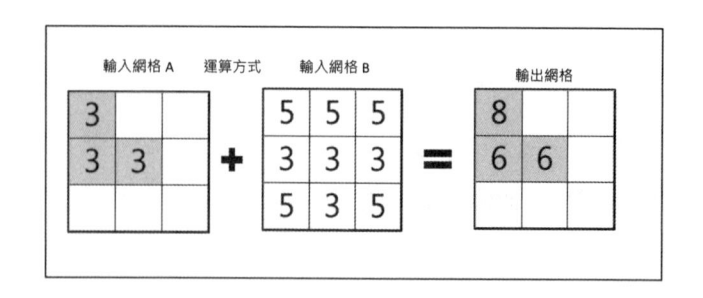

（四）全域分析

　　全域分析（global operator）是網格分析中最複雜的部分，每個網格輸出的值都與網格圖層中每一個網格值有關，全域分析最常見的用途計算某一網格到所有網格的距離，例如圖 8-24 中，從網格數值為 1 的起始網格，在網格邊長為 1 的狀況下，累加每一網格距離起始網格的距離分布。

圖 8-24

全域分析示意圖

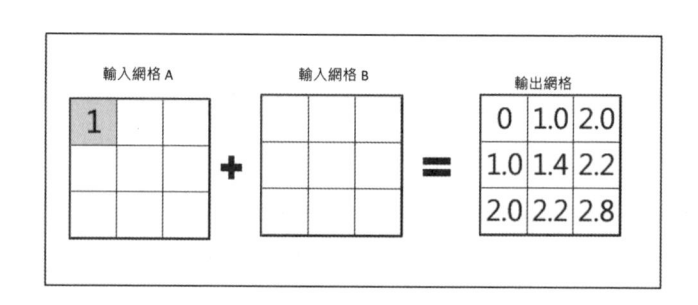

　　在正方形規則網格資料中，每個網格的高度與寬度及中心點到中心點的距離相等，就如同平面幾何坐標系統，可以直接以歐氏距離（Euclidean distance）求算兩個點之間的距離，便可利用此特點進行鄰近分析及其他應用。歐氏距離是網格鄰近分析的最基礎方式，如同全域分析中提到的例子，可計算每個網格到目標的最短直線距離，形成距離成本的網格圖層，例如圖 8-25 中，計算每個網格距離 1 或 2 的目標網格距離，可以得到歐氏距離成本的分布，若是計算每個網格的與最近目標網格的方向，則可以求得歐氏距離的方向。

圖 8-25

歐氏距離成本與歐氏距離方向示意圖

　　此外，網格分析可以快速地執行成本路徑分析，計算從起點到終點網格所經過的成本距離最小，成本距離可以是前述的歐氏距離成本，或是代表每一網格的條件，例如高度、坡度等。從起點網格開始，選擇一條到目標網格的成本加總最小的路徑則為最佳的成本路徑，例如圖 8-26 中，從 A 網格尋求到 B 網格距離最短的路徑，將途經的網格成本累加後，找到圖中該累加最小值（13.7）的路徑，即為 A 到 B 的最短路徑；除此之外，亦可透過加權進行更複雜的成本估算，例如加上坡度的網格圖層，除了要計算距離越短外，亦希望坡度最緩，選擇一條距離短且坡度緩的成本路徑。

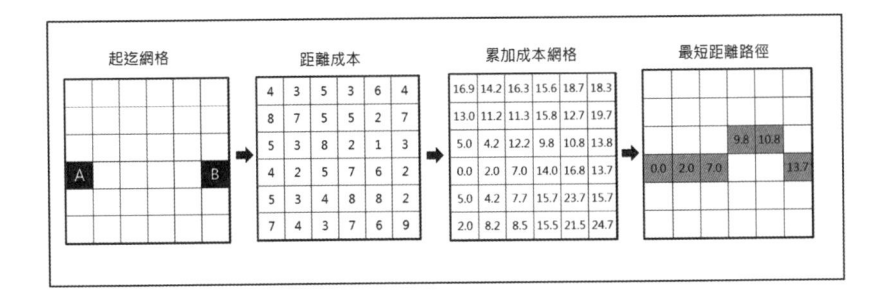

圖 8-26

最短距離路徑示意圖

Chapter 8　空間分析：幾何方法

Chapter 9
空間分析：統計方法——

在瞭解地理資訊系統的一些基本的知識與技術後，讓我們不忘初心地回到最開始，學習、建立、使用資訊系統的目的是在擷取環境中發生的資訊，作為生活中決策的參考，讓社會更加安全美好。在第八章中已經介紹可以利用在地理資訊系統中一些簡單的工具進行空間資料的探索與分析，例如改變製圖的方式、進行圖層的套疊分析等等，這些都是在地理資訊系統出現之前，人們使用紙圖就已經在做的事，雖然地理資訊系統的軟體功能會使以前必須耗費大量人力、時間的事變得相對容易，但是地理資訊系統的潛力並未得到充分的發揮。這其實也是非常正常的事，人們在接觸到新的工具時，一開始總會先使用新工具去做原來在做的事情，經過一段時間逐漸熟悉新工具的使用後再逐漸發展出新的使用方式，做以前不能做甚至沒想過可以做的事情。這一章要介紹一些可以利用地理資訊系統來進一步分析空間資料的方法，並簡單介紹這些分析的結果可以提供對如疫情控制、災害應變、區域規劃等社會經濟活動相關決策的協助。由於空間資料分析（spatial data analysis）是一個快速發展的重要領域，本章只對一些基本空間分析做初步介紹，更進一步的知識與技術還需要透過專門的書籍進行研習。

第一節、點資料的空間分析

點資料屬於向量資料模式中的一類，點資料與對人類的社會經濟活動的模擬關係密切，在一般生活應用中也非常普遍。首先必須再強調，在向

量資料模式中的點資料是一個數學的概念，因為它只具有位置的屬性但不具寬度、長度和面積，在實際世界上找不到符合如此定義的「點」存在，尤其在已經進入奈米時代的今日，我們已經瞭解再小的物件也會具備長寬的維度。所以在地理資訊系統中的點資料，只是作為模擬與描述空間中位置的特性較其面積更為重要的空間物件；例如在我們日常生活的決策中，一個公車站牌的位置是最重要的空間屬性，我們會關心站牌的位置、經過的公車路線、公車經過的頻率等等，但我們不會在意那個站牌所占的面積是多少，因此公車站牌就是一個非常適合用點來代表的空間物件。另外一個使用「點」的場合是雖然某種空間物件（例如便利商店）明顯的具有面積屬性，但是因為我們關心的可能是這類活動在空間的密集程度，或是因為分析尺度的關係，無法適當地在圖面展示其面積的實際大小，在這種情況下用點資料來模擬這類明顯具有面積的建築也是非常適當的選擇，至於其面積的大小則可以標註在其屬性資料中（請參考本書第四章有關屬性資料的討論）。在地理資訊系統中常使用點資料來表示基礎設施（交通、電力）、機關、學校、醫院、商店等等，也常用在標註某些如交通事件、病例、犯罪事件等事件的發生地點。

一、空間分布型態

在地理資系統中的點資料主要代表該設施所在或事件發生的位置，大部分人類的社會經濟活動多可以以點型態表示。因為與我們的生活與福祉息息相關，必須對於這些分布在空間的點資料有進一步的分析與瞭解，採取控制措施以減少如傳染病傳播等不好的影響，或在適當的位置設置設施以進一步提升如公衛、公安與交通等服務的便利性。

對於空間點資料的研討，第一步可以觀察點資料的空間分布型態（spatial distribution），如圖9-1所示，一般點的空間分布型態可以分成群聚（clustered）、分散（dispersed）和隨機（random）等三類分布。

(A) 群聚　(B) 分散　(C) 隨機

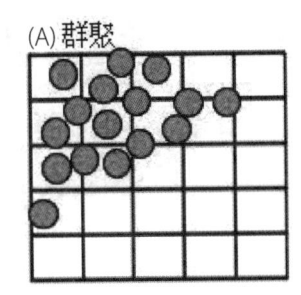

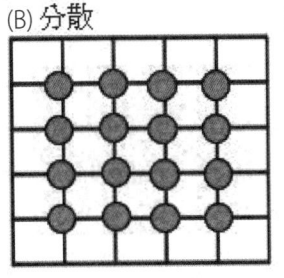

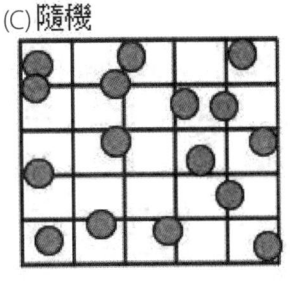

圖 9-1

點資料的空間分布型態類型

（一）群聚：大部分的點集中在某些區域，除此之外的其他區域的點較稀疏或甚至完全沒有點。

（二）分散：每一個點都會儘可能地遠離其他點，所有點幾乎都不會成群存在，一個常見的例子就是賽車所用的黑白旗（checkered flag）上的黑白格子圖案的分布型態。

（三）隨機：幾乎沒有特別密集的區域或特殊的分布型態，點出現在任何位置的機率是相同的，點和點之間並不存在相關，雖可能出現少數小規模的點群聚，但其小型群聚之間的距離較大，又稱為完全隨機（complete spatial random, CSR）。

一般如果點資料呈現隨機分布表示該項活動並未受到特殊環境因素的干擾，也就是並沒有特異的狀況需要特別關注或採取行動，例如一般常態下人群中本就會出現一些如呼吸道疾病的零星傳染病例。不過一旦點資料在空間上出現群聚的現象，通常表示是受到一些環境或人群活動特性的影響，必須要加以注意，必要時需採取干預的行動以防止情況進一步加劇或惡化，傳染病疫情爆發或是某個區域頻繁地發生竊案或交通事故等就是常見的例子。

點在空間上出現群聚的原因可能非常複雜，比較常見的原因有兩種，第一種是該活動具有傳染性，一旦出現一個案例點，它附近的點受到影響的機率會增加（如急性傳染病），因而引發外溢（spit over）或擴散（diffusion）的效應，造成點資料的局部群聚現象。

第二種原因是環境或人群分布的不均勻性（heterogeneity），例如土壤或微氣候的分布差異會引起植生密度差異，這種差異現象並非由前述的傳染性導致的。另外如局部區域的空氣或水污染導致的疾病群聚發生等都是環境的不均勻差異所引起。另一個例子是某些地區有某些基因特性的人群或種族存在也會引起某些疾病的群聚發生。當然，環境因素有可能與前述的傳染性交互影響而使群聚現象加劇發生。

分散性的空間分布是另一種異常的空間分布特性，也就是點和點在空間分布上出現類似互相排斥的現象，使得點和點之間的距離相對拉大，出現這種現象的原因可能是因為生物間的互相資源競爭特性導致，也有可能是因為人為的措施或規範的影響，例如學校和電動玩具店在空間上的互斥現象是源於學校某個距離以內不得設置電動玩具營業場所的法規。

二、空間分布型態的偵測

因為圖9-1(A)中所示群集分布型態非常明顯，不僅可以肉眼觀察判斷，甚至可以大致勾勒出發生群聚的空間範圍，這就好像一個病入膏肓的病人，不需要到醫院由醫生或儀器診斷，一般的人也可以「看」得出來；但是讓事情發展到這種情況，通常都已經回天乏術，此時要想用人為的手段對這種空間的不尋常分布現象加以干預或調整會變得非常困難。如果想要防微杜漸，在異常現象剛剛出現「苗頭」時就及早發現加以遏制，那就必須有比肉眼觀察更有效的方法，就像現代醫學使用各種儀器或生化檢驗來偵測疾病的早期發生一樣。

就像醫院有許多如X光、電腦斷層攝影等先進的儀器一樣，空間分析中也有許多分析方法可以檢定空間分布型態是屬於群聚、隨機或分散，本書中只就其中最常用的Moran's I指標（也翻譯成莫蘭指標）加以討論介紹，其他相關的檢測方法與進一部的分析技術可參考空間資料分析的專書討論。

Moran's I是一個由Patrick Alfred Pierce Moran所提出用來檢定空間自相關性（spatial autocorrelation）的統計指標，所謂空間自相關是指資料受到空間中「附近」的「同一類」資料的影響特性。Moran's I可分全域型（global）與區域型（local）兩種，全域型的Moran's I用於偵測整體的群聚或分散的趨勢，而區域型的Moran's I則用於進一步偵測群聚發生的區域；由於本書並非空間資料分析的專門書籍，所以本章僅介紹全域型Moran's I的計算和應用，全域型Moran's I的計算方式如式9-1所示。

$$I = \frac{n}{\sum_{i=1}^{n}\sum_{j=1}^{n}W_{ij}} \times \frac{\sum_{i=1}^{n}\sum_{j=1}^{n}W_{ij}(x_i - \overline{x})(x_j - \overline{x})}{\sum_{i=1}^{n}(x_i - \overline{x})^2}$$

式 9-1

式中 n 是空間中點資料的數量，$\overline{x}$ 是代表這些點資料的某種特性的變數，這些空間中的點可以用 x_i 或 x_j 表示，代表 x 變量的平均值，其中，W_{ij} 是空間中任兩個空間單元 i 與 j 間的空間相鄰權重矩陣，該矩陣的對角線上的元素 $W_{ij} = 0$（as $i = j$）。

X是對於空間中的點所具的某種特性指標，例如以點表示醫院與診所，則X_i可以是表示每一個點所擁有病床數，如此所分析出來的結果可以看出是不是有病床數較多的大醫院有和其他大醫院群聚的空間分布傾向。但是有時候，我們也可能只關心這些點的空間位置，這時就可以把每一個點的特性視為均一，僅就點的位置特性作分析。

Moran's I值結果會介於-1到1之間，大於0時為正相關，點的附近出現點的機率增加，所以會呈現群聚分布；反過來小於0時為負相關，點的附近出現點的機率減少，所以會呈現分散分布；而當值趨於0時代表點之間的相關性趨近於0，此時點的空間分布呈現隨機分布的情形；當其絕對值越大表示空間分布的相關性越大，亦即空間上呈現聚集或分散的程度也越大。

Moran's I的值會隨不同的空間權重矩陣定義產生很大的差異，空間權重指的是空間中兩個物件（例如兩個點）之間的「鄰近」關係；有關鄰近（neighbor）的定義與指標可以有很多種，最常見的就是用兩點間的距離D_{ij}或如$1/D_{ij}$或$1/D_{ij}^2$的距離衰減模式來表示。其他如多邊形等其他的空間物件也可以討論其間的鄰近特性，但這時要用兩個多邊形的哪一點計算其間的距離可能會有爭議，所以對多邊形之間的鄰近特性，有時候可以看有沒有共用邊，或是共用邊的長度來作為量測指標，這些在本書不進一步討論，這裡就只以點資料的分析來對空間分析做基本介紹。

Moran's I指標的計算是一個繁複的過程，尤其當空間內點資料的數量變多時，除非藉由空間資料分析軟體的協助，否則很難以手算完成，還好目前一般常見的地理資訊系統軟體內均提供相關的分析計算工具。以圖9-2中所示的便利商店的位置為例，如果分別針對不同連鎖系統的便利商店計算Moran's I，所得結果如表9-1所示。如前所述，當Moran's I介於$0 < I < 1$時為群聚分布，$-1 < I < 0$時為分散分布，$I = 0$時為隨機分布；雖然表9-1中顯示所有的Moran's I值均大於0，但是值也都很接近0，如果要確認群聚分布的現象是否顯著，只依賴I值有時會產生困擾或偏主觀，所以一般會以蒙地卡羅顯著性檢定（Monte Carlo significance test）來作為判斷的依據。其方法是由系統以CSR分布的方式在與研討區相同範圍的空間內產生相同數量（n個）的點並計算其Moran's I值，如此重複進行多次的分析後，計算每次所得的I值的平均值，就是表9-1中的CSR的I的期望值。然後再將統計量I值轉換化成Z-score進行顯著性檢定，如果$Z(I)$介於-1.96與1.96的5%顯著水準區間時，則表示研究中的分布型態和CSR的分布型態差異性不顯著，也就是我們無法排除它還是隨機分布的可能性；若$Z(I) \leq -1.96$或$Z(I) \geq 1.96$時，則表示其空間型態與隨機分布有顯著性的差異，可以判斷為群聚（$Z(I) \geq 1.96$）或分散（$Z(I) \leq -1.96$）。由表9-1的分析結果顯示，每一個超商連鎖的Z值均超過1.96，所以都可以判斷在空間上呈群聚的分布型態。

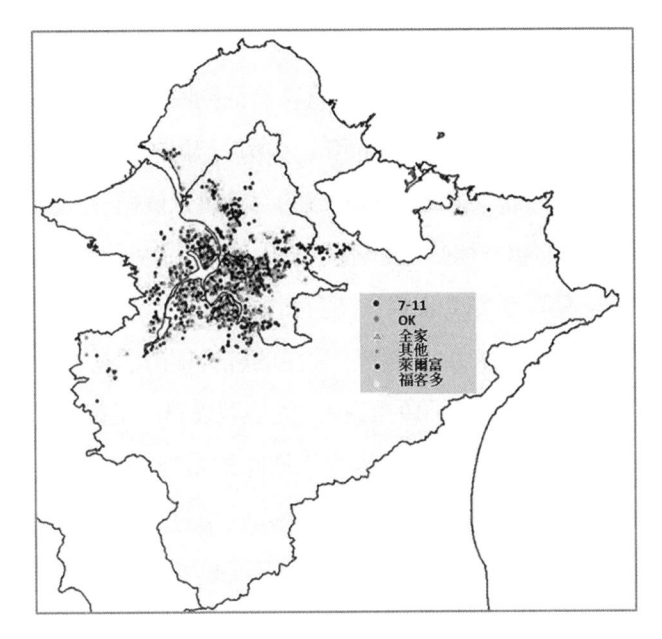

圖 9-2

臺北市與新北市區域內便利商店位置分布圖

註：彩圖請見附錄彩頁，頁 249。

表 9-1　新北市與臺北市各主要連鎖超商分布 Moran's I 值

連鎖系	統一 7-11	全家	萊爾富	福客多
Moran's I	0.072	0.040	0.034	0.029
CSR I 期望值	-0.000627	-0.000627	-0.000627	-0.000627
Z-scores	24.1	13.5	11.6	10.0

三、熱區的概念

　　某種點資料在空間上呈現群聚現象時，通常是受某種環境或人為因素的影響，尤其是這些活動涉及公安（交通、犯罪）與公衛（醫療及傳染病）時，就有必要適時採取干預的手段，防微杜漸，在尚未造成不可控制的災情時就先將其控制住。但是要採取干預的手段必須先確定發生不正常狀況的區域，一般稱作事件的熱區（hot spot）；所謂熱區是某種事件群聚發生的區域（空間）或時段（時間），也就是這些區域或時段內，事件發生

Chapter 9　空間分析：統計方法　175

的頻率或機率較其他區域或時段要高很多。除了如水災或火災等因災情在空間是可視的情況外，要對一般的社會經濟活動圈定熱區並不容易，而且熱區的邊界經常是漸變且模糊不確定的，所以熱區的偵測與劃設是空間資料分析一個重要的議題，也還沒有明確的定論可以依循。本節就以密度圖（density map）來介紹一種劃定熱區的方式，讓讀者可以有初步的瞭解。

　　密度圖是一種顯示點（或線）在空間上分布的「可能」密集程度，如前所述，一般常以點來表示在空間上發生的社會經濟活動，而點是空間不連續的物件，而依據Tobler（1970）提出的地理學第一定律指出「所有事物都與其他事物相關，但是近處的事物比遠處的事物更相關」，出現「點」的位置附近出現相同事件或現象的點的機率就相對的高，所以利用目前收集到的點資料，可以利用空間內差方法在特定區域內估計某種事件（如竊盜）的密度或某種現象（空污）的濃度在空間分布的可能推估，核密度分析（kernel density estimation, KDE）是常見的分析方法之一，KDE可以把空間上不連續的點分布轉換成平滑化的估計資料，在研討區域中建立密度估計值的連續變化面。

　　首先因為KDE是要估算空間中任一位置點的點發生密度，所以其輸出的結果是之前已介紹過的面量（或網格）資料，KDE就是針對每一個網格計算其周圍的點密度。如圖9-3中的示意圖所示，先針對空間上每一個點資料進行該點在對空間區域的影響力密度值，如地理學第一定律所述，該點的影響力在其所在位置上為最高，隨著往外距離增加會逐漸遞減。進行每一個點的空間影響力評估前必須先訂定一個影響力半徑，也就是超過這一個距離，該點就不再具有任何影響力，這個半徑又稱為搜尋半徑（searching radius），如圖9-3中所示，對於每一個點，我們可以估算由這個點所在的位置向外依距離增加而逐漸衰減的影響力，可以假設所在位置的影響力值為1.0，往外逐漸遞減直到搜尋半徑處為0為止。雖然研究文獻中有許多針對搜尋半徑的長短以及距離衰減函數的研討可供參考，但圖9-3中是採用拋物線的方式來表示影響力隨距離遞減，當然拋物線的參數必須依各種點資料的特性來訂定，圖9-3中是以二次拋物線來示意。

圖 9-3

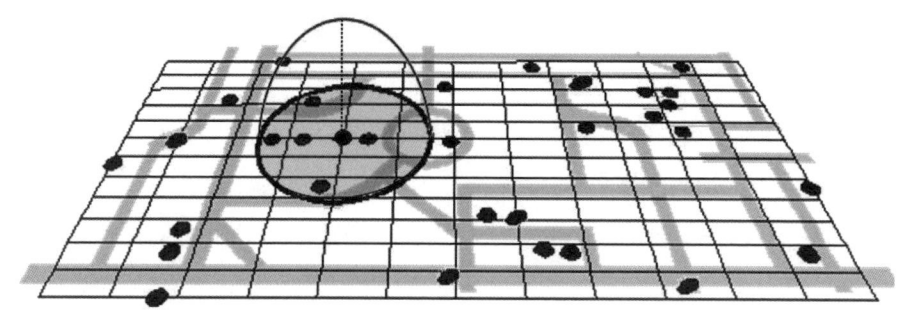

核密度分析示意圖

在訂定一個輸出平面的網格解析度、搜尋半徑及距離衰減函數後,逐一針對區域裡的每一個資料點,依前一節所述方法計算其影響範圍內每一個網格的影響值,最後對每一個網格將落在該網格內所有的影響力值疊加起來,就會形成一個空間中影響力的變化區面,就是所謂的核密度圖(kernel density map),有時也被稱為熱度圖(heat map)。圖 9-4(A) 中所示為 2007 年臺南市登革熱病疫情爆發後產生的 1,938 筆病例資料,將圖 9-4(A) 中的點事件資料經過 KDE 分析後所產生如圖 9-4(B) 中的風險密度圖,可以利用第八章所介紹的暈染圖來表示,圖中以不同濃淡的灰色來表示核密度的估算值,顏色越深的區域表示該區域發生該事件的機率或風險越高。

圖 9-4

空間的點資料以及核密度分布圖

Chapter 9　空間分析:統計方法　177

KDE的結果是展現空間上的點資料對各個區域影響力的密度分布圖，由於是以網格型態表示，把所有的網格內的密度值集合起來可以看作是一個具有某種統計分布型態資料集，如果依前面有關熱區的討論終將其定性為空間中發生事件的機率相對比較高的區域，則依循統計概念，針對這組密度資料中具有相對極端值的點所在的範圍劃設出來當作熱區，應該是合理可行的方式。如圖9-5所示，圖9-5(A)是點資料KDE的結果，如果每一個網格的核密度表示做X_i，針對所有網格核密度的集合可以計算其平均值μ和標準偏差s，由統計理論上的68-95-99.7法則可以得知常態分布中距平均值小於一個標準差、二個標準差、三個標準差以內的百分比是68.27%、95.45%及99.73%。所以如果選定落在($\mu \pm 2s$)或($\mu \pm 3s$)區間外的網格劃作熱區的範圍（此處μ及s分別代表所有KDE值的平均值與標準偏差），則該區域內的資料發生機率約只有4.55%與0.27%（換句話說，在此區域內的核密度資料比全區域的95.45%及99.73%的核密度值要高），均非常符合前述的熱區定義（即發生風險相當高的區域）。圖9-5(B)是圖9-5(A)中資料排除($\mu \pm 2s$)範圍內的網格後顯示的推估熱區分布。

圖 9-5

利用核密度分析結果推估空間熱區

第二節、空間分析應注意的問題

雖然本章是對空間資料的入門簡介，也僅對其中的點資料分析做概略性的介紹，但是有關空間資料一般性必須注意的問題，不管對初學入門者或經常做空間分析的熟手都是值得介紹的，本節就針對常見需要注意的議題做簡單的介紹。

一、尺度和範圍（extent/scale）

空間資料分析是針對空間中分布的資料進行分析，第一件要決定的事就是選定分析的範圍，同樣的一組資料，在不同的選定範圍下可能會得到迥異的結果，如圖9-6中所示，圖中的點資料如果以苗栗縣境為分析範圍，結果應該會是這些點呈分散的分布型態，但是如果如右圖以全臺灣作為研討範圍，這些點非常明顯的是呈現群聚的分布。這兩個完全相反的結論都是對的，所以設定研討的空間範圍是非常重要的第一步驟。

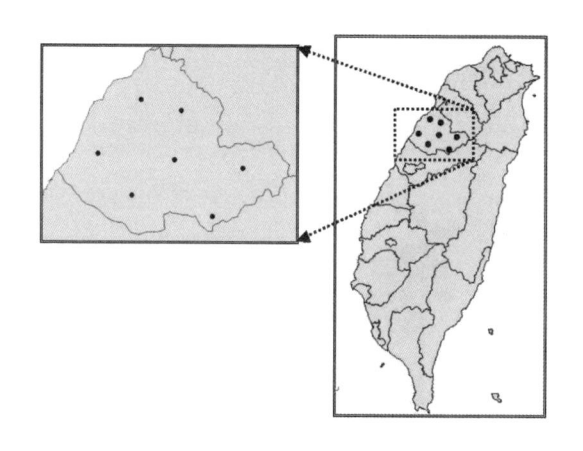

圖 9-6

尺度與範圍對空間資料分析影響示意圖

二、投影誤差（projection/distortion）

在本書第三章中已經介紹過，所有的地圖都是嘗試以平面的圖紙來描繪實際是曲面的地球，這必須透過投影的過程，雖然有許多種投影的方式

可以選擇，但是每一種方式都會產生不同程度的，也許是距離、面積或方向角度的錯誤或變形等不同面向的誤差，這些誤差當然也會造成後續空間分析的錯誤。

三、邊界效應（edge or boundary effect）

前面已經說過設定分析範圍的重要性，但是空間其實是連續的，劃定一個分析範圍其實是由連續的空間上割下一個區域，所以研討區域的邊界外面並不是空無一物，如果忽略這一個現實，空間資料分析的結論也可能會出現錯誤。以圖9-7為例，如果以內圈實線的方形區域為研究區，可以判定中間偏下的那一群點資料會形成一個熱區，但是在研討區左上角的那個更大的熱區卻因此可能被忽視，這種情形尤常發生在行政區的邊界，因為一般的公安與公衛資料多經由個別的行政區統計監理，如此一來相鄰的行政區都會因為只看到自己的資料而錯失了捕捉到其間的邊界附近已經成形的熱區的錯誤，這類問題可以透過如圖9-7中的虛線方框所示加大研討範圍來緩解，但是卻也可能會因擴大研討範圍而出現上面第一項裡提到的可能問題，必須非常謹慎。

圖 9-7

邊界選定對空間資料分析的影響示意圖

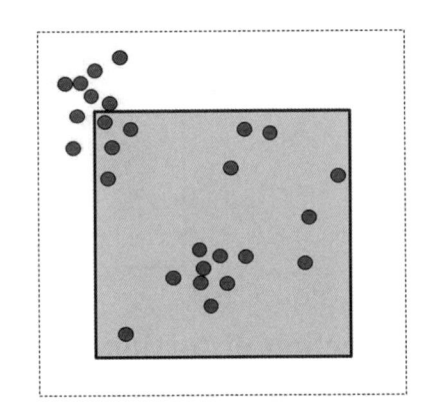

這種邊界問題有時候也不一定是行政區的交界，也有可能是如圖9-8所示，起因於邊界是天然的障礙，如河川、峽谷、森林等，這類情形有研究者提議可以提高邊界附近的點資料的分析權重來緩解。

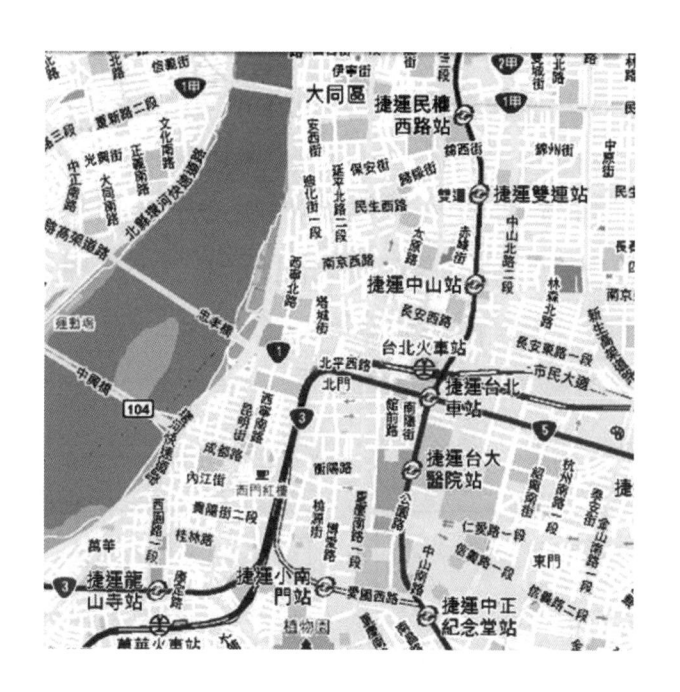

圖 9-8

河川等天然邊界也有可能影響空間資料分析

四、資料品質

在地理資訊系統中所使用的資料，其實都是經過某種程度的概略化後的資料模式（請參考第二章），與實際的空間現象事實存在一定程度的誤差。另外在資料庫的建置過程也會有各種不同來源的可能錯誤會夾雜進來（請參考第七章），這些可能的誤差或錯誤都有可能使利用這些資料所做的空間分析結論與現實世界產生落差，所以使用者必須充分瞭解所使用資料的品質，並在資料分析的過程中考慮這些資料品質問題對分析結果及其推論的潛在影響。

五、網路對點資料分布的影響

我們生存的實體世界雖然是一個連續的空間,但是我們在空間上的活動,或是物資在空間上的運送必須要經由如交通路網、電網甚至無線網路等不同型態的網路來傳遞,所以如前面章節所述的點資料,其實不是孤懸在平面上的,這些社經活動通常會發生在其依循活動的網路上或附近,所以在做空間上點的分布型態研討時,有時如果加上分布在空間上的網路的考慮,結果可能也會有所差異。以圖9-9為例,如果如圖9-9(A)所示,完全不考慮其間的道路網,這些點看起來是相當分散或隨機的,但是如果在底下襯上路網,考慮到有些如車禍的事件只能發生在路網上,這些在圖9-9(B)中的點就會顯現一點聚集的趨勢了。

圖 9-9

網路對空間資料分析的影響示意圖

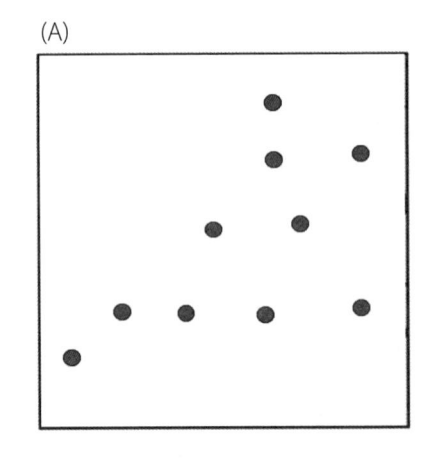

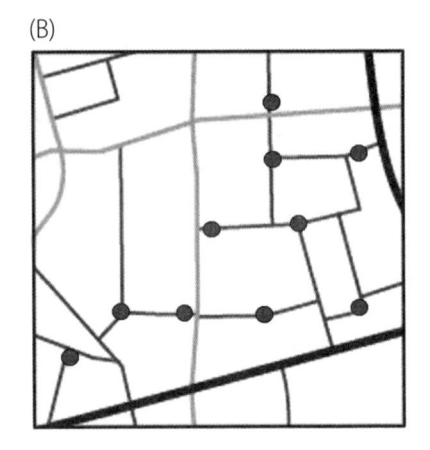

六、背景風險值

因為有許多空間資料分析是與社經或生物活動有關,所以分析時必須對所研討的資料與其活動的本質有適當的瞭解,以免不小心參雜進一些不適當的干擾資料,造成分析結果的錯誤,最常見的是有關環境背景值的調整或是不相關資料的濾除。例如如果是探討攝護腺癌病例在人群中的分

布，因為女性不會罹患攝護腺癌，所以這個人群樣本中所有的女性都應該濾除，以免增加了樣本數而產生了稀釋病例的干擾效果。這種情況不只存在性別的差異上，也有可能是年齡、種族或物種等因數。

　　空間資料分析也是資料分析的一種，都是希望由對歷史紀錄或實驗數據的分析，得到未來做決策的有用資訊，但是就像統計一樣，有時候某種數據分析的結果並不一定可以轉化成為行動的依據，例如統計上常用的回歸分析是探討數據集之間的相關性，兩組數據呈現數值上的相關並不代表有因果關係，所以即使看到某個學校裡學生的成績和體重成高度的正相關，並不表示學生可以透過增胖提高成績。空間分析結果的判讀也一樣，本章前面章節所述的分析分法也許可以判定某種現象有群聚趨勢，但是為何會產生群聚是另外需要更進一步研討的議題。

第三節、其他的空間資料分析

　　本章內容所述僅僅是介紹空間資料分析的概念，並以最簡單常見的點資料分析作為介紹的對象，近年來由於地理資訊系統的蓬勃發展，數位化的空間地理資料越來越豐富，也帶動空間資料分析與研究快速發展，本章最後一節就概略介紹部分空間資料分析與應用的例子。

一、網路分析

　　如前所述，由線段交錯構成的網路是人類在空間上移動以及運送有形（貨物、水）與無形（電力、資訊）物資的設施，對於這些重要基礎設施的規劃與檢討也可以藉由空間資料分析技術的協助，獲得更有效的結果。

　　網路分析甚至已經與日常生活密不可分，例如現代人出門開車不可或缺的導航系統就是利用路網分析搜尋最佳路徑的結果，當然最佳路徑的搜尋除了數值化的路網資料外，還需有路徑分析的演算法，如最短（距離或

時間）路徑、必須依序依時經過預設的中途點的路徑、遇到臨時障礙時的替代路徑或採用不同交通方式等的路徑搜尋演算法，都是透過空間資料分析研討的結果。

除了路徑選擇與導航外還有一類網路分析值得稍微介紹一下，就是針對網路空間架構的分析。網路是人類社會重要的基礎設施，如水電瓦斯等甚至是關乎生死的維生線（life lines），所以其在空間縱橫交錯的架構就必須要做適當的規劃與設計，以達到安全與效率的雙重目標，以下是常見的網路架構空間分析項目。

（一）連結性

如圖9-10所示，網路是由許多互相交錯連結的線段所構成，這些如圖9-10中以1、2、3……編號的線段稱作網段（network segment，也稱為edge）。而網路的連結性（connectivity）是指構成網路的網段之間互相連結的情況，一般在分析網路的特性的時候會建立一個如表9-2中所示的網路連結性矩陣（connectivity matrix），如果兩個網段互相「直接相連」（direct link）則在矩陣中以1表示，否則就標示為0。連結矩陣是對網路的空間架構普遍性的分析與描述，是一個網路的重要特性指標。

圖 9-10

由交錯線段構成的網路

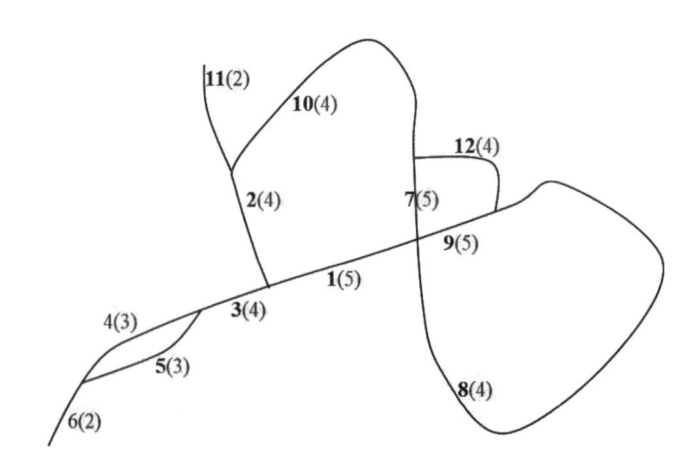

表 9-2　連結矩陣

網段編號	1	2	3	4	5	6	7	8	9	10	11	12	總連結數
1	0	1	1	0	0	0	1	1	1	0	0	0	5
2	1	0	1	0	0	0	0	0	0	1	1	0	4
3	1	1	0	1	1	0	0	0	0	0	0	0	4
4	0	0	1	0	1	1	0	0	0	0	0	0	3
5	0	0	1	1	0	1	0	0	0	0	0	0	3
6	0	0	0	1	1	0	0	0	0	0	0	0	2
7	1	0	0	0	0	0	0	1	1	1	0	1	5
8	1	0	0	0	0	0	1	0	1	0	0	1	4
9	1	0	0	0	0	0	1	1	0	0	0	1	4
10	0	1	0	0	0	0	1	0	0	0	1	1	4
11	0	1	0	0	0	0	0	0	0	1	0	0	2
12	0	0	0	0	0	0	1	1	1	1	0	0	4

（二）可及性

在表9-2中的最後一欄示每一個網段的總直接連結數（也同時標示在圖9-10中以括弧內數字表示），如果一個網段的直接連接網段數越高，表示這是一個可以四通八達的網段，也就是該網段的可及性（accessibility）越高。但在網路分析中，不能僅以直接連結網段數作為判斷可及性的唯一指標，除了直接連接的網段數外，也要考慮每個網段間在網路中的相對位置。例如圖9-10中的網段3和12都有四個網段直接連結，但是網段3的可及性明顯的較網段12要好，這和一個網段處在網路的相對位置有關，越接近網路「中央」位置的網段（如圖9-10中的3號）會越具有四通八達的可能性，當然在同樣的直接連結數下會較位處網路邊緣的網段（如圖9-10中的12號）具有更好的可及性。在網路分析中會有其他更進一步的分析指標來評估網路的各種功能性，在此不再做詳細的討論，有興趣的讀者可以參考空間資料分析的專門書籍。

（三）脆弱性

　　如果在網路中有一個直接連結性非常高的網段（如圖 9-10 中的 1 號網段）因為災害（如山崩）而產生中斷時，則可能對整個網路的功能會有很大的影響，形成許多破碎的個別獨立網段，這就是網路的脆弱性（fragility）；這一個特性在評估網路的健全性以及災害的風險規劃與管理上就非常重要，因為如果有重要的網段在災害中被中斷就會對整個區域造成較大的衝擊。現在的網際網路（Internet）的發展其實一開始就是源於 1960 年代美國聯邦政府為減低在戰爭或巨災發生時的區域學術和軍事電腦網路的脆弱性而發展的阿帕網（Advanced Research Projects Agency Network, ARPANET）。

二、時空分析

　　在本書第一章就以空間資料在資料處理與分析的特殊性來說明發展一個特殊的資訊系統的必要，也強調空間資料的無所不在，但我們生存活動的範圍除了空間之外，還有另一個「時間」的維度，社經活動或自然環境變化不僅會發生在不同的空間位置，當然也會發生在不同的時間。如果把本章之前所介紹的空間分析的資料看作是在連續進行的時間軸上某個時間點的採樣快照（snapshot），那如果把時間這個維度也加到空間資料裡來，就會變成如電影一樣具有動態變化的性質，這就是目前一直在快速發展的時空資料分析（spatiotemporal dynamics），在這裡就以如圖 9-11 中的簡單例子來介紹。圖 9-11 中所示是臺南市 2007 年爆發登革熱疫情時某段時間內的病媒蚊調查與登革熱病歷資料。圖中共有六個圖，分別顯示每隔兩個星期病媒蚊調查與病例的資料的空間分布。圖中已將病媒蚊採樣調查的點資料經過 KDE 產生密度圖（如圖中的灰階暈染區域），並以深色圓點標示該期間新增的登革熱病例，圖 9-11 中是以多張快照的方式來展現資料的

時空變化,當然也可以將時間的間隔縮小並採用如gif格式的動態影響來得到更好的視覺效果,但是分析病媒蚊與病例在時空上的分布趨勢,以及兩類資料的時空互動關係就是時空分析很典型的例子。

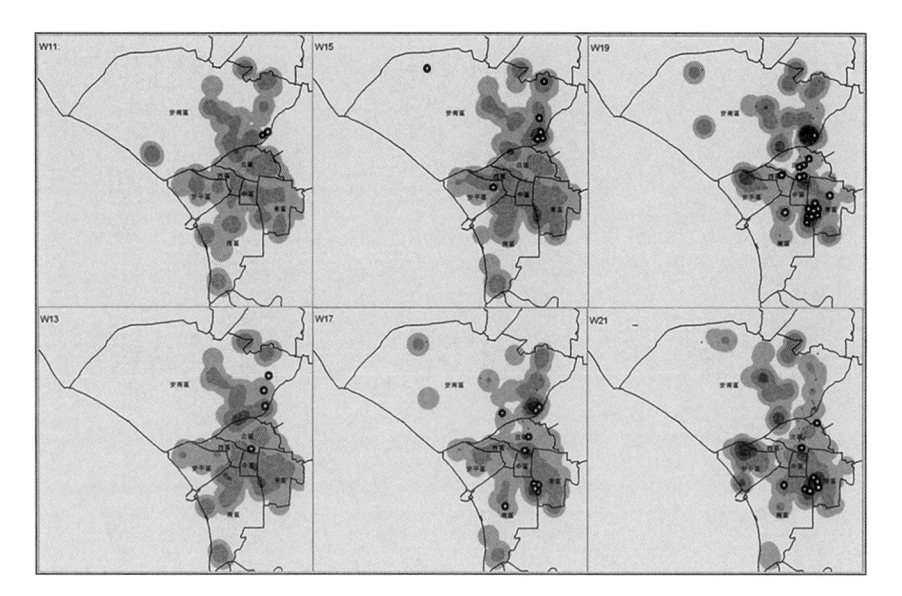

圖 9-11

登革熱病媒蚊密度和病例發生關係圖

參考文獻

Tobler, W. R. (1970). A computer movie simulating urban growth in the Detroit region. *Economic Geography*, *46*(Proceedings. International Geographical Union. Commission on Quantitative Methods), 234-240.

Chapter 10
地形分析及其應用——

除了向量和網格兩種常見的資料模型之外，另外一類非常常見的地理資料就是數值高程模式（digital elevation model, DEM），最初於1958年由美國麻省理工學院Miller教授提出，DEM是用以描述地形資料的一種連續性面量資料模式，是以x, y, z坐標格式來描述地表位置之高程資料，以數值方式記錄位置的坐標值x, y及其高程z。DEM不僅在遙感、地理資訊系統、大地測量和電子地圖等領域廣泛應用，也可以在地形分析上計算坡度坡向、製作等高線，在土木工程做坡地或道路開挖時計算挖填方，在災害評估時計算災害崩塌土方容積，更可以用來做三度空間的視覺展示。

第一節、數值高程

DEM與傳統地圖上的等高線都可以用來展現地形高低起伏，等高線雖然使用的歷史非常悠久，但僅局限於平面的展示，而DEM則可以配合地理資訊進行如3D視覺展示及景觀模擬，且可以做坡度、坡向、視域等地表分析。

數值高程大致可以分成兩大類：「數值地表模式」（digital surface model, DSM），用來代表包括地物（如建物、植被等）在內的地球表面；「數值地形模式」（digital terrain model, DTM）則只代表不包括任何地物或地表覆蓋在內的裸露地表面。雖然DSM在地景描繪、都市模擬的視覺展現上相當有用，但在洪水模擬、土地利用規劃等應用上，DTM就顯得相當重要，一般兩類都可以通稱為DEM，也就是DEM通常用作DSM和DTM的通用術語。

圖 10-1

DSM 與 DTM 的差別

除了常見的網格（raster）外，本章所討論的DEM將聚焦在比較常用的格網（grid）資料模式，就是如圖10-2所示，屬於規則性格網。

圖 10-2

規則性格網

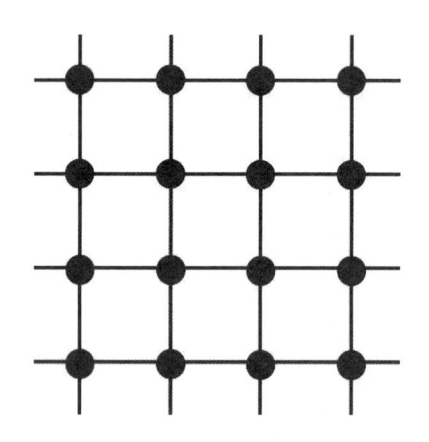

此外也有以三角不規則網（triangular irregular network, TIN）的向量（vector）資料模式建立的DEM，TIN是由許多不規則分布的節點和線所組成，這些來自測區內野外實測的地形特徵點和線構成互不重疊的三角形網絡（圖10-3）。不規則三角形格網是不規則格網資料結構中最簡單的一種，在三維顯示及斷面處理等方面有廣泛的應用。與規則格網相比，不規則格網的資料結構與處理分析都比較複雜，但能更準確反映地形地貌的細節特徵。

圖 10-3

三角不規則網

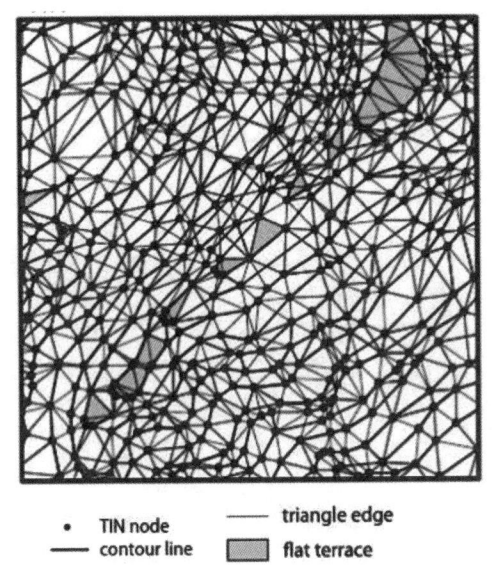

資料來源：Walsh（2016）。

第二節、數值高程模式的解析度與準確度

　　網格式的 DEM 如圖 10-2 所示是把地表劃分成等大小的方形網格矩陣，然後測量並記錄每一個網格中心點的高程，正如前面介紹網格資料模式時所討論的，網格的大小會影響模式的解析度，網格越小就越容易掌握保存空間變異的細緻度，但是也會同時加大模式的資料的數量，可能會造成資料處理及網路傳輸的負擔。過去臺灣最常使用的是由中央大學太空遙測中心所提供的 40 公尺解析度 DEM，近年來政府因應防災的需求，內政部花費大量資源重新建置 5 公尺解析度的 DEM，但是基於國家安全考慮，除政府公務使用外，目前只開放 20 公尺解析度的 DEM 供一般民眾使用，內政部 20 公尺網格數值地形資料可以由政府開放資料平台上直接下載（https://data.gov.tw/dataset/35430）。

圖10-4(A)是以向量資料模式建置的地形，圖10-4(B)及圖10-4(C)分別是以200公尺及50公尺網格建立的網格數值地形，由圖10-4中可以看到，如果DEM的網格太大則會漏失部分地形變化的細節。

圖 10-4
向量資料模式與不同解析度網格資料模式的比較

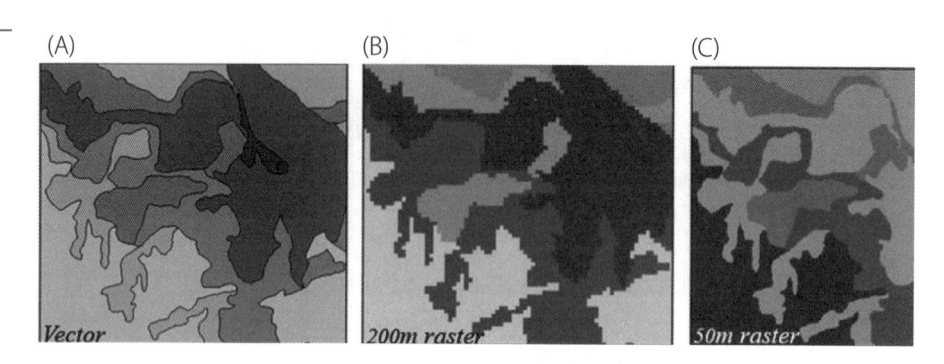

(A) Vector　(B) 200m raster　(C) 50m raster

除了解析度之外，還有一項必須特別注意的是DEM的資料精度，這一般是指(x, y, z)中表示高程的z值的精確度，這項垂直方向的資料精確度會與產生DEM的測量與演算法有關，但是一般使用者大多陷於對平面解析度的斤斤計較，而不太關注高程資料精度，當然另一個原因也是因為這項精度資料通常並不外顯，可能需要到詮釋資料或是相關的測量成果報告內去尋找。

第三節、地形分析

地形分析（terrain analysis）有時又稱作地表分析（surface analysis），是指透過地理資訊系統對數值地形進行處理，比較空間中相鄰兩點的高度值並經過分析產生額外的附加資料，包括：坡向分析、坡度分析、日照陰影分析、挖填補分析、等高線分析、視域分析等等以描述區域景觀，並提供地形變化狀況的視覺展示作為相關空間決策的參考。

一、坡度與與坡向分析

坡度（slope）常用來表示具有斜坡的山丘或道路的斜度，一般是通過找到直線上任意兩點之間的「垂直變化」與「水準變化」之比來計算斜率，也就是「爬升高度除以在水平面上的移動距離」。坡度是DEM中兩個相鄰網格的高度變化率，可以用來表示坡面的陡峭程度。

坡向（aspect）是用於標示從數值地形中每個格網到其相鄰格網方向值變化率最大的下坡方向，也就是坡面的羅盤方向，一般是以羅盤方向標示於數值地形的每一個網格中（圖10-5）。坡向在坡地生態上的影響很大，如圖10-6的山地積雪例子可以瞭解，不同坡向的日照時間、輻射強度、降雨量、風速等都可能有很大的變化，以我們所處的北半球而言，南向坡會有最大的輻射入射量，反過來北向坡就會最少，所以坡向在氣候、土壤、植被等自然地理方面，以及土地利用規劃、山坡地監測等工程領域都是相當重要的影響因素。

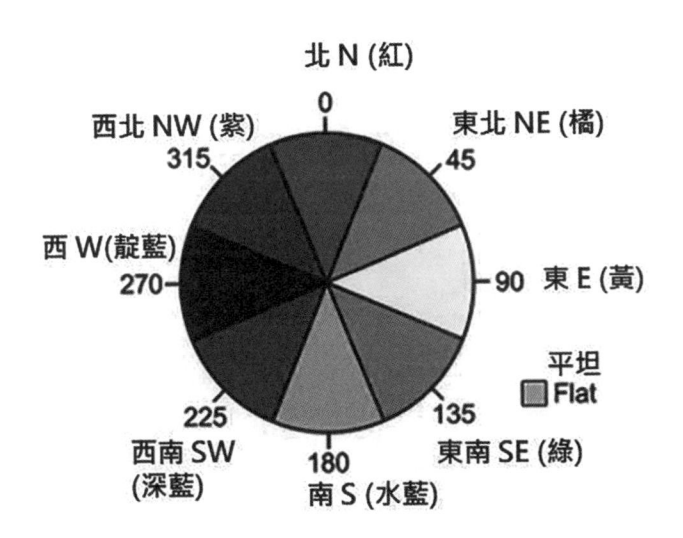

圖 10-5

八向方位

圖 10-6

坡向對積雪的影響

資料來源：龍龍生（2021）。
註：彩圖請見附錄彩頁，頁249。

二、日照陰影分析

　　日照陰影分析（hillshade analysis）有時也叫做「八方位陰影圖」（圖10-7），是藉由設定光源（一般是指太陽）方位的角度，對地表進行虛擬照明，然後再通過分析DTM中每一個網格所接受到的照度值（illumination）來進行地表起伏變化的3D視覺化展示。

圖 10-7

不同入射角度的日照陰影分析

(A) 45 度　　(B) 315 度

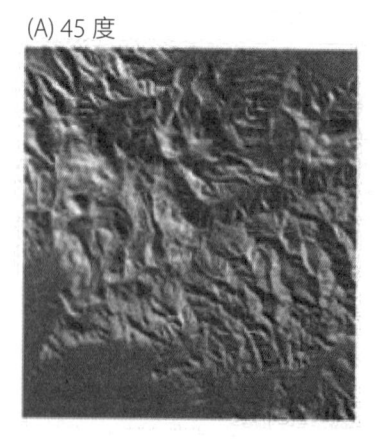

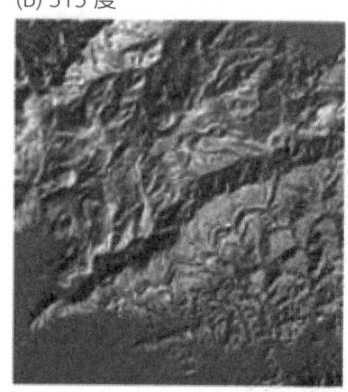

三、視域分析

視線分析是分析空間上的兩個點否可以互相看見對方,並且可以如圖 10-8 所示判斷兩點間連線的可視與不可視區域,而視域分析是許多視線分析的集合。視域是在空間上某個特定的觀測點經由某一個視角可以看到四周地形地物的範圍,視域分析（viewshed analysis）是指找出在空間上的某一點視線所能及的範圍的空間分析技術,也就是如圖 10-9 所示,站在一個地方,眼睛所能看到的範圍（是以地形的障礙來分析而與視力無關）,常用在環境與景觀規劃和影響評估上,例如觀景台、觀測站或是某類有礙景觀的設施的安置點,甚至可以在軍事上作為狙擊手選取有利位置之參考,也可以用來找出直線通訊（如微波或雷達）的死角。

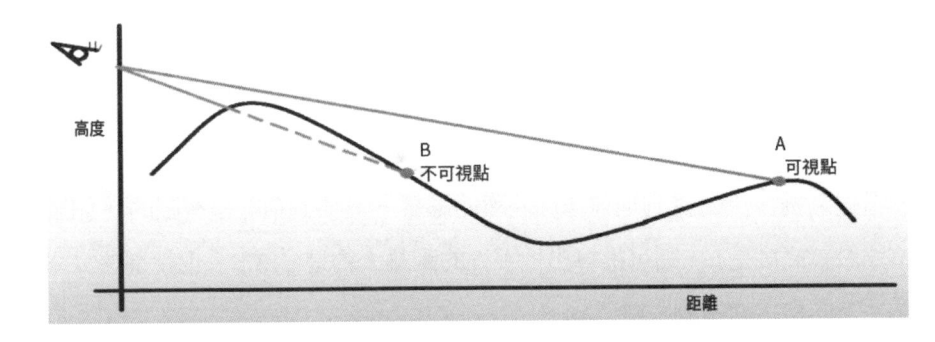

圖 10-8

視線分析

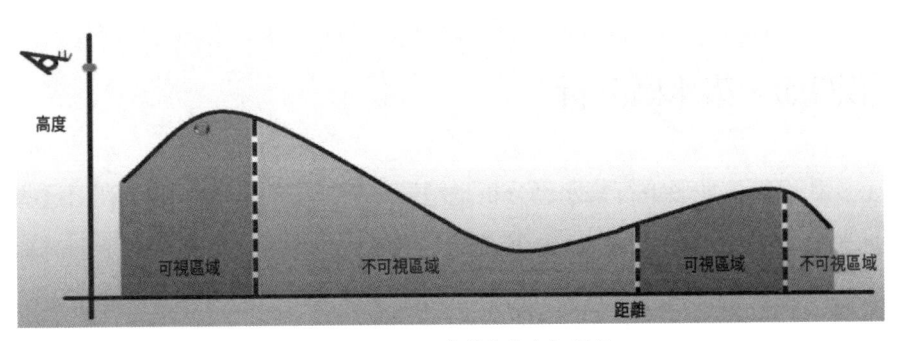

資料來源：藏識科技（.pilotgaea.com.tw,臺灣高雄市）提供。

圖 10-9

以視域分析模擬地標周圍的可／不可視範圍視覺範圍

資料來源：藏識科技（.pilotgaea.com.tw，臺灣高雄市）提供。
註：彩圖請見附錄彩頁，頁 250。

因為地形地貌通常不會在短時間內改變，視域分析與視線分析中的可視區域與不可視區域應該也是非時變性的。但有時因為如電波的穿透性、大氣的狀況，以及發射源的強弱等變化的關係，視域分析的結果也是會隨時間推移而改變。有時依需要會針對地形以一個方向或路線建立地形的剖面（profile），例如某個山地公路路線所經過的地形高程面。

視線分析與視域分析的距離並非可以無限遠，因為受限於地球曲率的關係，直線前進的視線或電波其實是有一定的偵測距離限制的，以船艦上的雷達為例，因為受到地球球面曲率的影響，其偵測距離是有限的，如果雷達設置高度是 h，則可推算出地平線的距離大約是 $\sqrt{13}\ h$，也就是該雷達水平方向最遠的偵測距離了。

第四節、集水區分析

利用數值地形進行集水區分析是地形分析技術的延伸利用，利用這些地形分析工具配合 DEM，可以模擬降在區域內的雨水會如何順著地形流動匯集，在匯集足夠的水量後就會形成溪流。溪流可以看作是天然的排水系統，對區域土地利用規劃、防災與風險管理等均是重要的資料。

DEM也是做區域淹水模擬（flood simulation）的重要資料，但是如之前所述，DEM有精度和解析度的問題，和實際的地形會有相當程度的差異或誤差，以圖10-10中顯示的暴雨淹水模擬成果來看，部分區域的淹水只發生在一個DTM內的網格，顯示這個網格的高程較其周圍網格的高程都要低，也就是如圖10-11中所示的窪陷，造成降在這個網格的雨水無法排出而形成局部的積水，這種小面積的窪陷在現實上並不常見，可以推判是DEM的局部錯誤，如果不如圖10-11進行窪陷填平的調整，就會出現與現實不相符的淹水預測。本節接下來要按部就班地介紹如何利用DEM進行集水區分析，萃取出河川網路並依需要劃設集水區，作為區域水文分析以及集水區管理的基礎。

圖 10-10

利用DEM模擬暴雨造成的淹水結果

資料來源：經濟部水利署（2015）。

圖 10-11

對 DEM 進行窪陷填平調整

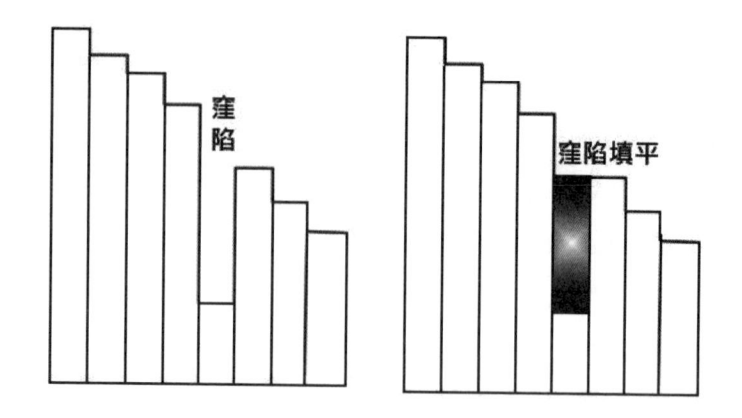

一、流向分析

流向分析是逐一針對數值高程的每一個網格，利用它的高程與其周圍的八個相鄰網格的高程做比較以決定流向，就是如果有一滴水落到這個網格，順著地形它會流向哪一個相鄰的網格。

在還沒開始解說流向前，需先說明流向的定義和標註（coding），流向一般有兩種定義方式，一種是單一流向（single flow direction），就是水只會有一個網格流到另一個網格；另一種是複合流向（multiple flow direction），假設水會流向比它自身高程為低的每一個相鄰網格。為求簡化，本章節只採用單一流向來做集水區分析的討論。在針對每一個網格決定流向後，接著需以常用的「八分坡向」流向標示法把流向記錄在該網格內。如圖 10-12 所示，八分坡向標示可以適用於單一流向和複合流向的編碼，如果是單一流向，則依循東(1)、東南(2)、南(4)、西南(8)、西(16)、西北(32)、北(64)、東北(128)來編碼；因為八分坡是以 2 的次方編碼紀錄，所以也可以用於複合流向的編碼，例如假設有一個網格的流向包含了東(1)、東南(2)、南(4)三個方向，則可以 7 (= 1 + 2 + 4) 來編碼；如果是一個

局部高地的網格，其高程比相鄰的八個網格都高，則水會同時流向八個方向，這種八方向的複合流向編碼就是 255 (= 1 + 2 + 4 + 8 + 16 + 32 + 64 + 128)，原先採用 $2^8 = 256$ 種編碼還保留了一個流向碼「0」，必要時作為窪陷網格的流向標註，也就是由相鄰的八個網格流向中央網格。當然，如果先進行窪陷填平處理，則此窪陷網格將不會存在。

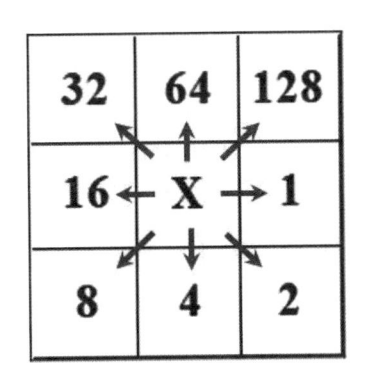

圖 10-12

八分坡向標記法

在瞭解流向的定義與其編碼標註方式後，可以很快地如圖 10-13 對集水區的每一個網格逐一進行比對分析以確定每一個網格的流向。如果把圖 10-13 流向分析的成果，如圖 10-14 以箭頭逐一將網格連結，就可以形成河川圖。

二、匯集網格分析

完成流向分析後即可進行所謂的匯集網格（flow accumulation）分析，計算每一個網格的匯集流量網格數，就是在上游有多少個網格的水會匯集到標的網格，如圖 10-15 所示，圖中的箭頭標示了兩個範例網格的匯集網格計算。

圖 10-13
利用數值高程模式進行流向方析

高程					
79	72	69	71	58	48
74	66	57	49	45	50
68	53	43	36	38	125
64	57	55	22	31	24
66	61	47	21	16	19
73	51	34	12	10	12

⇒

流向					
2	2	2	4	4	8
2	2	2	4	4	8
1	1	2	4	8	4
128	128	1	2	4	8
2	2	1	4	4	8
1	1	1	1	4	16

圖 10-14
流向分析結果轉換成河系圖

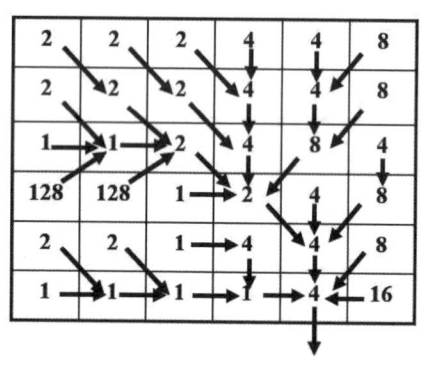

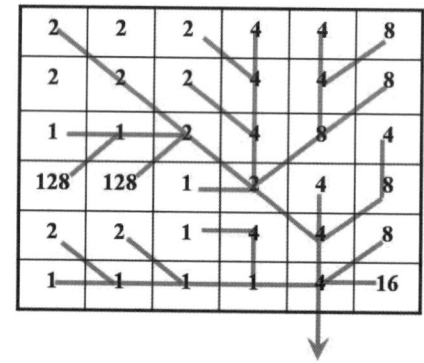

圖 10-15
流量匯集網格數計算

流向					
2	2	2	4	4	8
2	2	2	4	4	8
1	1	2	4	8	4
128	128	1	2	4	8
2	2	1	4	4	8
1	1	1	1	4	16

⇒

累積網格數					
0	0	0	0	0	0
0	1	1	2	2	0
0	3	7	5	4	0
0	0	0	20	0	1
0	0	0	1	24	0
0	2	4	7	35	0

三、繪製集水區

集水區（watershed）有時候也稱作流域，如圖 10-16 下在集水區裡的水最後都會匯流到下游的出水口，傳統上集水區是在地形上以山脊稜線為基準人工繪製，但是利用數值高程分析進行集水區範圍繪製就相對容易。

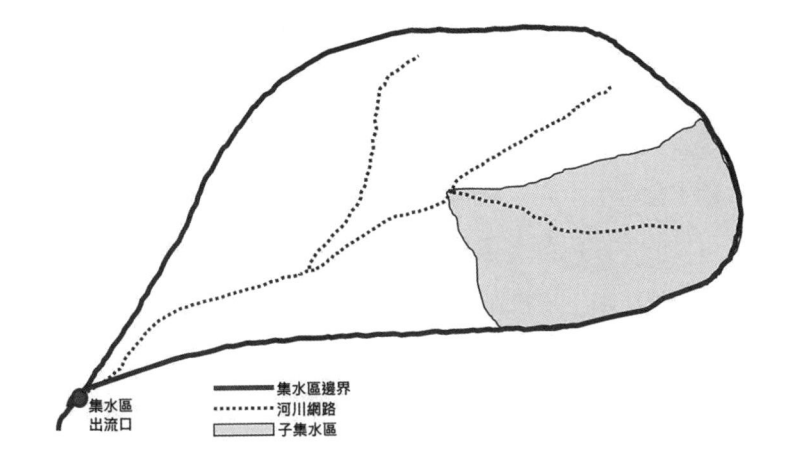

圖 10-16

河川、集水區與子集水區

對於集水區邊界之劃分，首先如圖 10-17 所示，先指定集水區之出口網格，如圖 10-17 中的三角形、圓形和六角形符號所標示，再利用該網格向上游追蹤所有流至該點之網格，如此即可自動地獲得以該點為出口之集水區域。圖中的六角形標示的網格是整個區域的最後一個網格，也就是一般所稱的河川出流口，所以以這個網格訂出的流域就是這個河系的全流域（即圖 10-17 中所有 36 個網格的集合）。圖中另兩個例子（圓形與三角形標示的網格）繪出的流域就是子流域（sub-watershed）。

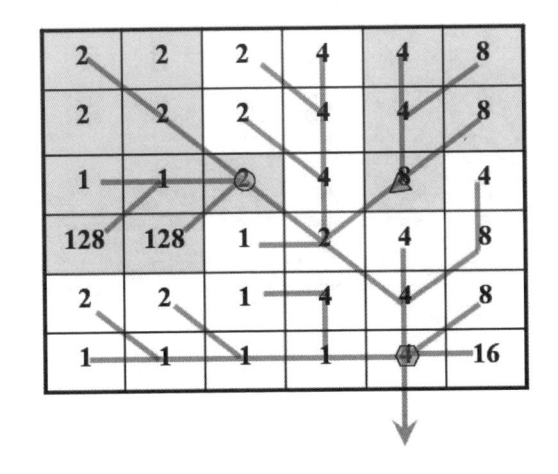

圖 10-17

集水區範圍繪製

圖 10-17 是一個示範例，只有 6 × 6 = 36 個網格，範圍相當小，所以

Chapter 10　地形分析及其應用　201

把每一個網格的水流流線都涵蓋到河系裡，但是在現實世界，雨水降下來後開始依地形流動匯集，但是一開始因水量很少不會出現一般認知的水路，這一部分的水流在水文分析中被稱作地表層流，要等到繼續降雨匯集到一定數量才會產生水流，一開始只是一些地表上的小紋溝，然後慢慢匯集成明顯可見的水路流動。但是這種小水路只會在下雨時才會有水流動，就是平時登山時在山上常看到的乾山溝。

對於一個現實世界的河川流域，因為面積很大，數位高程的網格何止成千上萬，雖然由資料分析的觀點也可以畫出每一個網格的流線，但會在地圖上變成密密麻麻無法辨讀的一團，所以一般實務上多會忽略水流在河川上游源頭還是地面流或小山溝的階段。程序上是先訂定一個匯集網格數的門檻值，只對大於這個門檻值的網格進行流線繪製，如此就可以適度刪減不具意義的上游小水路，使萃取出來的河川網路更接近傳統地圖上的河川印象。問題是門檻值要設多少才合適？這並沒有一體適用的標準，需要靠經驗的累積，圖10-18是以臺灣鯉魚潭流域40公尺解析度DEM來做試驗，在圖中可以看到，以5,000個40公尺的網格做門檻萃取出來的河系

圖 10-18

不同匯集網格數門檻值與河系萃取結果比較

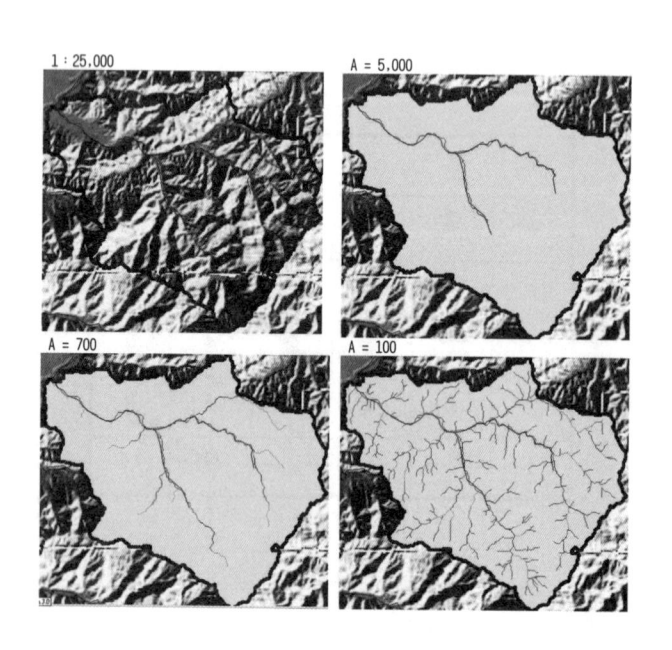

和1：25,000地形圖上的河系相當接近，當門檻值降到100時，河系已經略顯複雜，由過去的經驗，如圖10-19所示，門檻值訂為200對40公尺DEM的集水區分析為建議可以採用的數值。

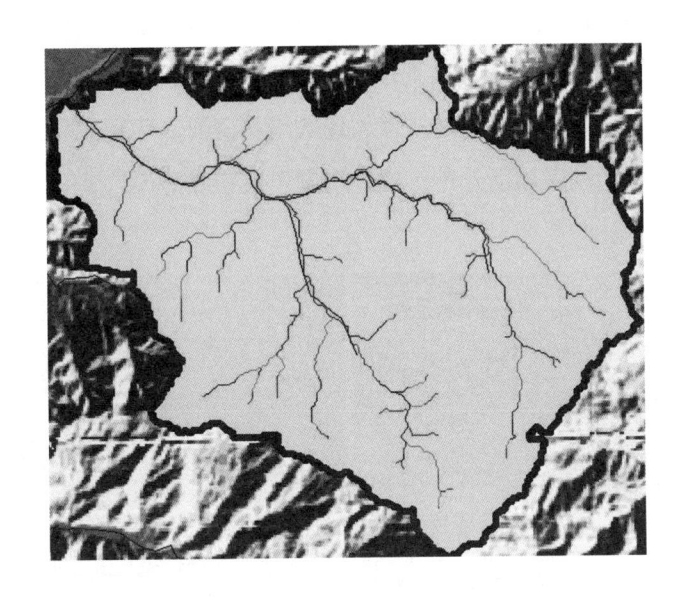

圖 10-19

匯集網格數門檻 = 200 的河系萃取結果（40公尺DEM）

四、數值集水區模式應用

在完成數值高程集水區分析後，可以做一些簡單的實務應用。圖10-20所示為完成集水區DEM分析後所建立的鯉魚潭水庫上游的大安溪支流景山溪的流域及其水系圖。

圖 10-20

鯉魚潭水庫上游景山溪流域

在建壩之前的規劃階段,通常需研討不同的壩高及蓄水高度下所形成之淹沒區,在未使用地理資訊系統之前,必須在地形圖上進行大量的紙上作業,但是有了數值化的集水區模式,可以將預定的壩址訂位置於系統裡(如圖10-21中的白色小長方形所示),然後對不同的蓄水高度做淹沒區分析,不僅可以快速完成,而且可以做出視覺展示圖,如果搭配地籍圖及土地利用調查圖,可以快速地建立淹沒區的地籍清冊,也可以分析淹沒區的產權及各類土地利用類別分布,提升規劃作業的效率。

圖 10-21

不同蓄水高度造成水壩上游淹沒區範圍模擬

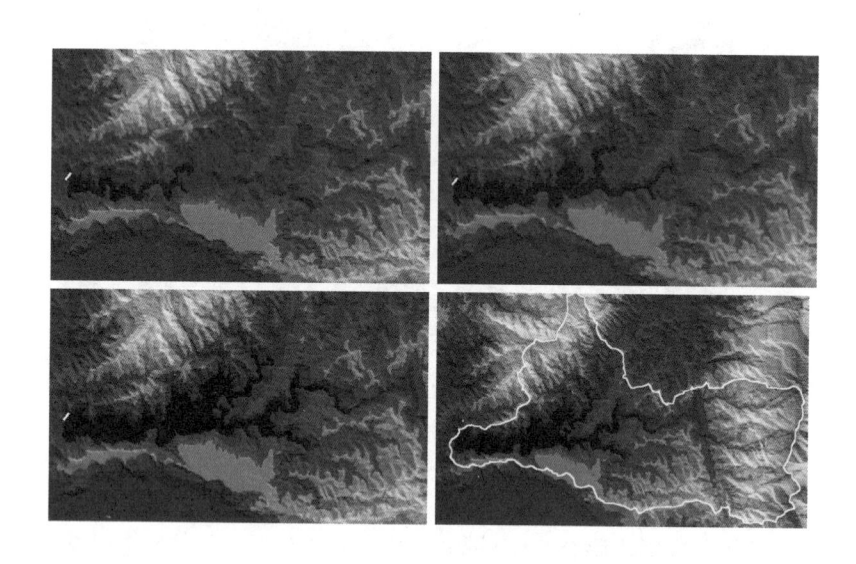

參考文獻

Walsh, L. (2016, November 15). *Digital topography: Should you choose a TIN or raster interpolation of the landscape?* Retrieved from https://serc.carleton.edu/vignettes/collection/42681.html

經濟部水利署（2015，12月）。**雲林縣淹水潛勢圖（6小時250 mm）**。資料引自 https://fhy.wra.gov.tw/fhy/Disaster/Downloads

龍龍生（2021，1月13日）。收錄於**臉書**〔臺灣機車旅遊社團〕。資料引自 https://www.facebook.com/groups/481943068552259

Chapter 11
地理資訊系統應用與未來發展——

　　在本書第一章就說明這不是一本完全以專業角度撰寫地理資訊系統（geographic information system, GIS）的教科書，但也不只是一般的科普性介紹，而是希望以一個半專業半科普的方式讓有興趣的初學者入門的書籍。《華嚴經‧梵行品》有云：「初發心時，便成正覺」，當讀者打開這本書開始閱讀時就已經啟動了進入空間資訊應用世界的引擎，在經過前面各章節從為什麼需要GIS？GIS能做什麼？如何建立GIS？如何使用GIS？等一路過來，讀者也許已經瞭解GIS的基本知識，在本書的最後一章，將以較寬廣的涵蓋性介紹GIS的應用，並概略地介紹正在進行中的未來可能發展，為初學者加火添柴，促使讀者未來更能盡情自在遨遊在空間資訊的世界裡。

第一節、環境與自然資源管理

　　臺灣是個擁有豐富的生物多樣性的海島國家，但是因為人口密集加上高度的社會經濟發展，自然與環境資源的管理與保護就顯得格外重要，GIS因為可以整合大量的空間地理資訊，當然可以在自然資源管理扮演重要的角色，當初GIS的產生就源自加拿大的林業與土地資源管理的需求。發展至今，GIS在水資源、森林、農業、生態、土地、生物、污染等各方面均有廣泛的應用，本節僅以幾個例子來說明。

一、巨木潛在地圖

　　樹高是在森林資源調查上的重要資料，因為樹木高度與胸徑常呈正比，是森林蓄積量、碳吸存量等估算的重要指標。森林樹高分布也具有生態學上的意義，樹長得越高維持生命所需要的能量越高，生長就會變慢，因此巨木的所在地代表某種環境的特殊性。整體來說會呈現緯度越低、樹高越高的趨勢。臺灣應是東亞有超過70公尺巨木分布緯度最北的地區。但如圖11-1所示，因巨木多位於很難抵達之處，且量測本身即有許多體力、設備及技術的需求，樹高測計非常困難，因此臺灣的巨木資料在國際的巨木相關文獻中甚為少見。

圖 11-1

搜尋記載巨木是一件艱苦的任務

資料來源：農傳媒（2018）。

　　由於遙航測技術的持續進步，空載光達（airborne laser scanner, ALS）可用於測繪大範圍精確的數值地形，搭配森林樹冠高度模型（canopy height model, CHM）可以應用於森林的樹高探測（如圖11-2所示），可以

快速地尋找巨木的潛在位置並做坐標標定，以方便後續的現堪作業。近年來行政院農委會林務單位利用ALS測繪臺灣的巨木地圖已有相當好的成果（如圖11-3）。

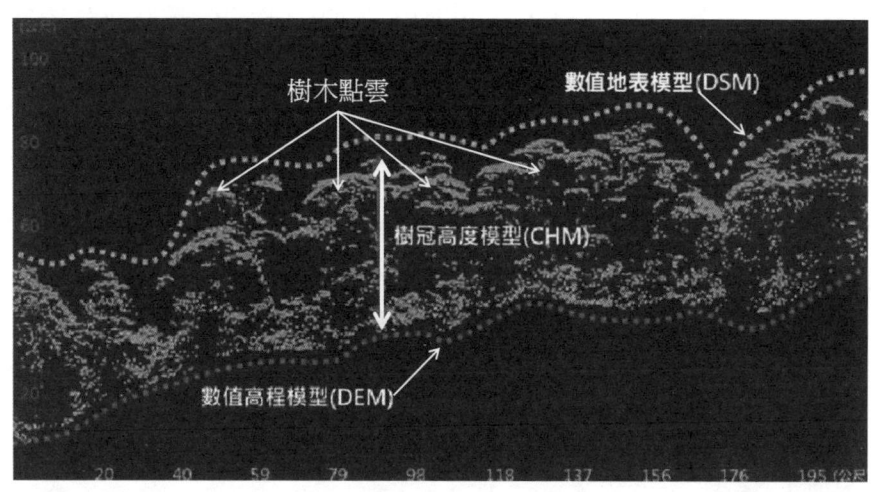

圖 11-2

空載光達產製 DSM、DEM 與 CHM 在巨木剖面圖中的位置

資料來源：徐嘉君、王驥魁、李崇誠與內政部地政司（2020，頁49）。

圖 11-3

以 ALS 掃描出的巨木點雲圖

資料來源：Arcgis（無日期）。

Chapter 11　地理資訊系統應用與未來發展　209

二、地質調查資料庫

除了地表上可視的自然與環境資源，地表下的地質、能源與礦藏也是非常重要的自然資源，中央地質調查所除了整合地質調查資料，建立了地質資料整合查詢平台（圖11-4）（https://gis3.moeacgs.gov.tw/gwh/gsb97-1/sys8/t3/index1.cfm），提供如地址、行政區、流域集水區等各種定位方式。除了提供綜合的地質資料查詢外，由於地質是地下不可視的環境資料，必須經過鑽探採樣才能收集到正確的資料，所以過去長時間累積的工程鑽探資料就是非常寶貴的地質採樣資料，中央地質調查所也收集建立工程地質探勘資料庫（如圖11-5），供作如地下水、溫泉、基礎建設等地質研究與區域規劃時的重要參考資料。

圖 11-4

地質資料整合查詢平台

資料來源：經濟部中央地質調查所（無日期）。

圖 11-5

工程地質探勘資料

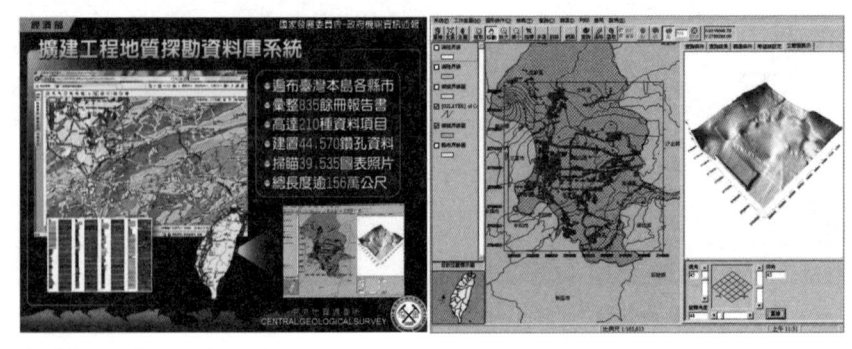

資料來源：鄭文昕（2017）。

三、環境敏感區

　　因所在位置的地理與地質特性，臺灣是一個人口密集、資源稀少、災害頻繁的島嶼，因此對於環境資源的調查與保護更顯重要。行政院經濟建設委員會（現為國家發展委員會）曾於1988年定義環境敏感區為對於人類具有特殊價值或具有潛在天然災害，極容易受到人為的不當開發活動之影響而產生環境負面效應的地區；且經過多年的努力與立法，已經建立重要棲息地、自然保留區、野生動物保留區、國有林自然保護區、國家公園等環境敏感區域的劃設（圖11-6），但是還有其他自然資源與環境保護及防災與區域發展相關的敏感區域尚未納入，包括：地層下陷、海岸侵蝕、強震、洪水等「災害敏感區」；野生動植物棲地、生態體系等「生態敏感區」；重要之地形、地質、文化景觀的「景觀敏感區」；以及重要礦產、農業區、自然能源等「生產性資源敏感區」等等，需要繼續努力建立全民共識，積極進行認定與保護，以有效保護天然資源與環境，達到永續利用與發展的目標。

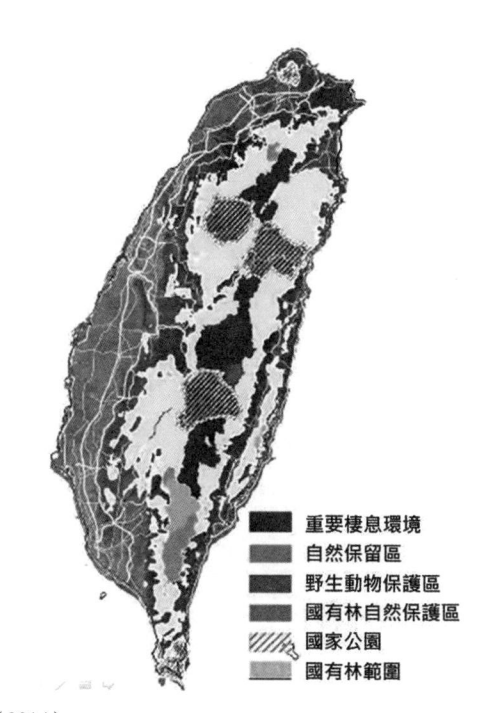

圖 11-6

環境敏感區分布圖

資料來源：黃斐悅（2014）。

第二節、災害風險分析管理與應變

因為臺灣頻繁發生如颱風、地震等天然災害，加上GIS整合各類型空間資料上的能力，GIS在防災上的應用已經發展很久且為民眾所熟悉，例如透過全球定位系統（Global Positioning System, GPS）定位的山難救援、洪災淹水預警等。

一、災害資訊管理與應變

為整合處理災情蒐集、傳遞與災害發生時應變能力，內政部建構了防救災應變管理資訊雲端服務（Emergency Management Information Cloud, EMIC），EMIC系統的架構如圖11-7所示，透過「動態視覺災情通報」、「指揮官決策支援」以及「災害災情事件簿」協助救災指揮官快速掌握災區環境與資訊，並建立「災區親友現況查詢平台」和「民眾網路災情通報系統」強化民眾使用功能，以GIS的視覺化功能顯示災區最新災情現況（如圖11-8）、災情趨勢圖、通報案件資料與行政區案件統計等多元情資，協助指揮官在第一時間進行關鍵決策與下達指令，將災害帶來的傷害降到最低。

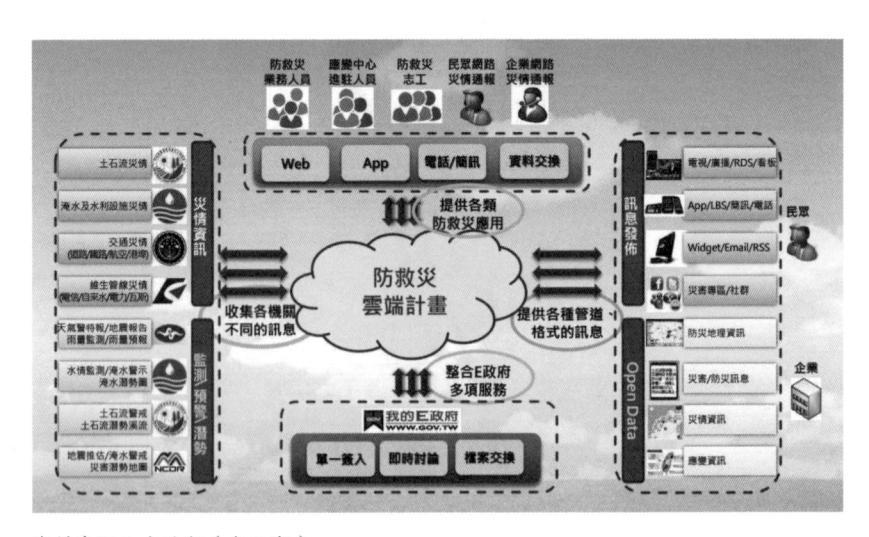

圖 11-7

EMIC 架構

資料來源：內政部（無日期）。

圖 11-8

EMIC 重大災情即時呈現

資料來源：內政部（無日期）。

除了建構EMIC提供各縣市救災難能寶貴的資訊之外，消防署也建立包括防災個人網站「防災有Bear來（有備而來）」（https://bear.emic.gov.tw）個人化防災資訊網站及119報案應用軟體（application, App）供一般民眾使用，可直接使用手機上定位資訊報案或通報災情，也可用簡訊、上傳影片或照片協助救災指揮中心掌握現場狀況。

二、土壤液化潛勢

2016年高雄美濃地震在臺南市新化區測到最大震度7級，是繼921大地震後最嚴重的地震，造成臺南市永康區維冠金龍大樓倒塌並造成115人死亡，是臺灣史上單一建築物倒塌之罹難人數最多的災害。事後推測建物倒塌可能是因為地震引發臺南市包括永康、新市、中西及安南區等多處土壤液化情形導致。由於臺灣是地震多發地區，災後政府為因應未來可能的類似災害，快速建立全國土壤液化潛勢區資料並發布如圖11-9所示之土壤液化潛勢查詢系統供民眾查詢。

圖 11-9

經濟部中央地質調查所土壤液化潛勢查詢系統

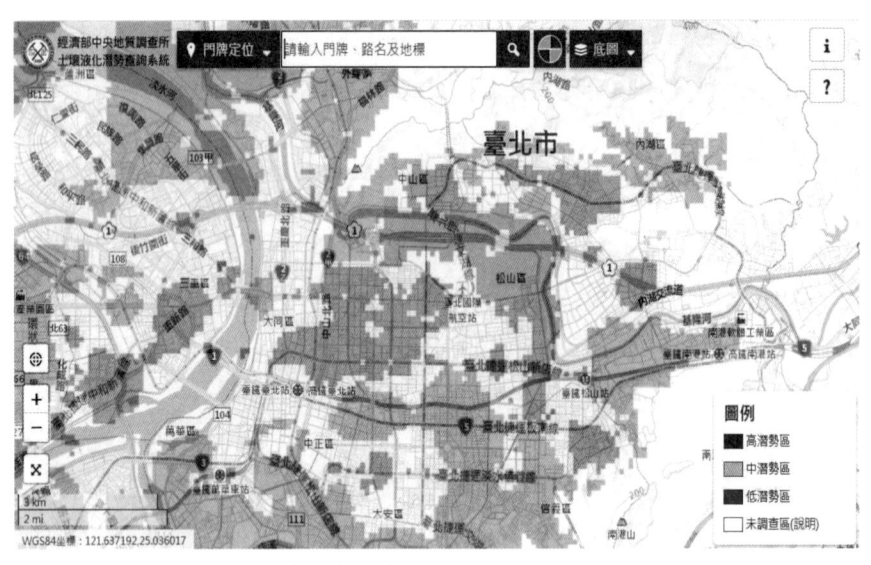

資料來源：經濟部中央地質調查所（2018）。

其後內政部統計處將土壤液化潛勢資料結合戶役政人口資料庫和營建署的建物資料庫推出應用系統，供各縣市可以利用這三類資料套疊分析，瞭解土壤液化可能造成轄區的潛在風險。其中不僅可以做空間製圖展示，還能將人口以分齡作統計（圖11-10），建物則依其結構類別（如圖11-11中木造、加強磚造、鋼筋混凝土〔reinforced concrete, RC〕、鋼骨鋼筋混凝土〔steel RC〕等）以及建造年分等進行交叉統計分析，所產生的資訊可以作為都市規劃、防災都更等推動優先序的排定參考，例如老年人口居住於高潛勢區的低強度建築是必須優先推動，甚或立即進行防災補強。

第三節、人文社會與經濟資料

一、公共安全、社會福利與公共衛生

因為自始即為協助自然資源管理而生，GIS初期的應用多偏重在自然環境上，但是在社會、經濟以及公安、公衛活動上的應用，在過去20年來因為GPS與個人電子裝置的盛行，相關研究及應用也如火如荼的開展。

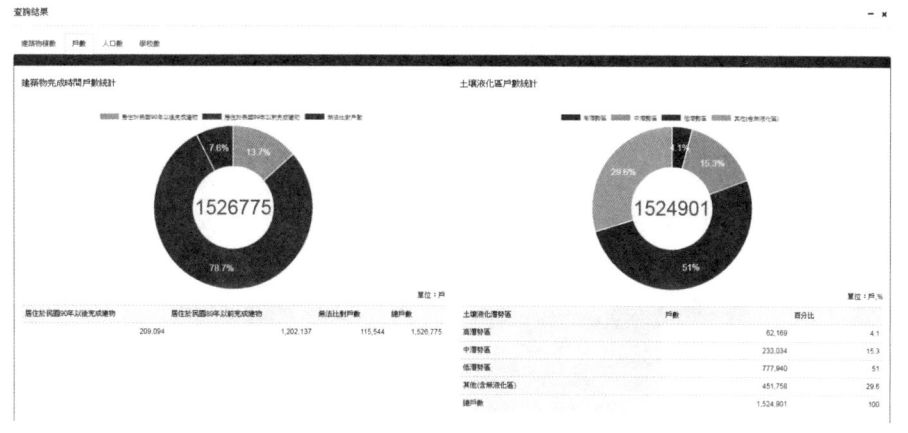

圖 11-10

新北市位於各級土壤液化潛勢區之戶數統計分析

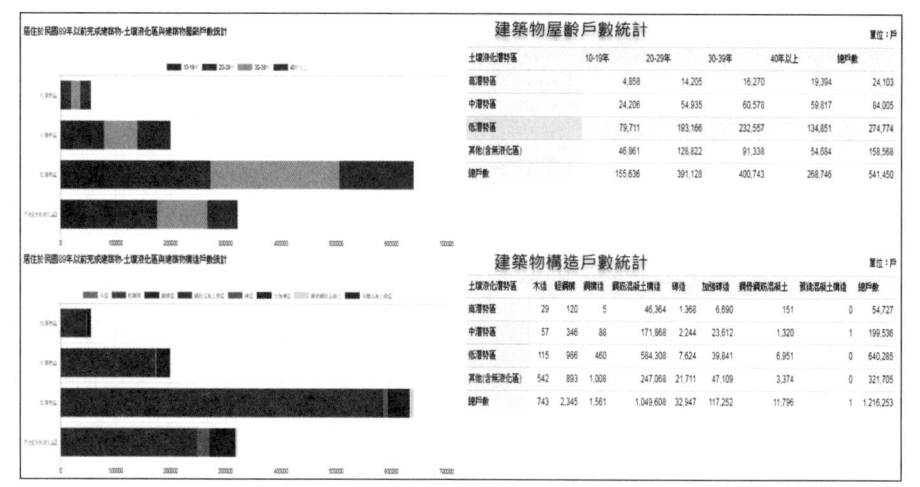

圖 11-11

新北市位於各級土壤液化潛勢區之建物屋齡與構造統計分析

（一）口罩地圖

在 2020 年初嚴重特殊傳染性肺炎（coronavirus disease 2019, COVID-19）造成全球疫情，由於中國首當其衝導致全球性的個人醫衛生防護設備（personal protective equipment）缺貨，臺灣及時緊急停止口罩出口，雖然全力增加醫療用口罩產線並擴大產能，但初期仍供不應求，在疫情緊急情況下，政府啟動實名制的類配給申購制度，透過便利超商及健保藥局物流系統發放口罩，但民眾還是抱怨經常到配售點卻撲空。最後政府引用民間創客的想法，利用 GIS 及健保資訊系統的及時資訊新推出如圖 11-12 的口罩地圖，不僅有效解決民困消弭民怨，也在國際防疫中大放異彩。

Chapter 11　地理資訊系統應用與未來發展　215

圖 11-12

臺灣在 COVID-19 全球疫情中的口罩地圖

資料來源：江明宗（2020）。

（二）中小企業創業選址決策支援系統

　　近年我國積極推展青年創業，經濟部從創業所需資金、資源以及新創基地等方面著手，並建置創業選址決策支援系統，提供完整資訊輔助創業者突破困境。如圖 11-13 所示，系統中整合區位、行業別、土地使用分區等查詢介面，提供創業者查詢所選區位之允許開設行業、客群特性，透過分割視窗的方式展示所選行業可以進駐的使用分區，並透過「消費力」、「集客力」、「經營指標」整合後，查看不同指標間在空間中的指標得分高低，進階資訊則可透過切換到單一視窗後，查到單一指標變項數據，並以儀表板以及地圖視覺化方式，呈現所查詢之創業分數與三級經濟發布區，結合圖表與面量圖顯示適合開業之區域，讓投資者與創業者一目瞭然，如圖 11-14 所示。

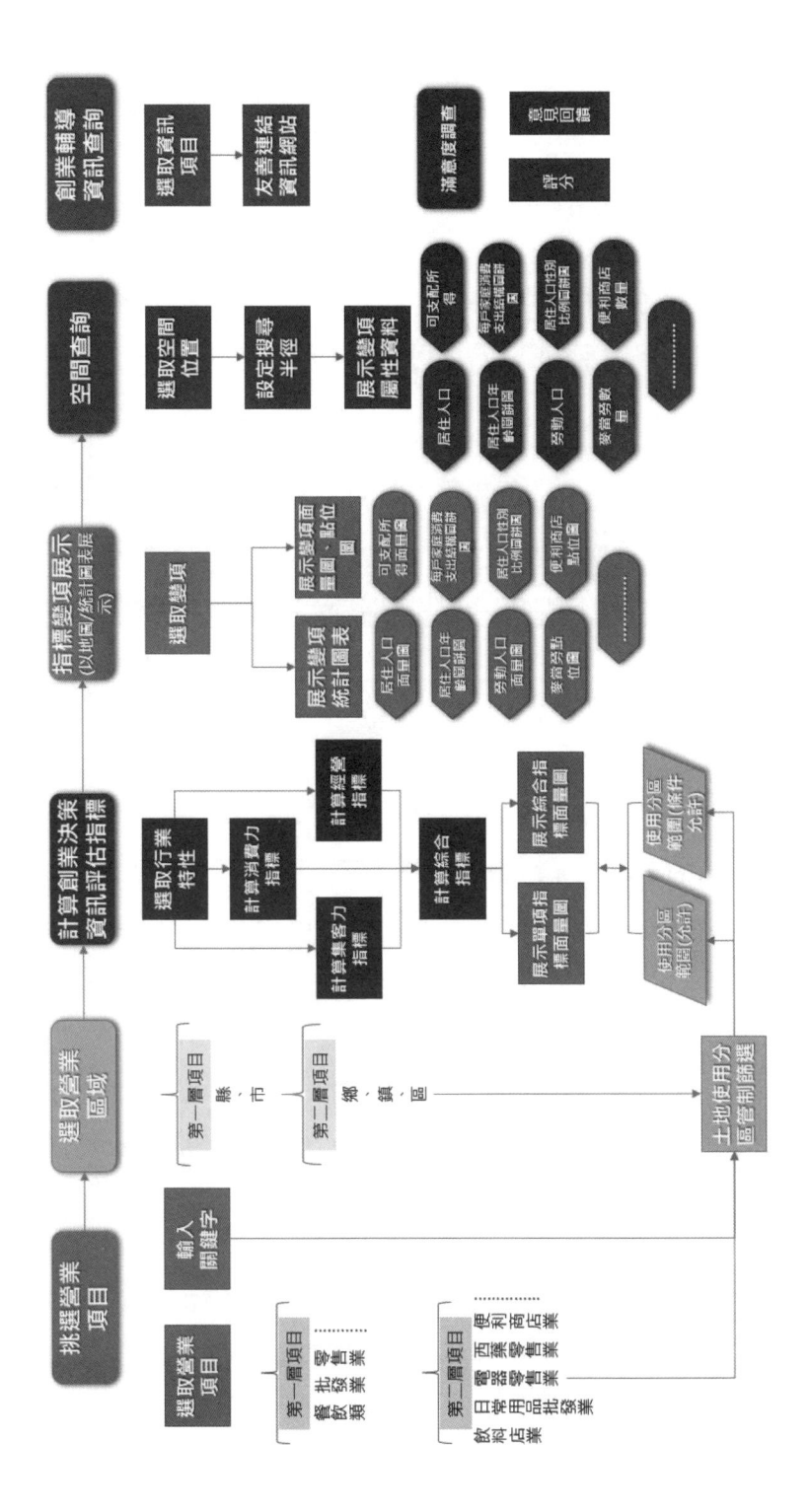

圖 11-13

中小企業創業選址決策支援系統架構

Chapter 11 地理資訊系統應用與未來發展 217

圖 11-14

中小企業創業選址決策支援系統

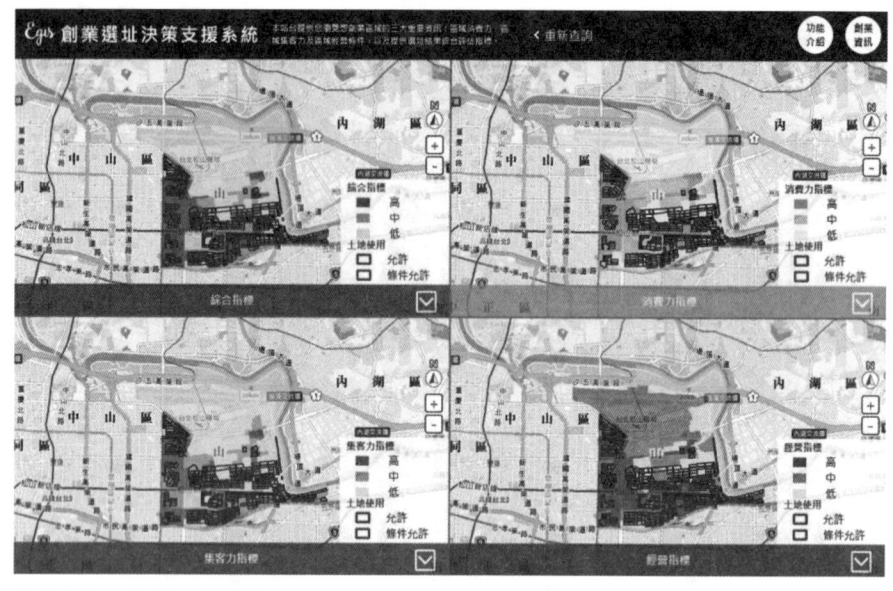

資料來源：經濟部（2017）。
註：彩圖請見附錄彩頁，頁 251。

二、歷史地圖

　　中央研究院歷史語言研究所（史語所）為將當代的GIS應用在歷史資料的研究上，耗費大量時間與資源開發建立中華文明時空基礎架構（Chinese Civilization in Time and Space, CCTS），以歷代中國為空間範圍、以原始社會迄當代為時間縱深，建構以中國文明為內涵的整合性資訊應用環境。透過歷史圖資的數化、古籍文本的分析，可以將歷史上不同時期的疆域、行政區、地名等資料整合在一起，提供過去歷史研究中所欠缺的空間圖資及空間視覺展示能力。

　　圖11-15即是利用網路上整理出來的蘇軾年譜，配合運用中研院所開發的CCTS系統，將其宦遊地點標定成地標之後所繪製的「蘇東坡宦遊地圖」，系統中還提供播放導覽功能，可以動態展示蘇東坡一生宦遊歷程。

圖 11-15

蘇東坡宦遊地圖

資料來源：羅鳳珠、鄭錦全與范毅軍（2008–2009）。

除CCTS外，臺灣歷史文化地圖核心應用系統（Taiwan History and Culture in Time and Space, http://thcts.ascc.net/kernel_ch.htm）是中央研究院人文社會中心之地理資訊專題中心利用其涵蓋荷西、明鄭、清朝、日治及戰後等時期，所收集典藏包括清代《臺灣輿圖》、日治時代的《臺灣堡圖》、戰後的地形圖、空照及相片基本圖、各時期的行政邊界與地名資料，以及當代數值地圖、衛星影像、社會經濟與人口資料等大量有關臺灣的空間地理資料建立出的臺灣歷史地理資訊平台，系統中並提供臺灣之人口、宗教信仰、教育、軍事、交通、經濟產業、公共衛生、原民事務等專題性的空間資料庫。

傳統的地形圖記載了豐富的自然與人文地理資訊，是國土資源調查、區域發展規劃、登山休閒等重要參考資料。過去在不同時期製作發布過許多版本臺灣的地形圖，1904年（明治37年）完成的《臺灣堡圖》比例尺為2萬分之1是最早的臺灣地形圖，1920年（大正9年）經過修正，因為以

紅字標示僅異動地名及行政區界，故又稱為「紅字版」。過去的地形圖以紙張繪製，保存和使用都很不方便，因此中央研究院人社中心將所累積大量的臺灣地圖資，結合Google Maps介面建立一個全新的臺灣百年歷史地圖服務網站（如圖11-16）。將過去典藏的歷史圖資經過數位化及坐標定位後，就可以透過GIS進行套疊，並可依需要設定不同圖層的透明度，掌握臺灣百年來環境變遷基本資訊。圖11-17 就是將先民在臺北盆地發展建立的瑠公圳於不同時期的發展資料與當代地圖套疊展示的結果。

三、考古

考古學是透過重建與分析古人遺留的器物、建築、生物等物質文化與環境資料以研究過去人類社會的學科，考古學包括遺址調查、發掘以及最後對所收集資料的分析，以便更瞭解人類的過去。中央研究院史語所的臺灣考古遺址地理資訊系統（圖11-18）介接史語所考古資料數位典藏資料庫，搭配地理資訊技術及網路地圖圖磚服務，讓使用者能瀏覽並檢索臺灣及離島各地考古遺址資訊，系統中有建置貝類模式，可呈現臺灣近海區域貝類資料庫現生及考古貝類的分布、出土資訊。

圖 11-16

臺灣百年歷史地圖平台

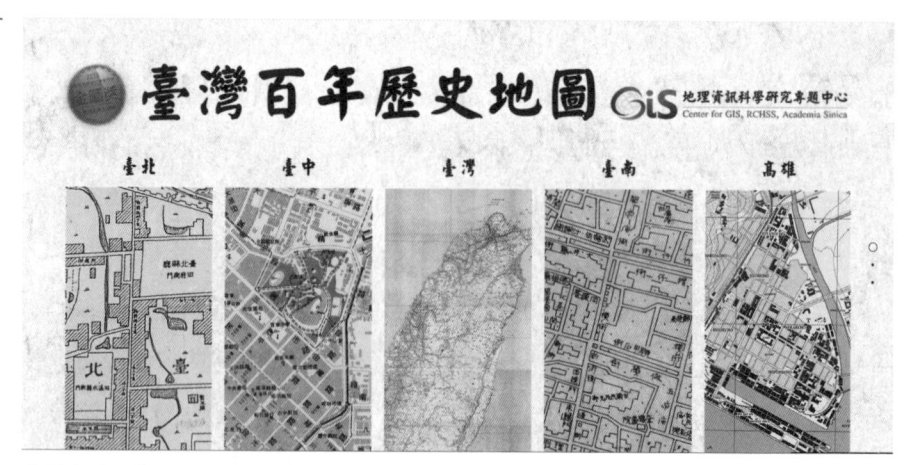

資料來源：中央研究院人社中心GIS專題中心（2020）。

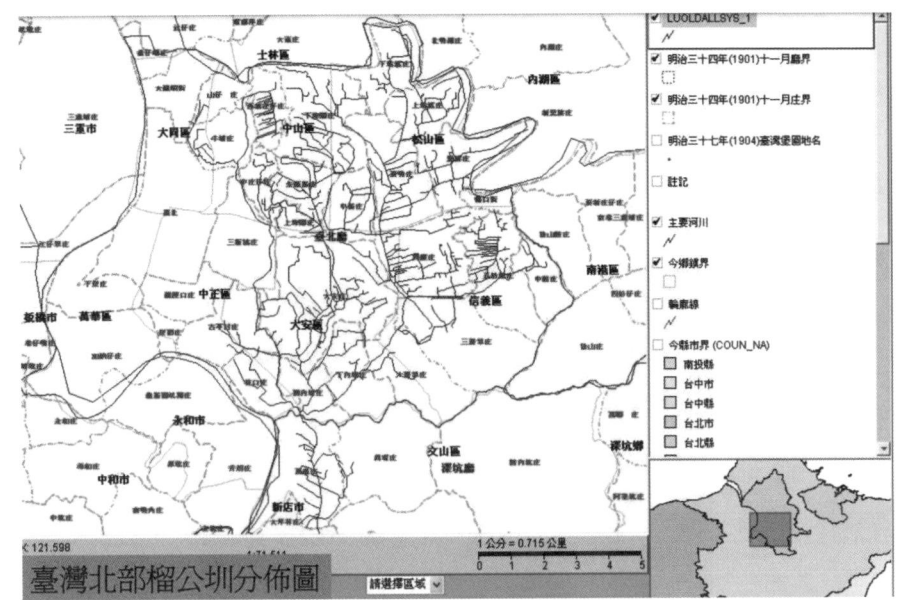

圖 11-17

不同時期的瑠公圳與當代地圖套疊

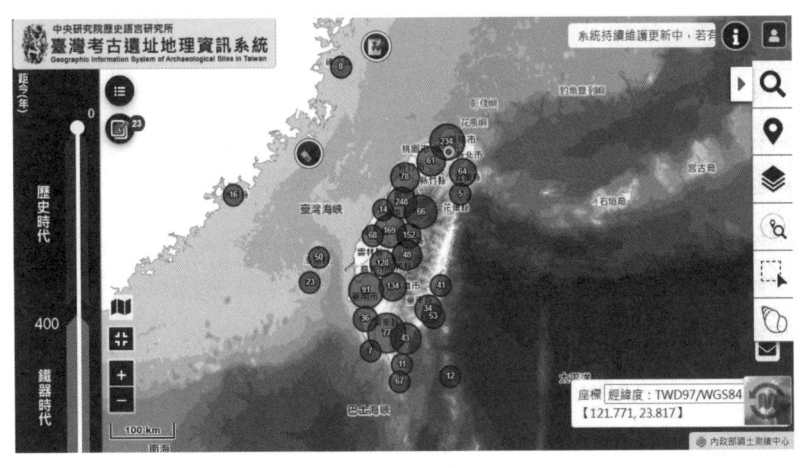

圖 11-18

臺灣考古遺址地理資訊系統

資料來源：中央研究院歷史語言研究所（2019）。

「考古遺址預測模型」是研究自然和文化因素如何影響古人選擇其生活地點或聚落的方法之一，有利於考古學家研究哪裡是考古潛在區域。這裡舉一個考古學家利用早期北美居民狩獵美洲野牛（bison）所存留下的遺址，利用 DEM 及 GIS 地中的視域分析（請參考本書第十章），分析遺址和地形的關係，以預測更多可能的野牛狩獵場遺址。

美洲野牛又名美洲水牛或犛牛，是北美洲體型最大的哺乳動物和世界上最大野牛之一，雖體型龐大但仍可維持時速60公里的奔跑速度。早期北美住民以驅趕的方式圍趕牛群，讓牛群進入一個臨接斷崖的死路，牛群因無法即時煞車而集體掉落死亡，圖11-19就是狩獵場遺址開挖出來的野牛骨骸。

圖 11-19

早期北美洲狩獵野牛的遺址

資料來源：Jesse Ballenger 等，轉引自 de Pastino（2016）。

　　但這種驅趕圍捕的方式必須藉助於地形，讓高速奔跑中的牛群無法太早發現前面的斷崖，所以學者就利用遺址附近的數值地形進行野牛狩獵的路線模擬，圖11-20所示為其中一個模擬情境，圖中的方點模擬牛群的位置，淺灰色是牛群可視的區域，深灰色是牛群看不到的區域，由圖11-20中可以看到牛群逐步被誘趕進入陷阱區，最後集體跌落斷崖的過程。

第四節、政府行政與電子治理

　　政府部門建置完善的數位空間資料，促進跨部會機關間合作意識與資料流通的開放透明，透過資料開放、流通及分析，結合GIS達到智慧政府的施政願景，可協助政府施政規劃、決策及執行的效率，有效的發揮政府預算的綜效，提升民眾生活的便利性。

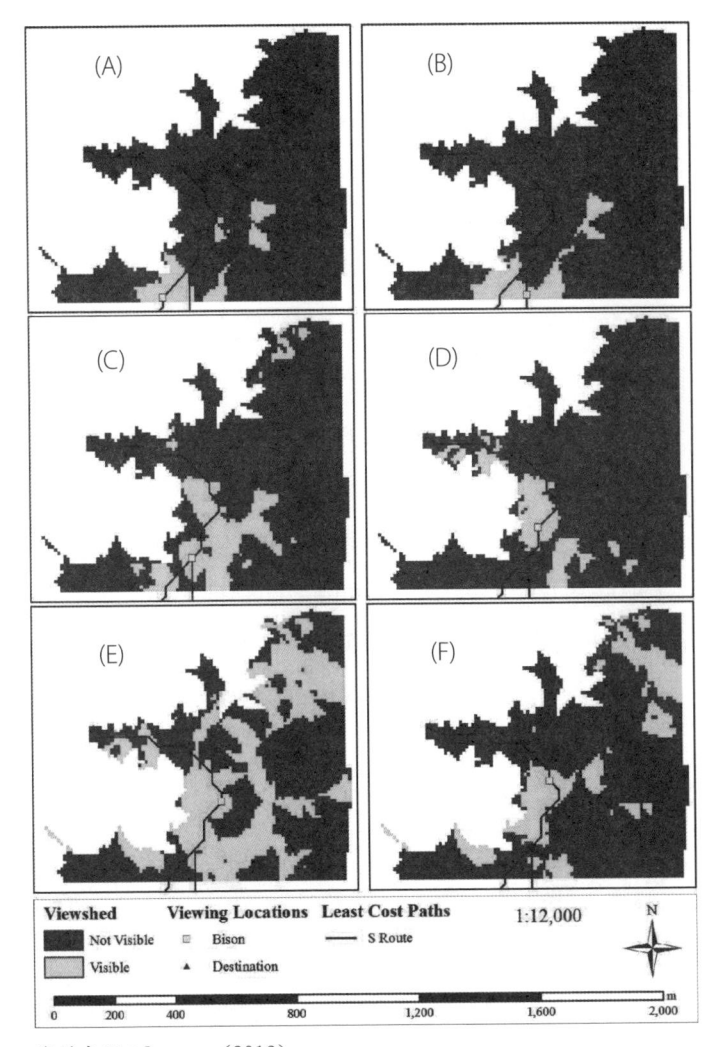

圖 11-20

利用數值地形資料模擬北美洲野牛被驅趕時的可視與不可視區域

資料來源：Larsen（2013）。

一、交通管理

　　交通管理一直是現代化都市一個非常棘手的問題，但是透過空間資料與通訊技術的整合，使得一些以前無法達成或想像的服務與管理方式成為可行，例如民眾的行動路程規劃、大眾運輸工具的抵達站點時間的查詢、交通堵塞路段的實時推播，以及如車牌辨識與區間測速技術的應用等，都讓交通管理有長足的進步。

二、3D GIS 與道路申挖

臺灣的國土資訊系統（National Geographic Information System）內已經建有通用電子地圖（Taiwan e-Map）以因應公部門與民間建置GIS圖台時的系統底圖需求（https://maps.nlsc.gov.tw/），通用版電子地圖內容包含包括道路、鐵路、水系、行政界、區塊、建物、重要地標、控制點、彩色正射影像等一般常用的基礎地理資訊，其測製精度為1.25公尺（約為1：2,500比例尺精度），且具備全國涵蓋性、共通性、一致性及持續更新之特點。因空間資訊技術的發展及各類應用對圖資的需求，GIS圖資已經從既有的二維展示延伸到三維，內政部國土測繪中心也以臺灣通用電子地圖建置三維國家底圖，利用數值地形模式（digital terrain model, DTM）及既有1千分之1地形圖及臺灣通用電子地圖之建物框，搭配航照影像及建物牆面紋理資料，快速產製資料細緻層次（level of detail, LOD）1／LOD2之三維近似化建物模型（圖11-21），並針對重要地標及建物建置LOD3成果。

圖 11-21

三維國家底圖

資料來源：內政部國土測繪中心（2015）。

依據開放式地理資訊協會（Open Geospatial Consortium, OGC）發布的OGC三維數位城市模型（City Geographic Markup Language, CityGML）規範，三維模型LOD可分為5級：LOD0即DTM，又稱為2.5D；LOD1適使用平面屋頂的積木模型；LOD2為具屋頂結構並由外觀屋頂邊界沿屋頂滴水線向下所構成，但不包含內部建築物件；LOD3為外部加入如門窗等開口物件的概念強調建築細節建築模型；LOD4為內部建築模型通過增加內部結構的三維物體如房間、傢俱等完成建物內部模型的展現。

除了「三維國家底圖」可以提供地面以上的3D資料以外，三維GIS資料也應該包括地底下如地下管線、地質以及如臺北車展的大型地下交通設施等的空間資料。公共設施管線包含電信、電力、自來水、下水道、瓦斯、水利、輸油、綜合管線等八大管線，這些管線資料多由各權責單位分工自行建置及維護，但因資料沒有整合，在發生高雄氣爆等重大公安事件後出現救災應變的困難，因此內政部乃推動建立公共設施管線資料庫網站，提供公共設施管線資料流通及共享（https://duct.cpami.gov.tw/pubWeb2/Util/P2_4.aspx）。這些地下管線資料除了可以提高災害發生時緊急應變的效能，平時如圖11-22所示可在管線開挖維護時提供寶貴的資訊，避免因誤挖其他管線造成重要設施服務中斷及財務損失。

三、細胞簡訊與細胞廣播

細胞簡訊是發送給在特定時間與特定的手機基地台登錄的手機號碼的通訊方式；目前行動電話的運作方式是於開機時透過基地台向行動電信業者的系統登錄，系統就會知道該號碼所在地，並將打給該號碼的電話交換到該基地台。但因基地台信號涵蓋範圍有限，所以電信業者必須建構密集且部分重疊覆蓋的基地台網路，每一個基地台有其涵蓋服務的區域，這些服務區形成一個如圖11-23所示類似蜂巢式網格系統（cellular networks），手機開機後會尋找附近訊號最好的基地台登錄，如果手機處於移動狀態，即由一個基地台服務區進入另一個基地台服務區，系統會自動轉向下一個

圖 11-22

3D管線資訊與挖掘衝突分析

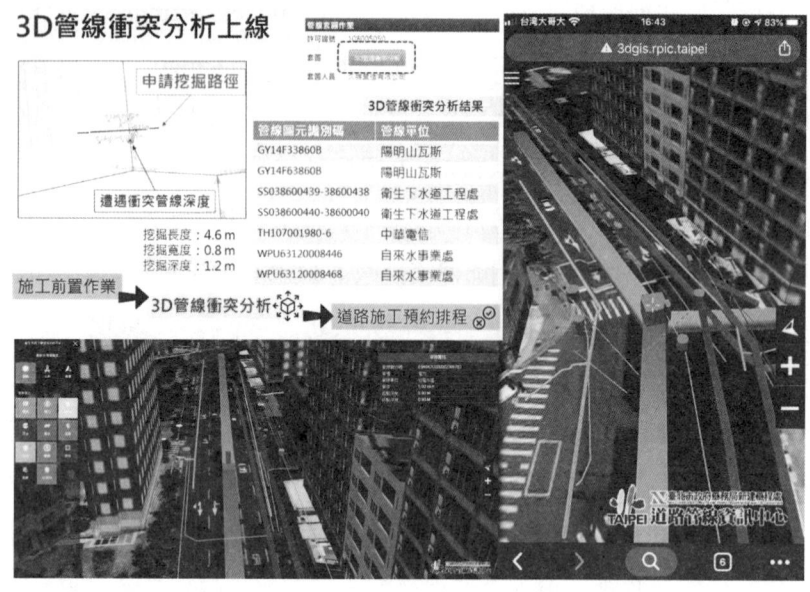

資料來源：臺北市政府工務局新建工程處（無日期）。

圖 11-23

行動通信所使用的蜂巢式網路架構

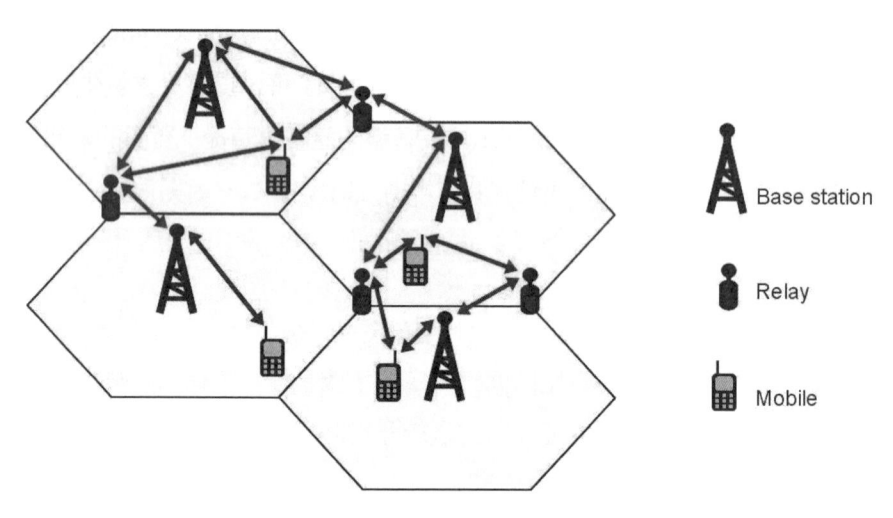

資料來源：Wireless Communications Group (2018)。

基地台登錄，手機（mobile phone）也因此又被稱為cellular phone或cell phone。因電信公司可掌握在特定時間內處在某個基地台服務範圍的所有手機號碼，因此可以依需求對這些特定的手機發送簡訊通知。

2020年COVID-19疫情期間，中央疫情指揮中心就發過細胞簡訊，起因是敦睦艦隊確診官兵的足跡地點有不特定人群出現的可能，無法掌握逐一進行疫調，所以指揮中心就依《災防法》授權，要求電信業者以確診者停留點的周遭基地台為基礎，找出在同時段（15分鐘）曾和確診者手機同時登錄同一基地台的所有手機，並對這些手機發出警示訊息，提醒手機持有者進行自主健康管理，以免有可能的感染者造成疫情擴散。

但細胞簡訊發送的前置作業時間較長，因為電信業者需先依確診者手機找出接受該手機訊號的基地台，再進一步找出所有同時登錄在該基地台的電話號碼。過程雖然耗時，但是可以對已經發生過的時間點進行回溯，非常適合在公衛或公安管理上應用。另外因為市區基地台較密集，這種方式約可以找出基地台500公尺範圍內的名單，但在郊區基地台稀疏，手機訊號可能需要傳輸至2～3公里外的基地台登錄（所以在郊區手機電量消耗較快），這種方式準確性就會降低。類細胞簡訊是以去識別化方式發出，無從辨識手機所有者，以保護個人隱私。

另一種警示訊息的傳播方式是「細胞廣播」，正式名稱是「災防告警細胞廣播訊息」（public warning cell broadcast service）也被稱作 cell broadcast（CB）或 short message service cell broadcast（SMS-CB），其作業方式和細胞簡訊不太一樣，其目的是把即將要發生的事件資訊對在特定區域內的所有（非特定）人群進行廣播，臺灣國民最熟悉的就是國家級地震警報廣播，在COVID-19疫情期間也使用過，因為墾丁大街於2020年清明連假期間出現過度擁擠的人潮，疫情中心擔憂造成可能的感染，因此對該區域的民眾進行細胞廣播，提醒民眾採取措施，保持社交距離戴口罩或儘速離開。

細胞廣播和細胞簡訊不同，它是即時針對某個區域範圍內所有的基地台所登錄的所有手機立即發送簡訊，所以才稱作細胞廣播。細胞廣播的作業時間很快，是由災防單位直接串接各大電信業者系統，在需要時由災防單位自行對選擇的區域快速發出訊息，通常自發布機關送出後約4～10秒

民眾即可收到訊息，是在地震、洪水、海嘯等緊急重大災害來臨前提醒當地民眾避難相當有效的方式。但是卻不太適用於如前述的敦睦艦隊案例已經發生過的事件，因為事件當時在現場的人於當下可能大多已經離開該地點而收不到警報。另外雖然細胞警報是很好的災情通報工具，但是如果廣播的區域設定錯誤，就可能會造成民眾誤解、恐慌或鬧笑話，例如臺南市的「開山里」就是因為誤發登革熱警報而成為全臺灣幾乎人人皆知的熱門地點。

第五節、逐漸開展中的空間資訊應用

一、穿戴裝置與適地性服務

　　近年來具備上網能力與GPS定位的行動數位裝備以及如數位手錶等穿戴裝置越來越普遍，行動網路訊號的涵蓋區域也越來越廣，人人不管身處何處，都可以透過行動網路由網際網路的各種資料服務獲取必要的資訊，來作為行動的依據。一開始必須由使用者自行在網路上搜尋相關資訊，但後來透過App或網路服務，甚至可以依使用者所在地點，主動推播必要的資訊給使用者，這類依據使用者所在地點提供的資訊服務又稱作適地性服務（location-based service, LBS）。

　　這裡舉一個例子：我們經常使用行事曆來做行程的提醒，過去的行事曆是以時間作為運作的維度，我們在未來的某個時間建立一個事件，當時間運行到該事件預設的某個時間警示範圍（例如事件的前一天或兩小時前）時，行事曆就會提醒我們。但是在有了手機、GPS、行動網路後，就可以在行事曆上多加一個空間的維度，在設定事件時間的同時也標註該事件要發生的地點，同時設定事件發生地點的空間警示範圍，這樣如果你剛好走到該設定的範圍內，行事曆也會提醒你。

例如我設定一個行事曆，要在兩個星期後的星期五到木柵的文山區公所申請戶籍謄本，以便辦理護照，並設定兩天前的星期三對我發出提醒，但是因為我使用的是具備LBS的行事曆App，行事曆同時標註了文山區公所的所在位置，所以當我在這個星期四到政治大學去開會時，雖然離我設定的提醒時間還有超過一個星期的時間，但因為系統偵測到我的位置離文山區公所很近，也會立即提醒我，雖然時間還很充裕，但既然我已經在附近，不妨一併辦理以減少以後來回的時間。

二、社群媒體、WEB 2.0、自發性地理資訊

在本書第五章中曾介紹過自發性地理資訊（volunteered geographic information, VGI），並說明VGI藉由WEB 2.0的協作風潮正蓬勃地發展，透過大量協作者的新增與編輯除錯，網路上出現許多利用WEB 2.0結合VGI及LBS的應用型態，這裡就舉一個公共廁所的協作例子。

古諺云「出門三不便」，通常指的是日常生活中的吃、住、行，但是對社會經濟高度發展的現代社會人而言，這三不便早已不是問題，反而是古人因為地域空曠沒有遇過的「找廁所」的困擾，這件事尤其是在越繁榮發達的區域就越是困難。但在安卓（Android）的Google Play和蘋果（Apple iOS）的App Store均可以找到的手機應用程式「廁所在哪裡」（Where is Public Toilet）就是出外人的救星，需要時打開手機就會顯示當時所在地的廁所（如圖11-24），這當然是一種LBS。這個應用是架構在網路協作上，必須有大量的使用者一起提供廁所的資料，才能讓這個應用發揮適當的功效，本章作者自己就提供了許多住家附近的廁所資訊，這個App就是結合行動通訊、GPS、WEB 2.0和VGI的成果。App中除了廁所的位置之外，還有包括如開放時間、是否收費、衛生評鑑、Google街景（Street View）／導航等資訊，也有世界各地的資料庫可以下載使用（圖11-24）。

圖 11-24

廁所在哪裡 App

資料來源：Sfcapital（2020）。

這個App的英文名是Where is Public Toilet，我們臺灣人就幸運多了，不一定要「公共」廁所，應該是「可以借用」的廁所都可以包括在內。本章作者本人就因為實在太急，在路邊機車行借過廁所，不過這樣的資訊如果標上去，說不定那家機車行會成為網路名店呢。

三、物聯網、大數據、決策支援

除了本節第一項所提到每一個人隨時都和行動網絡連結，也透過行動網路和其他每一個人連結在一起，近年來因為物聯網（Internet of things, IoT）的興起，這個網絡以經由連結每個人擴大到連結許多生活中的設備，包括家庭中的電器、個人穿戴裝置、各類基本設施等等，形成一個鋪天蓋地的綿密網絡，思科（CISCO）公司就為他們自己的服務創造了一個

"Internet of Everything"的響亮口號（slogan）。想向一下，你的穿戴裝置（物）可以和醫院或醫護（人）連結，當你有危險徵兆（如心肌梗塞）時主動進入救援的程序，出動的救護車（物）可以和交通號誌（物）連結，以最快速的時間抵達現場，上了救護車後生命徵兆監控設備也會連結到急診處預作準備，甚至是可以遠端進行緊急的處理。另一個是你的電動機車Gogoro會自動監控電池電力，並依據你近期的使用習慣以及附近的電池交換站位置，適時提醒你應該到哪一個交換站換電池，以後的自動駕駛系統甚至連提醒都省了，自己就會在適當的時候自行轉到適當的交換站去，由於大量精細資料的累積，加上感測器及通訊技術的突飛猛進，自駕車也越來越接近普及的階段，這種非常科幻的場景也許很快就可能實現。

　　另外因為IoT連結許多監控設備後長期累積的大量數據形成一個巨大的資料庫（big data），可以由其中萃取出許多未來可供參考的資訊，這也是近年來一個熱門的議題：智慧城市（smart city），讓IoT內大量的人和大量的設施所產生的big data，利用人工智慧（artificial intelligence）分析並適當進行調控各類基礎設施，提供最有效的服務，但是未來會不會是機器或機器人主宰人類社會，那就留給科幻片的編劇和導演了。

　　佛學大師南懷瑾先生在講授華嚴經時曾經對本章一開始提到的「初發心時，便成正覺」做了進一步的講解，說了一句後來一直被引用流傳的：「不忘初心，方得始終」，讀者不僅有了初發心打開這本書，還能一路讀到這一段，已經具備探索空間資料及其應用旅程的一般知識了，祝福各位。

參考文獻

de Pastino, B. (2016, March 21). *'Unexpected' 3,000-year-old bison hunting site discovered in Southern Arizona.* Retrieved from http://westerndigs.org/unexpected-3000-year-old-bison-hunting-site-discovered-in-southern-arizona

Larsen, I. M. (2013). *GIS and archeology: Bison hunting strategies in southern Saskatchewan* (Unpublished master's thesis). University of Saskatchewan, Saskatoon, SK.

Sfcapital. (2020). Where is public toilet (Version 1.80) [Mobile application software]. Retrieved from https://play.google.com/store/apps/details?id=sfcapital.publictoiletinsouthaustralia

Wireless Communications Group. (2018, May 31). *Cooperative communication in future cellular networks.* Retrieved from https://www.nari.ee.ethz.ch/wireless/teaching/theses/descriptions/RR_sada_1.html

Arcgis（無日期）。**臺灣巨木潛在地圖 —— 產製於空載光達**。資料引自 https://www.arcgis.com/apps/webappviewer3d/index.html?id=5686be42259e4504893c0cd87a5953e5

中央研究院人社中心GIS專題中心（2020）。**臺灣百年歷史地圖**。資料引自 http://gissrv4.sinica.edu.tw/gis/twhgis

中央研究院歷史語言研究所（2019）。**臺灣考古遺址地理資訊系統**。資料引自 https://archaeogis.ihp.sinica.edu.tw/map/#/gis

內政部（無日期）。**應變管理資訊雲端服務（EMIC）**。資料引自 https://www.lcfd.gov.tw/disaster/wp-content/uploads/2018/01/02-5.pdf

內政部國土測繪中心（2015）。**多維度國家空間資訊服務平臺**。資料取自 https://3dmaps.nlsc.gov.tw

江明宗（2020，2月6日）。**藥局口罩採購地圖**。資料引自 https://kiang.github.io/pharmacies

徐嘉君、王驥魁、李崇誠、內政部地政司（2020）。尋找深山巨木的人：用「空載光達」繪製臺灣的巨木地圖。**空間數位生活，創刊號**，46-55。

黃斐悅（2014，9月12日）。**全國區域計畫工作坊 —— 認識環境敏感區**。資料引自 https://www.cet-taiwan.org/files/141120-4.pdf

農傳媒（2018，4月23日）。**尋找臺灣巨木，奇觀以外的意義**。資料引自 https://www.agriharvest.tw/archives/20997

經濟部（2017）。**經濟地理資訊系統**。資料引自 https://egis.moea.gov.tw/EGISWeb

經濟部中央地質調查所（無日期）。**地質資料整合查詢**。資料引自 https://gis3.moeacgs.gov.tw/gwh/gsb97-1/sys8/t3/index1.cfm

經濟部中央地質調查所（2018）。**土壤液化潛勢查詢系統**。資料引自 https://www.liquid.net.tw/cgs/public

臺北市政府工務局新建工程處（無日期）。**臺北市地下管線3D-GIS平台**。資料引自 https://3dgis.rpic.taipei/sgwptools/RPIC/Apps/3dgispipe.html

鄭文昕（2017）。臺灣最完整之土地病歷表 —— 工程地質探勘資料。**政府機關資訊通報**，347，1-8。

羅鳳珠、鄭錦全、范毅軍（2008，3月1日–2009，7月31日）。**國科會數位典藏國家型科技計畫：97年度數位典藏國家型科技計畫：浪淘盡千古風流人物：蘇軾文史地理資訊系統**（計畫編號NSC 97-2631-H-155-001）。資料引自 http://gis.rchss.sinica.edu.tw/bsgis

索引

E

EPSG 代碼 29-30

G

GRS80 29

M

Moran's *I* 172-175

R

R2V 88

T

TM2（橫麥卡托二度分帶投影坐標系統）
....30, 34-35
TWD97（1997 臺灣大地基準）..........29-30

U

UTM（世界橫麥卡托投影坐標系統）
....33-34

V

V2R 86, 88

W

WGS84 28-30

一畫

一對一關聯性 62
一對多關聯性 62

三畫

三角不規則網 190-191
大地基準 28-30, 35

四畫

中央經線 30, 34
中位中心 136-137
中間趨勢 134-135
公眾參與地理資訊系統 80
分區分析 165-166

分割 161
分散 170-174, 179, 182
分散趨勢 137
天然斷點 122-124
方位投影 30-31
日照陰影分析 192, 194

五畫

主題地圖 80, 97-98,
　102, 106, 108-109, 122, 144
加權平均中心 135-136
包含於 131
北緯 28
可及性 79, 185
平均中心 135-137, 141
本初子午線 28, 33
正形投影 31

六畫

交集 14-15, 129, 131, 158-161
光譜配色 116-117
全域分析 166
全球定位系統 ... 29-30, 33, 75, 80, 212, 214,
　228-229
向量資料 55-56, 59,
　70, 85-89, 151, 169, 192

地心地固坐標系統 33
地形分析 21, 165, 189, 192, 196
地理視覺化 143
地理標記語言 64, 85
地理關聯資料 60, 68
地圖配色 114
地圖符號 112-113
多對一關聯性 63
多對多關聯性 63
次級資料 74-75
自發性地理資訊 79, 229
色度 114
色相 114, 116
西經 28

七畫

位相規則 57, 59
位相關係 56-60, 64, 71, 127, 130
完全網格編碼法 66-67
局部分析 163
投影誤差 179
赤道 28, 33-34

八畫

亞伯等積投影 31-32
初級資料 74-75

坡向............ 22, 165, 189, 192-194, 198-199
坡度...................... 22, 165, 167, 189, 192-193
拓撲.................................... 7, 16, 95, 161
東經.. 28, 34
物件導向..64
物聯網..74, 230
直角坐標系統...33
空間分布型態............ 97, 102, 141, 170-172
空間分析............ 6, 8, 14, 23, 39, 56, 62, 68,
71, 89, 102, 142, 151, 162, 169, 172, 174,
179-181, 183-184, 186, 195
空間查詢................................... 128, 130-131
空間資料.............................5-10, 18, 22, 24,
39, 41-42, 45, 47, 51, 56-62, 64, 70, 73-
75, 79-83, 91, 93, 95, 102, 110, 121, 127,
129, 133-139, 142, 146, 149, 151, 156-
158, 160-162, 169, 172-174, 176, 179-
186, 212, 219, 222-223, 225, 231
空間資料模式....................... 39, 41-42, 47
空載光達.......................................208-209
近鄰分析..151-153
門牌地址............................ 35-36, 73, 77-78
非連續性的物件模式........ 42, 44-45, 47-51

九畫

南緯..28

流向...198-200
流量圖...106
相交..131
相鄰接..131
面量圖...104-105,
107-109, 115-117, 145, 216

十畫

容忍誤差..58-59
容許值................................. 157-158, 162
時空分析..186-187
核密度分析.............................. 176-178, 186
脆弱性..186
除去..160
骨架式向量化..89

十一畫

動態地圖..97
區段長度編碼法...................................66-67
區域四元樹編碼法............................ 66, 68
區域淹水模擬..197
參考橢球體..28-29
國際大地測量學與地球物理學協會
....28-29
密度圖........................... 103, 176-177, 186
探索式資料分析....................................134

索引 237

球面坐標系統 28, 33
盒鬚圖 139-140
笛卡爾坐標系統 33
統計地圖 109-110
通用性地圖 97-98
連結性 9, 16, 56, 184, 186
連續性的面量模式 42-43, 45, 48, 50-51
麥卡托投影 31-33

十二畫

單色調 115
描邊 88-89
斑點圖 7, 104-106
等值線圖 108-109
等距分類 123
等距投影 31-32, 147-148
等量分類 123-124
等積投影 31-32
裁切 160
視域分析 12-13, 192, 195-196, 221
視覺展示 9, 12, 107, 144, 189, 192, 204, 218
開放街圖 30, 74, 79, 93
集水區 ... 21-22, 165, 196-201, 203-204, 210

十三畫

匯集網格 199-200, 202-203

圓柱投影 30-31, 34
圓錐投影 30-31
搜尋半徑 176-177
新國家坐標系統 29
準確度 75, 91-92, 96, 191
經線 27-31, 33-34
經緯度 27, 75
群聚 170-175, 179, 183
詮釋資料 81-84, 102, 192
資訊系統 1, 3-6, 8-9, 24, 41
資料倉儲 81, 83-84
資料處理 3, 41
資料標準 81, 83-85

十四畫

圖形理論 7, 15
對稱差集 14, 159-160
精確度 59, 91-92, 192
網格式資料重新取樣 90
網格資料 21, 55, 59, 65-66, 68-71, 85-90, 133, 162-163, 166, 176, 191-192
網格資料模式 21, 43, 52, 55, 65, 85-86, 191-192
網路分析 9, 15-16, 183-185
網路分析 9, 15-16, 183-185

十五畫

數值地形模式 21, 90, 189-190, 194, 197, 224-225

數值地表模式 189-190, 209

數值高程 21-22, 66, 162, 189-193, 196-198, 200, 202-203, 209, 221

標註 161, 170

標準差橢圓 138-139

標準距離 137-139

歐洲石油調查組織 29

熱區 175-176, 178, 180

緯線 27-31, 33-34

適地性服務 228-229

鄰近 .. 7, 9, 18-19, 56, 66, 131, 151-153, 164-166, 174

鄰域分析 164-165

十六畫

興趣點 36

螢幕數化 76

隨機 170-174, 182

靜態地圖 97, 144

十七畫

環域分析 151, 154-156

聯集

聯集 14, 129, 158-159

點子地圖 102-104

十八畫

雙色相配色 116

十九畫

邊界效應 180

關係運算子 129

二十一畫

屬性查詢 129-130, 133

屬性資料 59-64, 68-69, 80, 82, 92, 127-129, 159, 170

二十二畫

權重 58-59, 61, 136, 155, 173-174, 181

疊圖分析 14, 151, 156-158, 161

二十三畫

變形地圖 107-108, 145

邏輯運算子 129

索引 239

附錄彩頁

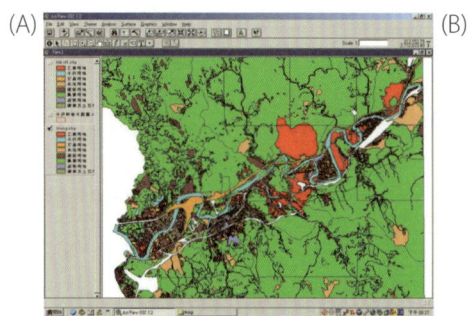

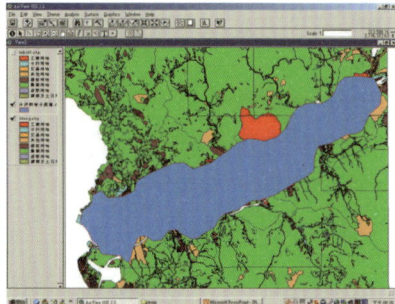

圖 1-13

汐止地區淹水範圍圖與土地利用圖套疊分析

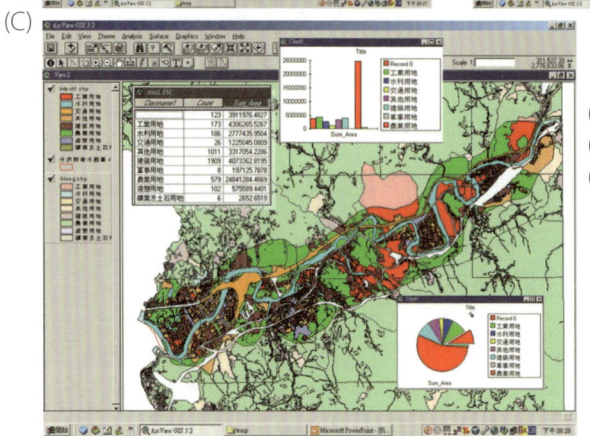

(A) 土地利用圖
(B) 疊合淹水範圍圖（藍色）
(C) 套疊分析結果及統計
　　深色系土地利用—淹水區內
　　淺色系土地利用—淹水區外

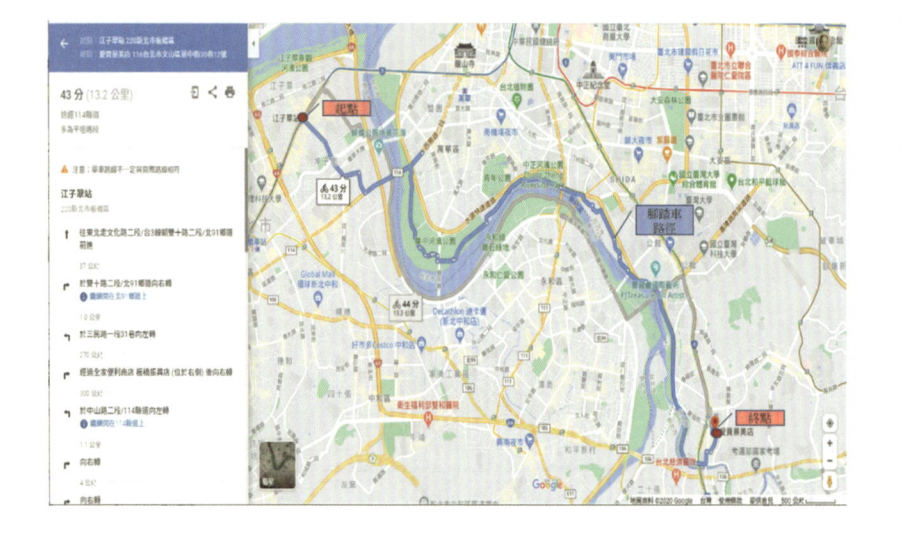

圖 1-14

捷運江子翠站到景美愛買路徑規劃（腳踏車）

附錄彩頁　241

圖 1-15

捷運江子翠站到景美愛買路徑規劃（徒步）

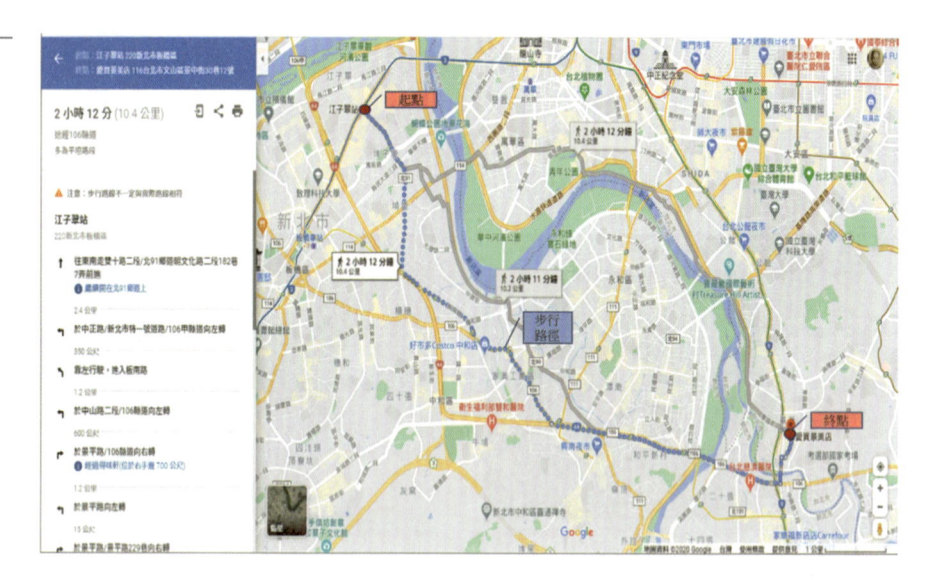

圖 1-16

捷運江子翠站到景美愛買路徑規劃（大眾運輸）

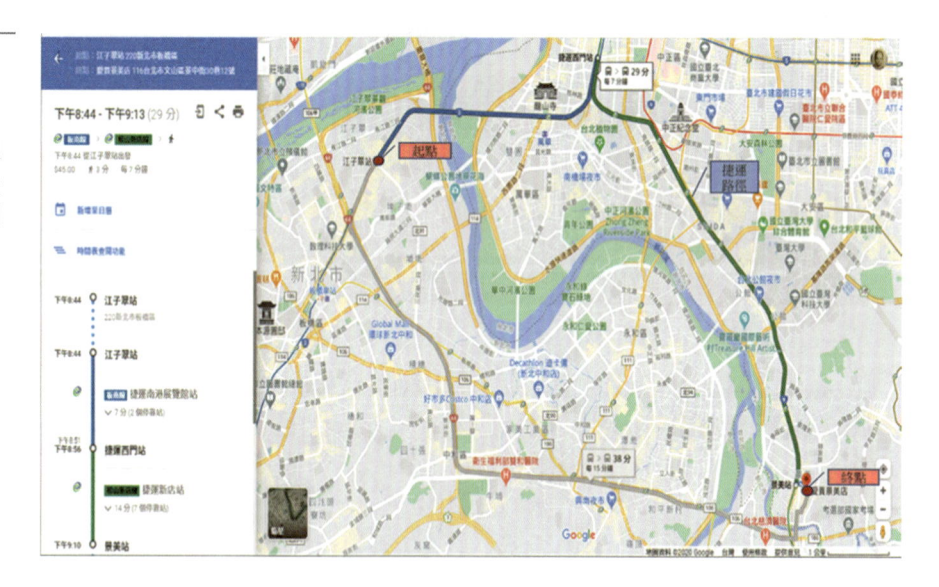

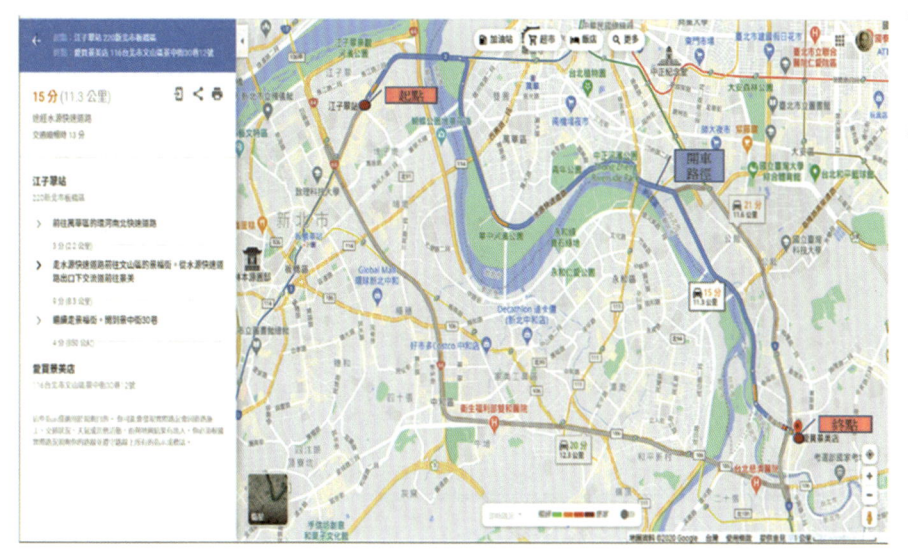

圖 1-17

捷運江子翠站到景美愛買路徑規劃（自行開車）

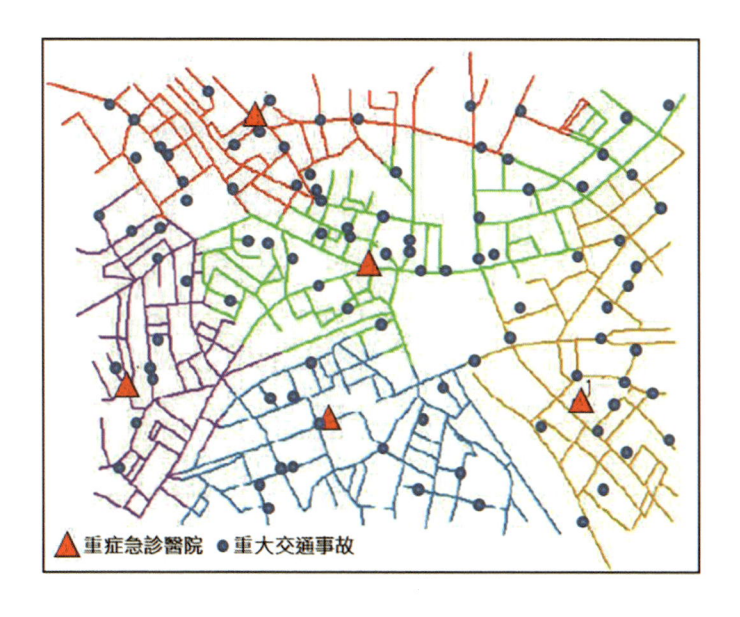

圖 1-18

「附近」與「就近送醫」

附錄彩頁 243

圖 1-19

臺中市警察局第三分局轄區圖

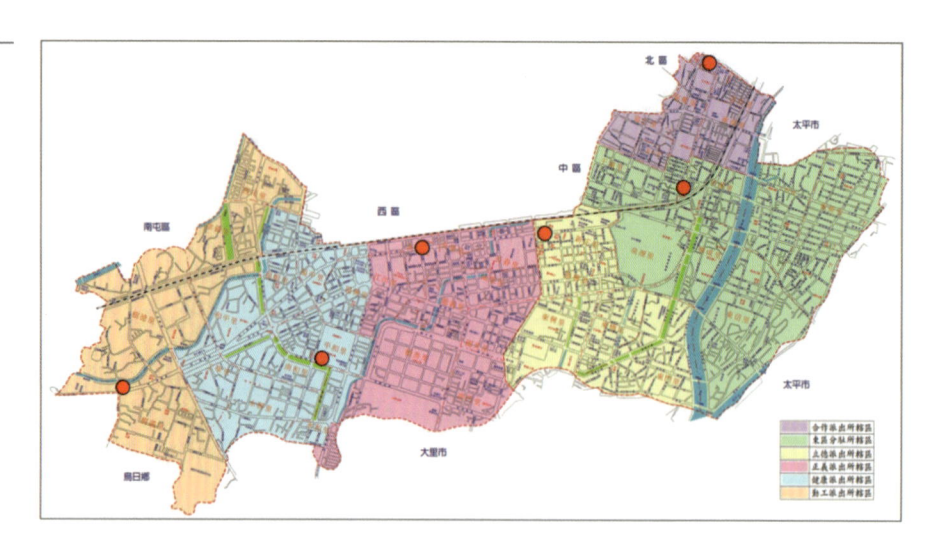

圖 1-20

重症急診醫院緊急醫療區域的規劃

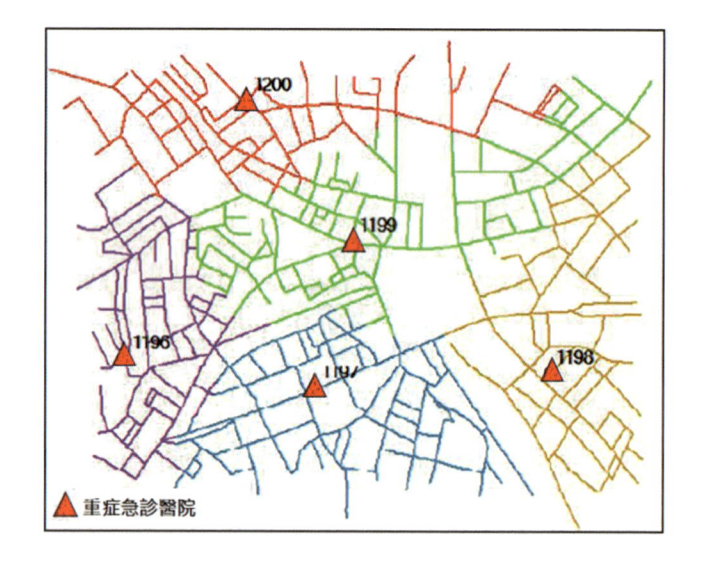

244 地理資訊系統基本原理

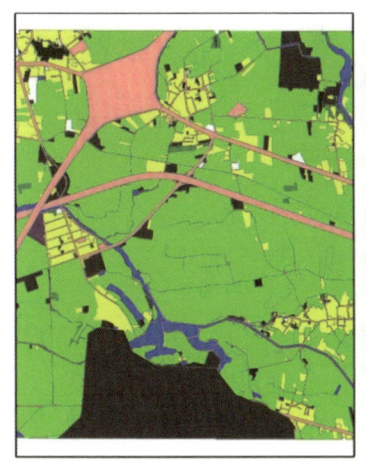

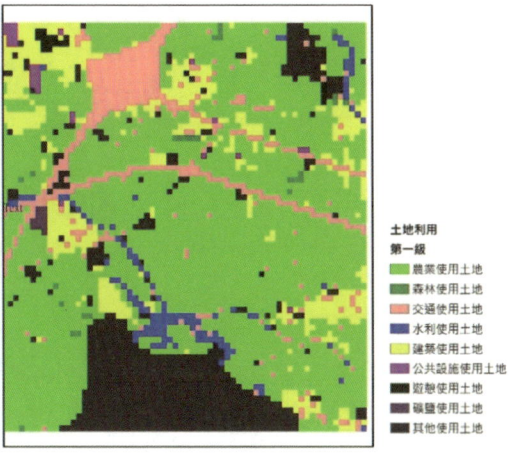

圖 5-8

向量式資料轉換成網格式資料（以土地利用為例）

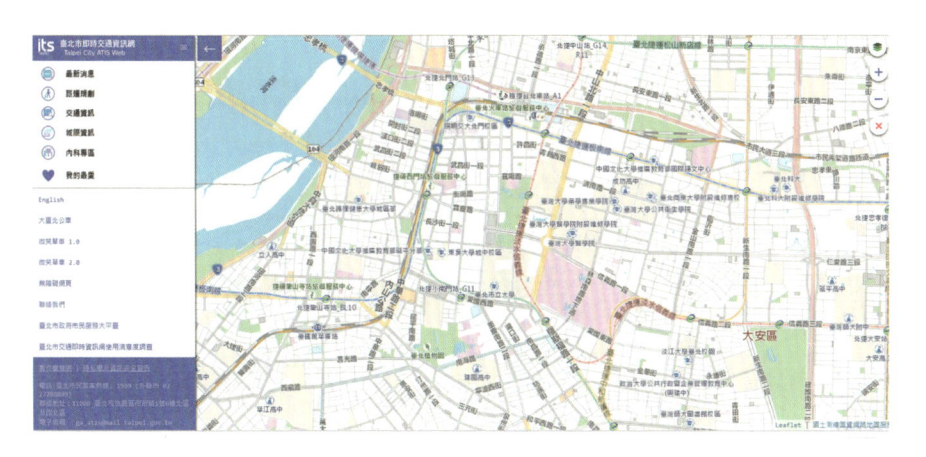

圖 6-3

臺北市即時交通資訊地圖

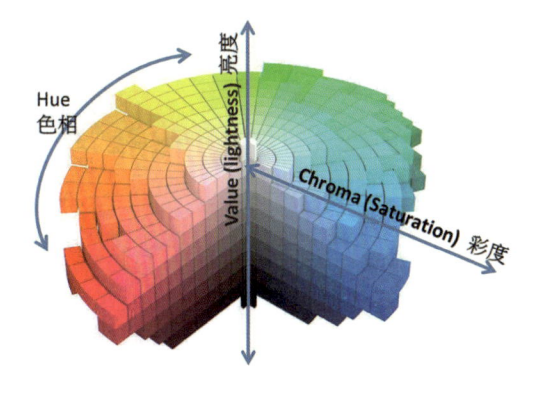

圖 6-15

色彩三要素：色相、亮度、彩度

附錄彩頁　245

圖 6-17

雙色相面量圖

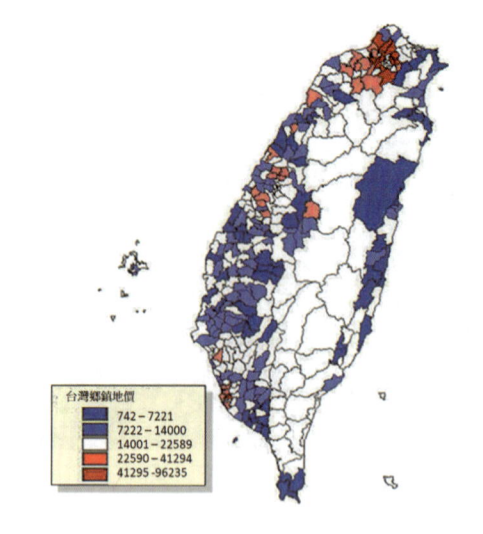

圖 6-18

全光譜配色面量圖

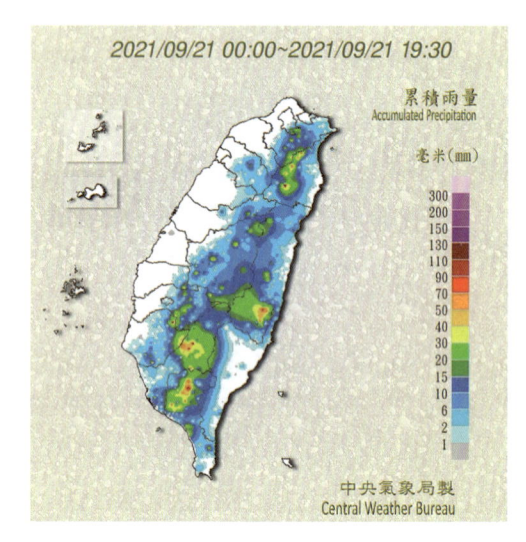

圖 6-19

多類別密集點資料圖層不同圖徵選擇的比較

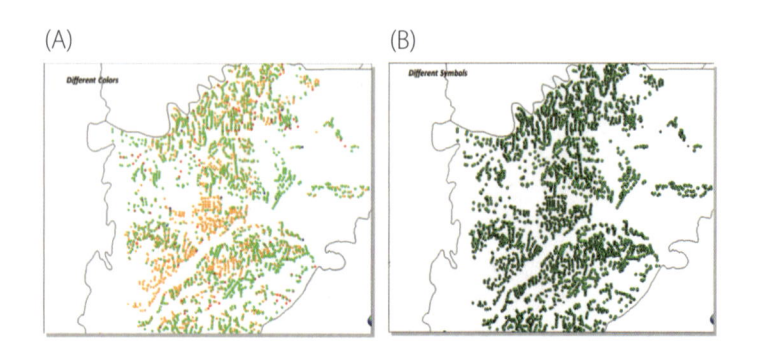

246　地理資訊系統基本原理

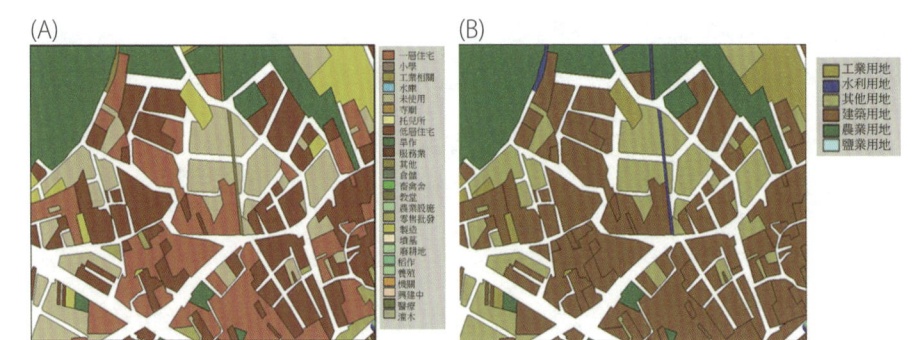

圖 6-20

整合地圖的圖徵類別加強視覺上的簡化

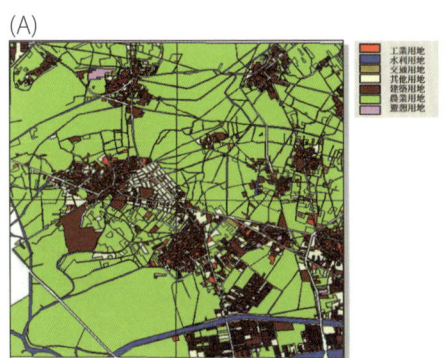

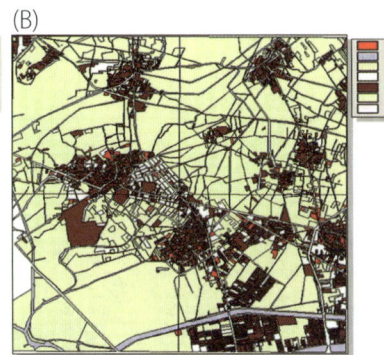

圖 6-21

利用顏色彩度或亮度的淡化或強化來凸顯主要的標的

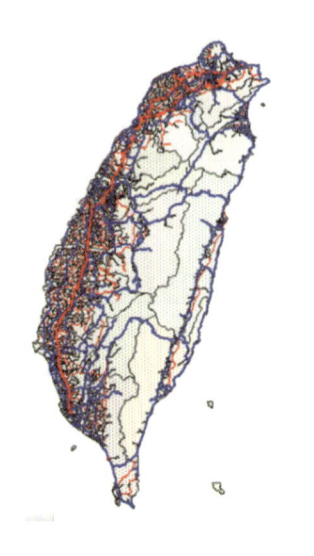

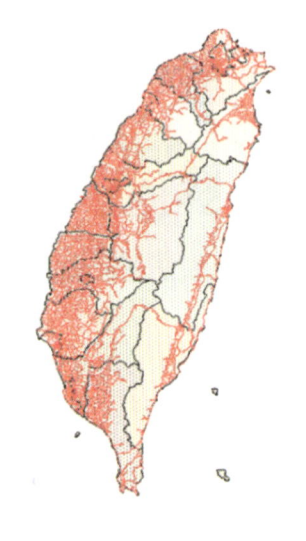

圖 6-23

視覺上的階層性

附錄彩頁 247

圖 7-22

臺灣三維國家底圖和衛星照片疊合展示效果例

圖 7-23

區域排水降雨逕流與淹水模擬展示

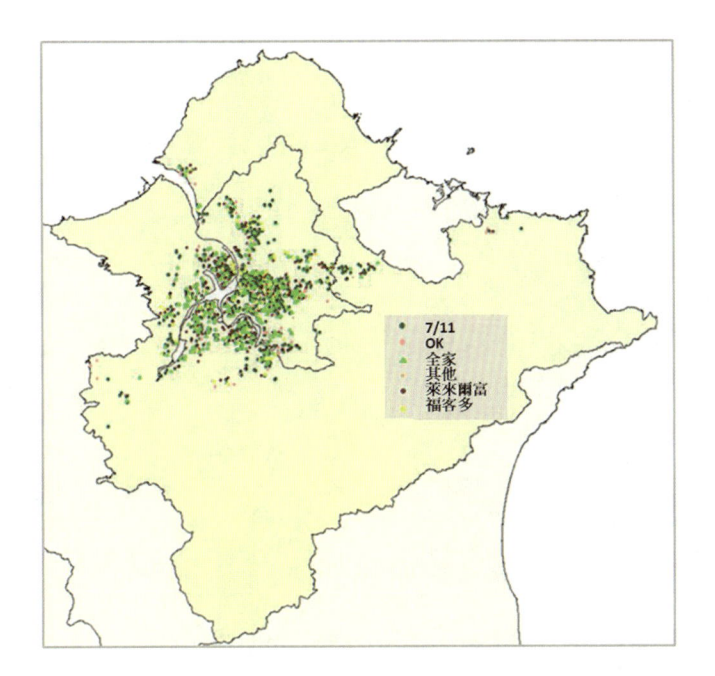

圖 9-2

臺北市與新北市區域內便利商店位置分布圖

圖 10-6

坡向對積雪的影響

圖 10-9

以視域分析模擬地標周圍的可／不可視範圍視覺範圍

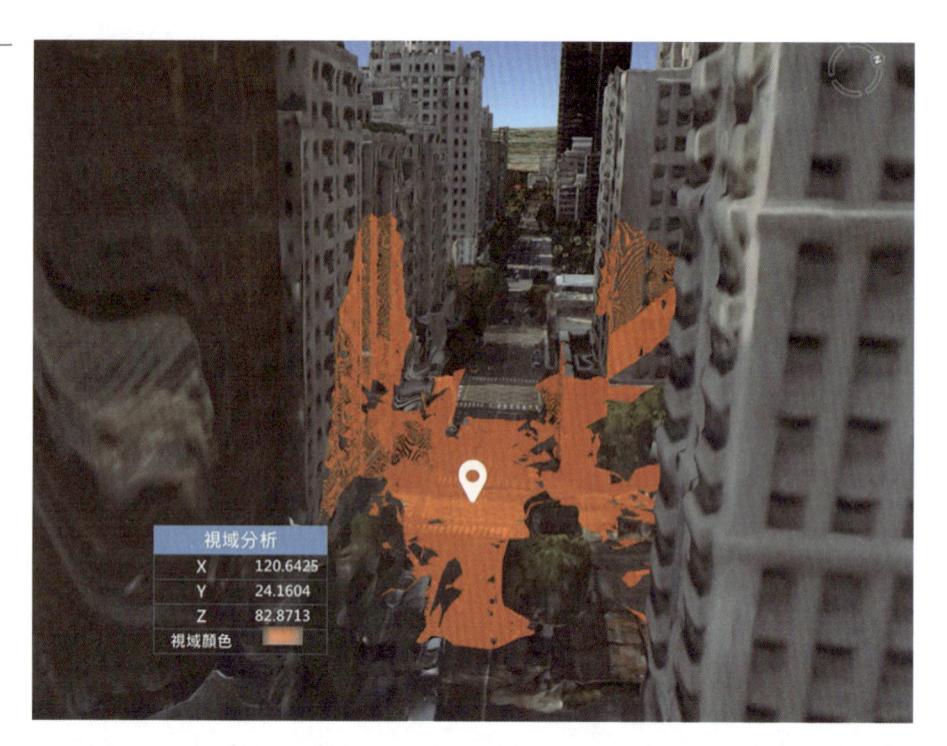

250　地理資訊系統基本原理

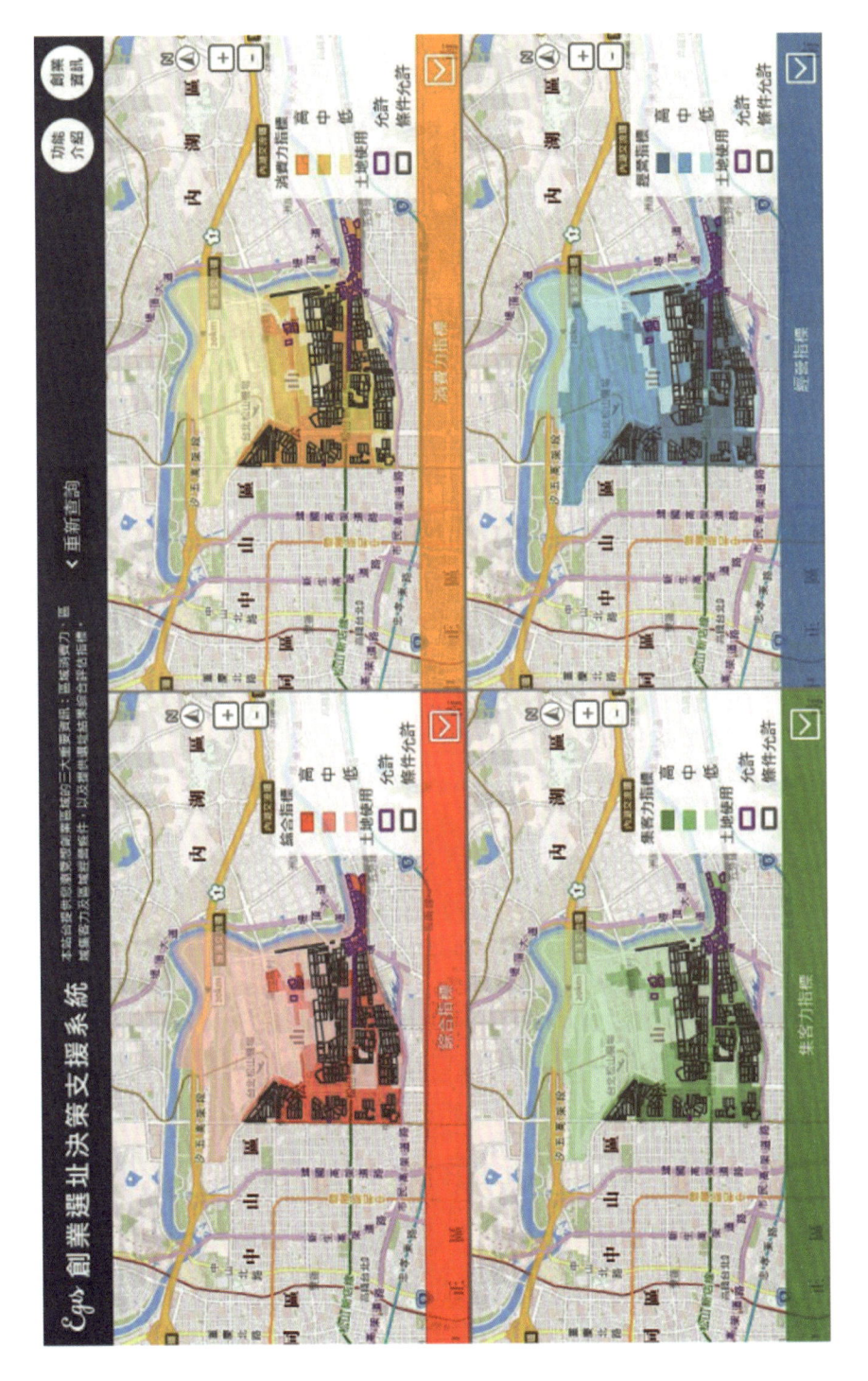

圖 11-14

中小企業創業選址決策支援系統

國家圖書館出版品預行編目（CIP）資料

地理資訊系統基本原理 = Fundamentals of geographic information system / 蘇明道，蔡博文，朱健銘，鍾明光，林美君著. -- 新北市：華藝數位股份有限公司學術出版部出版：華藝數位股份有限公司發行，2022.07
  面； 公分
ISBN 978-986-437-200-3（平裝）
1.CST: 地理資訊系統
609.029   111010100

地理資訊系統基本原理
Fundamentals of Geographic Information System

作　　　者	／蘇明道、蔡博文、朱健銘、鍾明光、林美君
責 任 編 輯	／吳若昕
封 面 設 計	／張大業
版 面 編 排	／張大業、莊孟文、王凱倫
發 行 人	／常效宇
總 編 輯	／張慧銖
業　　　務	／賈采庭
出　　　版	／華藝數位股份有限公司　學術出版部（Ainosco Press）
	地址：234 新北市永和區成功路一段 80 號 18 樓
	電話：(02)2926-6006　傳真：(02)2923-5151
	服務信箱：press@airiti.com
發　　　行	／華藝數位股份有限公司
	戶名（郵政／銀行）：華藝數位股份有限公司
	郵政劃撥帳號：50027465
	銀行匯款帳號：0174440019696（玉山商業銀行 埔墘分行）
ISBN	／978-986-437-200-3
DOI	／10.978.986437/2003
出 版 日 期	／2022 年 7 月
	2023 年 1 月二刷
定　　　價	／新臺幣 700 元

版權所有・翻印必究　　Printed in Taiwan
（如有缺頁或破損，請寄回本公司更換，謝謝）